O QUE JESUS DISSE SOBRE O ESPÍRITO SANTO

COMO ESSA
VERDADE TRANSFORMA
ETERNAMENTE
NOSSA VIDA

TIM WOODROOF

What Jesus Said about the Holy Spirit and How It Applies to Your Life
Copyright © 2010 por Tim Woodroof
Publicado originalmente por Leafwood Publishers, um selo da Abilene Christian University Press (Abilene, Texas, EUA). O licenciamento foi feito pela Riggins Rights Management (Clarksville, TN, e Grand Rapids, MI).

1ª edição: janeiro de 2022

TRADUÇÃO
Maurício Bezerra

REVISÃO
Francine Torres
Nilda Nunes

DIAGRAMAÇÃO
Sonia Peticov

CAPA
Júlio Carvalho
Wesley Mendonça

EDITOR
Aldo Menezes

COORDENADOR DE PRODUÇÃO
Mauro Terrengui

IMPRESSÃO E ACABAMENTO
Imprensa da Fé

As opiniões, as interpretações e os conceitos emitidos nesta obra são de responsabilidade do autor e não refletem necessariamente o ponto de vista da Hagnos.

Todos os direitos desta edição reservados à
EDITORA HAGNOS LTDA.
Av. Jacinto Júlio, 27
04815-160 — São Paulo, SP
Tel.: (11) 5668-5668

E-mail: hagnos@hagnos.com.br
Home page: www.hagnos.com.br

Dados Internacionais de Catalogação na Publicação (CIP)
Angélica Ilacqua CRB-8/7057

Woodroof, Tim
  O que Jesus disse sobre o Espírito Santo : como essa verdade transforma eternamente nossa vida / Tim Woodroof ; tradução de Maurício Bezerra Santos Silva. – São Paulo : Hagnos, 2022.
  304 p.

  Bibliografia
  ISBN 978-85-7742-321-7
  Título original: What Jesus Said about the Holy Spirit.

  1. Jesus Cristo — Ensinamentos 2. Vida cristã 3. Espírito Santo I. Título II. Silva, Maurício Bezerra Santos.

21-5649   CDD 248.4

Índices para catálogo sistemático:
1. Jesus Cristo — Ensinamentos

SUMÁRIO

Agradecimentos 5

1. Jesus, o Espírito Santo e o Discurso de Despedida 7
2. Por que se preocupar com o Espírito Santo? 21

PARTE 1: O ESPÍRITO SANTO NAS ESCRITURAS

3. O Espírito Santo no Antigo Testamento 37
4. O Espírito Santo nos Evangelhos Sinóticos e em Atos dos Apóstolos 47
5. O Espírito Santo nos escritos de Paulo 62
6. O Paracleto em João 79
7. O texto do Discurso de Despedida 93

PARTE 2: O ESPÍRITO SANTO NO DISCURSO DE DESPEDIDA

8. A promessa da presença (João 14:16-23) 107
9. A promessa do ensino (João 14:25-27) 119
10. A promessa de testemunho (João 15:26-27) 135
11. A promessa da convicção (João 16:5-11) 149
12. A promessa da revelação (João 16:12-15) 164

PARTE 3: O ESPÍRITO SANTO, VOCÊ E NÓS

13. Será que essas promessas são para nós? 185
14. O Espírito na nossa experiência 194

15. Dez disciplinas para buscar o Espírito Santo 213
16. Um conto de duas igrejas........................... 232

Apêndices
   A. Referências ao Espírito no Antigo Testamento............ 251
   B. Referências ao "Espírito" nos Evangelhos Sinóticos......... 259
   C. Referências ao Espírito em Atos dos Apóstolos 263
   D. Referências ao Espírito Santo nos escritos de Paulo 268
   E. Referências ao Espírito Santo no Evangelho de João........ 276

Bibliografia 279
Notas finais 283

AGRADECIMENTOS

Permitam-me agradecer a várias pessoas que foram boas comigo enquanto eu escrevia este livro.

Comecei a pensar sobre este material enquanto pregava na Otter Creek Church em Nashville, Tenessee. Agradeço pela paciência de todos e pela liberdade que me deram para agir fora da caixa. Escrever este livro também não seria possível sem o seu apoio financeiro que recebi enquanto estava na fase de transição entre a função de pregar e a de escrever livros e prestar consultoria a igrejas.

Eu também trabalhei essas ideias durante palestras na Abilene Christian University, na Conferência de Educadores Cristãos (um grupo dedicado de pastores, ao qual agradeço muito) e em igrejas em Louisville (Kentucky) e Wichita (Kansas). Obrigado a todos que me ouviram pela atenção e pela reação calorosa.

O ato de escrever exige silêncio e privacidade. Portanto, quero agradecer a Lee e Kelley Beaman e a Rex e Cathy Harrisson por terem me hospedado em suas casas. Além disso, o apoio tecnológico se faz cada vez mais necessário: quero externar minha gratidão sincera a Kirk Davidson por fazer verdadeiros milagres com o computador.

Vários leitores deram sugestões para esta obra — elas foram sempre prestativas, geralmente foram úteis e em alguns momentos foram fundamentais. Sou grato a Grady King, Brad Sullivan, Benjamin Neeley, Curt Sparks, e — especialmente — a Jerry Neill, a Edward Fudge, à minha mãe, ao meu pai, ao David e à minha querida Julie. O livro não seria o mesmo sem sua parceria incentivadora e perspicaz.

Enquanto escrevo estas linhas, estou me preparando para viajar para Beaverton, Oregon, a fim de pregar no culto fúnebre de Ron Stump, um homem cuja amizade e mentoria significaram muito para mim. Ele foi um grande homem no Reino de Deus, portador de uma grandeza que não é medida pela fama ou fortuna, mas pelo quanto agradou ao Pai. Já sinto saudades de você, Ron!

Para terminar, quero dar uma palavra de agradecimento a Leonard Allen, por perceber a grande necessidade de se falar a respeito do Espírito Santo, por seu incentivo para esse projeto e por sua revisão atenta.

CAPÍTULO UM

JESUS, O ESPÍRITO SANTO E O DISCURSO DE DESPEDIDA

Não é à toa que eles estavam com medo. Algo terrível estava para acontecer. Eles não sabiam o que era nem quando aconteceria, só sabiam que seria logo e que não seria nada bom.

Tudo isso estava estampado no rosto do Mestre e no arquear dos seus ombros. Eles sentiam no ar o cheiro amargo do perigo. Podiam sentir o peso da sua aproximação — parecia que uma tempestade estava chegando.

Portanto, eles se reuniram naquela noite cheios de temor. Era difícil para eles falar olhando nos olhos um do outro. As conversas foram bem discretas. O jantar foi preparado, mas ninguém tinha o mínimo apetite. Até ensaiavam pegar um pouco de comida, mas continuavam lançando um olhar perplexo nos companheiros. Não se ouviu nenhuma piada, muito menos conversas amenas. O Mestre estava "perturbado no espírito", influenciando todos os discípulos ao seu redor.

As coisas estavam quase mudando, e ninguém queria que isso acontecesse.

Ninguém com a exceção dele. Era isso que Ele queria. De certo modo, Ele encarou esse momento com bons olhos. Ele sabia exatamente o que estava para acontecer e o momento em que isso se daria. Ele sempre soube disso ao longo de sua vida. Não há dúvida de que naquela noite Ele precisava vencer seus próprios fantasmas, o seu próprio medo. Afinal de contas, era o seu próprio sangue que seria derramado, e seria Ele quem passaria por toda essa agonia.

Porém, era a agonia *deles* que o devorava naquela noite, os seus medos e incertezas. Tudo mudaria em um instante, e ele queria que a fé deles sobrevivesse a essa tempestade.

Ele tentou avisá-los que não haveria um final feliz. No começo, Ele falava de forma enigmática ("O Filho do Homem deve padecer muitas coisas"); depois passou a falar mais abertamente ("Eu entrego a minha vida"). Além disso, eles começaram a vislumbrar os perigos que Ele estava enfrentando; eles sabiam a respeito das ameaças e das conspirações. A ansiedade e o sentimento de medo que eles trouxeram para a última ceia indicaram que eles estavam sentindo que algo terrível aconteceria muito em breve.

VICIADOS EM SUA PRESENÇA

Eles tinham deixado tudo para segui-lo — a família, os amigos, a casa, os negócios. Eles o seguiram em uma caminhada desgastante por três longos anos, participando do cansaço na estrada e da pobreza dos nômades, dos conflitos nas sinagogas, dos sucessos e dos fracassos com as multidões. Naquela época, eles viram coisas maravilhosas: viram a água ser transformada em vinho, o templo sendo purificado, paralíticos andando, cegos enxergando, um homem morto ser chamado para sair do túmulo. Eles também *ouviram* coisas maravilhosas: "Eu sou o pão da vida", "Eu sou a ressurreição e a vida", "Eu sou o caminho, a verdade e a vida".

Tudo aquilo que eles viram e ouviram mudou a vida deles. Tinham passado a ser homens diferentes, que não serviam mais para barcos de pesca nem para mesas de cobradores de impostos. A vida deles tinha sido revolucionada. Jesus tinha impactado a vida deles. Eles o seguiram e não podiam mais olhar para trás. Jesus lhes perguntou certa vez enquanto a multidão instável se retirava: "Vocês não querem ir embora, querem?". A resposta de Pedro — "Senhor, para onde iremos nós?" — é um misto de confissão de fé e de lamento. Eles criam que Jesus tinha "palavras de vida eterna" e, portanto, não dava mais para terem uma vida comum. É isso o que acontece quando se está na companhia do Santo de Deus.

Jesus também sabia disso. Era isso que Ele queria. Foi para isso que Ele veio, essa foi a razão pela qual Ele os tinha chamado. Por todo o tempo, Ele tinha planejado amarrá-los a si mesmo, viciá-los em sua presença e criar uma dependência dele da qual eles nunca se recuperariam. Isso não se limitava a uma necessidade de suas palavras, de sua sabedoria ou de suas maravilhas — tratava-se de uma necessidade do próprio Jesus, da sua proximidade, da sua presença íntima.

Jesus os ensinou que estar com Ele era melhor do que ter família ou amigos. Ele mostrou a eles que estar com Ele era melhor do que a Torá, ou do que o Templo, ou do que a tradição. Ele provou que, quando eles estavam com Ele, eles não precisavam ter fome ("Eu sou o pão da vida"), não precisavam ter medo de nenhum ladrão ou assaltante ("Eu sou o bom pastor"), não precisavam ter medo da morte ("Eu sou a ressurreição e a vida"). Eles aprenderam que enquanto Jesus estivesse no barco, o vento e a água não poderiam prevalecer.

Eles contavam com Ele. Eles confiavam nele. Eles dependiam dele.

"EU IREI ATÉ VOCÊS"

Mas tudo isso logo mudaria. Naquela última noite — enquanto Jesus lavava os pés deles, repartia o pão com eles e enviava Judas para dar andamento ao plano de traição — Ele entendia que só tinha algumas horas para preparar os discípulos para a vida em sua *ausência* depois de passar três anos convencendo-os de que a vida em sua *presença* era a única vida digna de ser vivida.

Ele estava indo embora e teve uma última conversa — o "Discurso de Despedida", registrado nos capítulos 13 a 16 de João — para ajudá-los a conviver com essa verdade terrível.

> "Meus filhinhos, vou estar com vocês apenas mais um pouco. Vocês procurarão por mim e, como eu disse aos judeus, agora lhes digo: Para onde eu vou, vocês não podem ir" (João 13:33).

> "Vou para o Pai, e vocês não me verão mais" (João 16:10).

> "Eu vim do Pai e entrei no mundo; agora deixo o mundo e volto para o Pai" (João 16:28).[1]

Ele disse isso várias vezes: uma vez, outra vez, repetidamente, sem meias palavras. Na sequência desses quatro capítulos, Ele disse isto em um total de dez vezes! — "Estou me despedindo". Esse é o Jesus que diz a verdade, atingindo-os em cheio de um modo teimoso com uma verdade difícil de assimilar. Esse é o Jesus que profetiza más notícias, prevendo o que eles mais temiam. As coisas estavam para mudar. Jesus estava se despedindo, e eles não tinham como evitar isso, não tinham como fazê-lo mudar de ideia nem podiam ir com Ele.

Não era de se admirar que eles estivessem "perturbados" e com medo. Não era nenhuma surpresa que eles tinham o mesmo presságio ruim. Eles tinham motivo para estarem preocupados. Depois de tudo o que eles tinham passado, depois de todo o sacrifício que fizeram, Jesus os estava deixando sozinhos, e agora eles tinham que contemplar a hipótese de viver sem ouvir sua voz, sem o seu toque, sem a sua face.

Mas esse não era o final da história, e estava longe de ser. Com a mesma determinação que Jesus disse que estava indo embora, ele estava igualmente determinado a contar a eles que ele *não* iria embora, que ele nunca os deixaria. Depois de se ausentar, ele queria que eles soubessem que existe um "retorno":

> "Não os deixarei órfãos; voltarei para vocês. Dentro de pouco tempo o mundo já não me verá mais; vocês, porém, me verão. Porque eu vivo, vocês também viverão" (João 14:18, 19).
>
> "Vou, mas volto para vocês" (João 14:28).
>
> "Eu os verei outra vez, e vocês se alegrarão, e ninguém lhes tirará essa alegria" (João 16:22).[2]

Isso acontece dez vezes na mesma sequência de capítulos. Trata-se de dez antídotos para as notícias tóxicas de sua partida — "Eu voltarei". Ouvimos essa promessa e pensamos imediatamente sobre a ressurreição. Porém, Jesus estava pensando em outro "retorno". Ou, quem sabe, ouçamos essa promessa e pensemos em Jesus vindo sobre as nuvens para nos levar para casa. Mas também não é isso que Ele está falando. Nessa última noite, Jesus estava pensando em um retorno completamente diferente — um retorno sobre o qual vamos passar o livro inteiro estudando.

Podemos até perdoar os discípulos, naquela noite difícil, por ouvir a palavra "ir embora" e não prestar atenção em nada mais. Mas para Jesus, o principal não era que Ele "iria embora", mas que Ele "iria volta"; isso, sim, era o mais importante.

Era *essa* a mensagem principal do Discurso de Despedida. Essa era a ideia essencial de tudo o que Jesus tinha a dizer. Jesus estava encorajando seus discípulos para a sua partida com a promessa repetida e destacada de que Ele não os estava abandonando. Sem dúvida, era isso o que parecia. *Pareceria* que Ele estaria morto e que Ele teria ido embora para sempre. A realidade, no entanto, seria muito diferente.

O ESPÍRITO SANTO

É no Discurso de Despedida que Jesus apresenta aos seus discípulos (e para nós) o Paracleto — o Espírito Santo que o Pai estava para enviar. Ele já tinha dito coisas importantes a respeito do Espírito Santo no Evangelho de João (p. ex., a função do Espírito Santo no novo nascimento, na verdadeira adoração e na vida plena). No entanto, ele nunca tinha usado esse nome antes: Paracleto. Nem tinha falado de forma tão aberta ou completa sobre a função do Espírito Santo na vida dos cristãos como nessa passagem, às vésperas da sua partida.

Ele sabia que o seu tempo era curto. Além disso, sabia que os discípulos precisavam de algo que os sustentasse nos próximos dias, algo para preencher o vazio de sua ausência iminente. Dentre as várias coisas que Jesus *poderia* ter falado para preparar seus discípulos para a sua despedida, Ele escolheu destacar o Espírito Santo. Em cinco passagens sublimes sobre o Paracleto (João 14:16-21; 25-27; 15:26-27; 16:7-11, 12-16), Jesus os apresenta ao seu "Companheiro", o "Consolador", o "Guia", explicando quando o Espírito Santo viria, o que o Espírito Santo faria, como o Espírito Santo ajudaria, e por que o Espírito Santo seria sua força sustentadora para o resto da vida.

Apesar de Jesus ter mencionado outros assuntos no Discurso de Despedida, a promessa do Paracleto se constitui no seu tema dominante. Ele falou várias vezes sobre o Paracleto. Ele sempre voltou a esse assunto. Na verdade, Ele nunca deixou de falar nisso. Ele falou sobre o Paracleto habitando neles e andando com eles. Falou também que o Paracleto os ensinaria o que precisam saber, que o Paracleto acalmaria seu coração perturbado trazendo paz, que o Paracleto testemunharia ao mundo e incentivaria seu testemunho, que o Paracleto convenceria o mundo do pecado e o Paracleto continuaria a revelar o Pai.

Jesus falou mais a respeito do Espírito Santo no decorrer dessa conversa do que em todo o restante dos seus ensinos. Com suas últimas palavras, Ele lançou a seus discípulos o Espírito Santo, a boia que os manteria flutuando nos mares bravios pelos quais eles iriam passar.

Ele não apresentou a eles a Torá, nem mesmo os Salmos. Ele não os direcionou à fé das pessoas no passado para fortalecer a fé deles no futuro. Ele não traçou nenhum paralelo entre Moisés (parado no deserto entre o Egito e a Terra Prometida) e eles (parados entre a encarnação e a segunda vinda de Cristo).

Ele não apoiou a autoestima deles nem contou a eles que estão preparados para enfrentar os dias difíceis que tinham pela frente. Ele não pediu que fossem corajosos ou que não perdessem o foco, muito menos os incentivou a ter um pensamento positivo.

Ele não apontou uns para os outros, sugerindo que eles deviam alcançar força e coragem a partir da comunhão íntima entre eles para sobreviver nos anos vindouros. De fato, eles deviam amar uns aos outros e com certeza lavar os pés uns dos outros, mas enquanto se preparava para partir, Jesus sabia que eles precisariam de algo mais forte do que afeto e apoio mútuo caso quisessem perseverar e prosseguir em sua missão.

Ele não lhes concedeu os sacramentos e a igreja como a força sustentadora de sua vida no futuro. Nem mesmo contou a eles que o Novo Testamento passaria a ser seu guia, se eles tão somente esperassem por trinta ou quarenta anos. Ele só mencionou a sua segunda vinda de um modo bem rápido e enigmático ("Voltarei e os levarei para mim, para que vocês estejam onde eu estiver — João 14:3), mas não sugeriu que a esperança de sua vinda os sustentaria com o vigor que eles precisariam.

O que Ele ofereceu a seus discípulos na proximidade da sua partida foi um relacionamento com um Espírito de vida, habitação, empoderamento, capacitação, convicção e realização: alguém que seria no futuro o que Ele tinha sido para eles no passado, alguém que prolongaria sua presença e sua missão para sempre, alguém que transformaria pessoas despreparadas espiritualmente em heróis do Reino de Deus.

Jesus poderia ter falado sobre muitos assuntos naquela última noite, mas foi o Espírito Santo que dominou essa conversa, e chegou a hora de os discípulos, como nós, fazerem a pergunta sobre a razão de tudo aquilo.

UM BOM COMEÇO

Houve um momento essencial no ministério de João Batista em que ele descobriu que sua obra estava terminando. Ele tinha executado a missão que Deus lhe tinha concedido. Ele tinha ido ao deserto para pregar. Ele tinha anunciado o Messias vindouro. Ele havia identificado o "Cordeiro de Deus" e o tinha batizado no rio Jordão. Ele tinha direcionado seus discípulos a "aquele que vem depois de mim".

Sua influência já estava diminuindo. Em breve, ele estaria na prisão de Herodes, dando seu pescoço para a espada do carrasco.

João, no entanto, estava em paz. Sua obra havia terminado. A obra de Jesus estava apenas começando, e era assim que tudo deveria ser. Quando alguns discípulos que ainda o acompanhavam reclamaram que Jesus estava pregando e batizando e "todos estão se dirigindo a Ele", João simplesmente sorriu e disse a frase clássica: "É necessário que Ele cresça e que eu diminua" (João 3:30).

Algo bem parecido aconteceu no Discurso de Despedida. Jesus percebeu que seu ministério estava terminando e que Ele havia feito o que seu Pai o enviou para fazer. Só lhe restava a cruz e o túmulo pela frente. Ele, contudo, também percebeu que o Outro estava chegando, com uma nova missão e uma obra essencial. Do mesmo modo que João foi seu precursor, Jesus anunciou aquele "que vem depois de mim" e depois orientou os seus discípulos para irem em sua direção. Toda a conversa que Jesus desenvolveu a respeito do Paracleto durante aquelas últimas horas, todas as promessas que Ele fez a respeito do Espírito Santo consistem — essencialmente — em Jesus sorrindo e dizendo aos Doze: "É necessário que Ele cresça e que eu diminua".

Isso não consiste em "diminuir" ou "crescer" no sentido de importância ou significado. Em vez disso, trata-se de uma questão de momento e de destaque. Jesus e a sua obra tinham dominado a atenção dos discípulos até aquela última noite. Agora Jesus lhes disse que esse destaque precisava mudar e se ampliar.

Jesus sabia que a sua vida e o seu ministério, os seus ensinos e a sua morte iminente eram um bom começo para o reino, mas não passavam disso: só um começo. Isso é tudo que Ele sempre quis que fosse. Jesus nunca pensou que sua vida na terra e que sua morte na cruz se constituíssem no capítulo final do livro da salvação de Deus. Ainda havia mais capítulos a serem escritos a respeito do Reino de Deus tomando conta do mundo, e esses capítulos finais seriam escritos pelo Espírito Santo.

No Discurso de Despedida, vemos Jesus marcando o momento fundamental em que sua obra termina e a obra do Espírito Santo começa. Seu chamado, seu ensino, a cura e ressurreição que promovia eram necessários para executar a vontade de Deus, assim como a obra que o Espírito Santo estava para fazer era igualmente necessária — uma obra de crescimento, de transformação, de direcionamento, de encorajamento, de ousadia, de convicção e de apoio. Tudo o que Jesus tinha realizado por meio de seu ministério e na vida dos seus discípulos não permaneceria nem teria qualquer tipo de poder ou efeito sem o ministério posterior do Espírito Santo. Sem o Espírito Santo, os discípulos de Jesus fracassariam. Eles perderiam a esperança e não teriam poder. Por quanto tempo depois da última aparição de Jesus após a ressurreição o compromisso deles permaneceria? Sem o ministério do Espírito Santo, Pedro e os outros provavelmente desistiriam e voltariam a ser meros pescadores (João 21:3).

Jesus sabia disso. Ele sabia que, com a sua partida, seria uma questão de tempo antes que esses homens abandonassem tudo — voltando a seus barcos e a suas famílias, descartando os sonhos mortos.

Jesus, porém, planejava algo muito melhor. Ele sabia que o Espírito Santo estava a caminho. Ele sabia que a obra do Espírito Santo sustentaria e capacitaria esses homens para a missão que os esperava. Ele contava com o "crescimento" do Espírito Santo.

Esse é o motivo pelo qual Ele falou por tanto tempo sobre o Espírito Santo naquela última noite. Era preciso que os discípulos soubessem que havia *outra pessoa* a caminho e entendessem o que esse *outro* faria por eles. Além disso, era preciso que os discípulos passassem de uma dependência da presença física de Jesus para uma dependência inabalável do Espírito Santo que estaria com eles para sempre.

Os sonhos deles dependiam disso. E a missão de Jesus também. Essa era a esperança do mundo.

O ESPÍRITO SANTO E NÓS

A maioria dos cristãos na atualidade não reconhece o Discurso de Despedida como uma fonte essencial para entender a função do Espírito Santo em nossa vida. Não levamos a sério o que Jesus diz nessa passagem a respeito do Paracleto. Isso é bem estranho, já que a nossa situação como cristãos nos dias de hoje é bem parecida com a que os Doze estavam enfrentando quando Jesus se preparava para partir. Eles estavam se perguntando sobre o que poderia acontecer com discípulos que não podem mais ver, ouvir ou tocar seu Mestre. Nós nos perguntamos a mesma coisa. Todo o restante da vida e do ministério deles aconteceria no contexto da partida e da ausência de Jesus. Conosco não seria diferente. Para nós, do mesmo modo que para eles, a dificuldade em seguir um Senhor que está ausente é real e devastadora. Assim como eles, ansiamos e precisamos de um relacionamento com Jesus mais tangível do que a lembrança de suas palavras e ações.

Assim, quando Jesus promete a eles que vai voltar, seria de se esperar que nos reuníssemos ao redor dos Doze para perguntar se Jesus também está falando conosco. Quando Jesus oferece a eles o Espírito por meio do qual Ele manifestaria sua presença novamente, seria de se esperar que perguntássemos se o Espírito Santo também está reservado para nós. Quando Ele nos fala a respeito de um Espírito que vem habitar em nós, que nos concede poder e nos capacita e ao qual os discípulos podem ter acesso, seria de se esperar que nos desdobrássemos para ouvir cada palavra.

Mas a verdade é que não é isso que acontece.

Também é estranho que tenhamos a tendência de ignorar essa parte do Evangelho de João em um momento que fala de uma mudança tão essencial (de Jesus para o Espírito Santo) que possui tanta importância para a nossa vida e para o nosso discipulado. Já que Jesus queria que o Espírito Santo passasse a se responsabilizar pelo cuidado e pelo sustento de seus seguidores depois de sua partida, será que não deveríamos ter alguma curiosidade a respeito disso? Já que Jesus contava com a obra do Espírito Santo para sustentar e capacitar seus discípulos, será que não devíamos ter conhecimento disso e nos basearmos nela?

Parece que não, afinal muitos de nós nos fizemos de surdos no que diz respeito às promessas de Jesus sobre o Espírito Santo no Discurso de Despedida registrado no Evangelho de João. Para algumas pessoas, essa surdez vem da premissa de que suas palavras não dizem respeito a nós. Elas eram destinadas somente aos Doze: homens especiais, escolhidos e comissionados de modo especial, com poderes e privilégios especiais. Os discípulos nos dias de hoje só podem *dar uma espiada* nessa conversa e *ouvir de longe* o que Jesus diz aos apóstolos a respeito do Espírito Santo, mas, de modo algum, essas palavras falam a nosso respeito. Jesus nunca quis que essas promessas a respeito do Espírito Santo fossem interpretadas de forma pessoal.

Para outras pessoas, essa surdez só pode ser explicada pela insistência em focar aquilo que os outros textos bíblicos dizem a respeito do Espírito Santo. Na ânsia de chegar aos textos de Atos dos Apóstolos que falam sobre Espírito Santo, há pessoas que passam com muita pressa pelo texto do Discurso de Despedida que também fala sobre Ele. Parece que é melhor se maravilharem com a obra dramática do Espírito Santo na igreja do século 1 (e desejar uma experiência parecida) do que refletir sobre os detalhes dessa discussão difícil sobre alguém chamado de "o Paracleto".

De qualquer modo, não temos realmente ficado tempo suficiente com Jesus no Cenáculo nem dado uma atenção séria ao seu ensino a respeito da natureza e da missão do Espírito Santo. Isso é uma vergonha! Isso se deve ao fato de que o que Jesus disse no Discurso de Despedida a respeito do Paracleto apresenta razões convincentes para que repensemos o que acreditamos a respeito do Espírito Santo e da sua obra.

Em primeiro lugar, o próprio Jesus é o nosso guia para o Espírito Santo nessa seção do Evangelho de João. Em outras partes do Novo Testamento, onde outras palavras são ditas a respeito do Espírito Santo, é Lucas, ou Paulo, ou Pedro que falam sobre Ele. Tenho certeza de que esses autores são inspirados e falam com a voz de Jesus. De qualquer modo, não acho que as palavras desses homens sobre o Espírito Santo sejam "secundárias" ou "separadas em algum momento" do próprio Jesus. Por outro lado, não posso negar o quão convincente quando é o próprio Jesus quem fala diretamente sobre qualquer assunto — especialmente quando Ele tem algo a dizer sobre uma questão tão importante quanto o Espírito Santo. Ele raramente menciona o Espírito Santo nos outros evangelhos, mas em João, Jesus fala direta e detalhadamente a respeito do Espírito Santo *quinze* vezes, e isso é importante para as pessoas que estão famintas para ouvir as palavras do próprio Jesus sobre esse assunto.

Em segundo lugar, o Discurso de Despedida destaca de forma significativa *quem* o Espírito Santo é, e não o que Ele faz. Ele é um Companheiro, um Ajudador, um Mestre e um Consolador. Mais do que isso, conforme veremos, Ele é o próprio *Jesus* novamente presente para sempre no mundo. Sua obra é a mesma de Jesus. O seu nome é o nome de Jesus. Ele possui as mesmas prioridades e o mesmo caráter de Jesus. O Espírito Santo não é um estranho, com uma pauta diferente e uma natureza desconhecida. Jesus nos conta, nas passagens sobre o Paracleto, que podemos confiar no Espírito Santo justamente porque o conhecemos. Ele nada mais é do que a pessoa de Jesus de uma outra forma.

Em terceiro lugar, o que Jesus disse no Discurso de Despedida sobre a obra do Espírito Santo tinha pouco a ver com milagres e mais a ver com nos tornarmos espirituais. Apesar de Jesus falar a respeito do Espírito com muitos detalhes nessa passagem, Ele nunca mencionou as línguas, a cura, a profecia ou qualquer outra manifestação sobrenatural dos dons do Espírito Santo. Deixe-me dizer de antemão que isso acontece não porque Jesus despreza esses dons. Na verdade, Ele é o autor de todos eles, abençoando a igreja com todo dom perfeito que vem de seu Pai. Jesus, no entanto, nunca menciona os dons milagrosos nas passagens do Paracleto. Ele possui outros assuntos cheios do Espírito Santo para discutir com seus discípulos desorientados.

Por isso, enquanto aprendemos sobre o Espírito Santo diretamente dos lábios de Jesus, não temos de vagar pelos *dons espirituais* para chegar à obra do Espírito Santo que valorizamos mais — a transformação, a sabedoria, o caráter semelhante a Cristo, a coragem — uma obra do Espírito Santo (em outras palavras) que faz de nós pessoas *espirituais*. É essa "obra maior" do Espírito Santo que Jesus aborda no Discurso de Despedida. Essa obra continua sendo *sobrenatural*: o Espírito Santo de Deus nos oferecendo companhia, ensino, paz, coragem, convicção e revelação que a Física não tem como explicar. Continua sendo Deus invadindo de forma milagrosa a nossa vida e o nosso mundo para executar seus propósitos soberanos. Essa "invasão", entretanto, (pelo menos no Discurso de Despedida) acontece em nosso coração e produz maturidade e transformação em vez de sinais e maravilhas.

Por fim, o Espírito Santo que Jesus descreve e promete no Discurso de Despedida é tão cativante, tão adequado para suprir nossas necessidades atuais, que a busca dele vale todo o esforço e reavaliação necessários. Se você ler com atenção o que Jesus diz sobre o Espírito Santo no Discurso de Despedida, não há como não desejar que esse Espírito Santo se faça presente em sua vida.

Creio que esse Paracleto não consiste em uma oferta por tempo limitado, ou em uma medida temporária, ou em uma fase pela qual a igreja passou ou em algo que o surgimento do Novo Testamento tornou obsoleto. Trata-se do direito de nascimento de todos que deixam tudo para seguir a Jesus. Ele é a herança, a segurança e a esperança de todos que ousam ser discípulos de Cristo. Ele é o poder necessário que o nosso Senhor disponibiliza a todos aqueles que tem de se alistar nesse exército durante a sua ausência.

Deus não quer que tenhamos uma vida sem o Espírito Santo, ou uma vida sem a sua presença transformadora. Ele nunca quis que aqueles que o amam — naquela época ou no presente — vivessem sozinhos ou desamparados. Ele tem algo bem melhor preparado para nós!

CAPÍTULO DOIS

POR QUE SE PREOCUPAR COM O ESPÍRITO SANTO?

Falar sobre o Espírito Santo é difícil para muitos de nós. Para ser sincero, esse assunto tem sido difícil para a maioria das pessoas na maioria das épocas, começando com as tentativas árduas de Paulo de falar aos coríntios a respeito do Espírito Santo e passando por todas as meditações modernas sobre a realidade e o modo pelo qual o Espírito Santo age em nossa vida atualmente.

Trata-se de um assunto que desperta emoções — que é desafiador, subjetivo e intensamente pessoal. Ele abre velhas feridas e desperta medos antigos. Ele questiona as suposições de longa data e as conclusões vividas há muito tempo. Faz com que alguns de nós se perguntem o quanto a presença do Espírito Santo tem sido limitada em nossa herança religiosa em particular. Faz com que os outros em nosso meio reflitam se, em nossa tradição, tem havido algum *destaque exagerado* no Espírito Santo ou alguma visão distorcida a respeito dele.

É um assunto que, necessariamente, nos leva de volta à nossa Bíblia e nos força a fazer perguntas difíceis sobre como entendemos as Escrituras e como (ou se) o horizonte do mundo do século 1 possui pontos em comum com o nosso mundo atual. Ele levanta questões acadêmicas, que usam palavras complicadas como "hermenêutica" e "pneumatologia", que nos dão dor de cabeça só de começar a falar nelas.

Trata-se de um assunto que, infelizmente, demonstra ser um divisor de águas na longa história da igreja. Como é irônico perceber que a unidade e a paz, que constituem o dom do Espírito Santo ao Corpo de Cristo (Efésios 4:3), sejam as primeiras coisas a ficarem de lado quando se inicia o debate a respeito do Espírito Santo.

Para que, então, desenterrar esse assunto novamente? Por que devemos nos preocupar com o Espírito Santo?

Existem muitas maneiras de responder a essa pergunta para justificar um novo olhar com relação à função do Espírito Santo na vida do povo de Deus. Já fico contente em compartilhar duas razões que embasam os principais motivos pelos quais eu quis escrever este livro. Uma delas tem a ver com a igreja em geral: a profunda divisão na igreja a respeito do Espírito Santo e a sua obra; os constantes equívocos aos quais a igreja se sujeita quanto ao seu propósito; e a vulnerabilidade a que a igreja se expõe quando não possui o devido entendimento a respeito do Espírito Santo. Estou deixando essa questão mais ampla para o final do livro (capítulo 16), depois de estudarmos os ensinos de Jesus sobre o Espírito Santo no Discurso de Despedida e estarmos mais preparados para nos envolvermos nessa discussão tão complexa.

Por ora, vamos nos concentrar na segunda razão — uma razão bem mais pessoal — para voltarmos a nos preocupar com o Espírito Santo. Existe uma situação que é comum a todos os discípulos que somente um relacionamento autêntico com o Espírito Santo pode resolvê-la. Ao contrário do que você pode ter ouvido na onda atual de pregações com ênfase no pensamento positivo, na prosperidade e na felicidade, o processo de seguir a Jesus é desafiador. Ele desperta todo tipo de dúvidas sobre Deus e sobre nós mesmos, confronta-nos com obstáculos complicados e pessoas difíceis, e geralmente é tenso e doloroso. Em poucas palavras, *não é nada fácil*. Se quisermos ser honestos com o nosso chamado, não há como evitar as partes espinhosas do discipulado. Os apóstolos estavam enfrentando essa situação difícil na noite em que Jesus anunciou que estava se despedindo. E a solução que Ele ofereceu a eles para ajudá-los a passar por esses espinhos — o Paracleto — é a mesma solução que precisamos para sobreviver às dificuldades que nos esperam por sermos discípulos neste mundo falido.

UMA CONFISSÃO

Para mim, a fé é uma luta.

Quem sabe você tenha facilidade com a fé ou seja menos desajeitado em relação a ela. Existem aqueles que são abençoados com o "dom da fé" (1Coríntios 12:9). Se você é esse tipo de cristão, por favor, aceite os meus parabéns e perdoe a minha inveja. Mas a fé sempre foi um problema para mim. Acordo todo dia com a mesma dificuldade em relação ao compromisso que firmei. É algo que questiono, com que me preocupo e que reavalio constantemente.

Não são bem as grandes questões que me mantêm acordado durante a noite: perguntas sobre a existência de Deus ou sobre os seus propósitos neste mundo. Em vez disso, são as perguntas menores e mais práticas que me incomodam. Perguntas como: Será que as pessoas realmente mudam? Será que a transformação pessoal é possível? O que Deus pode fazer por meio de alguém tão limitado como eu? Como consigo o poder para viver de uma maneira parecida com Jesus, vencer o pecado ou ser santo? Por que a igreja tem de ser tão difícil? Quando é que o povo de Deus fará justiça ao seu potencial e à sua missão? Por que o mundo é tão alérgico às boas-novas?

Lidar com essas questões provoca em mim certos incômodos ligados ao meu discipulado e à minha trajetória na fé. Não tenho muito orgulho do que sinto e, ao falar sobre como me sinto, não tenho a intenção de incentivar alguém a me imitar. Trata-se de uma confissão, não há nada para se orgulhar nisso, se é que você me entende.

Há momentos em que eu me sinto *solitário* na minha fé. Não é que eu não goste dos relacionamentos que tenho com meus irmãos e irmãs. Nem que não aprecie o companheirismo que encontrei na igreja. Mas sinto falta do meu Mestre. Queria ter um relacionamento com Ele que fosse mais pessoal, mais íntimo. Queria ouvir sua voz, sentir o seu toque e me sentar a seus pés. Queria levá-lo à Starbucks para tomar café com Ele. Quando as outras pessoas falam sobre um "relacionamento pessoal com Jesus Cristo", algo mexe comigo. Isso é exatamente o que eu quero.

Há momentos em que me sinto *sobrecarregado*. Sei que Jesus enviou seus discípulos para levar o seu reino adiante; mas, francamente, tem horas em que sei que não me sinto à altura, em que sinto que Jesus me deu uma missão que é maior do que minha capacidade. Sei o quanto essa missão é importante e essencial, mas me sinto fraco e insuficiente. Fico impressionado com o fato de que Jesus deixou sua obra sob minha responsabilidade.

Há momentos em que sinto *medo*. Entendo que preciso testemunhar da verdade que encontrei em Jesus Cristo. Entendo também que Deus espera que eu vá por "todo o mundo e pregue o evangelho". Mas tem horas que eu questiono essa comissão. A hostilidade do mundo me assusta. Eu sei o que o mundo faz com quem fala a verdade. Com frequência, sou tentado a ser tímido justamente quando quero ser corajoso.

Há momentos em que me sinto *sem forças*. Como se não bastasse que a missão fosse difícil, tem partes da missão que simplesmente não consigo executar. Simplesmente não tenho esse poder! Não dá para fazer as pessoas amarem a luz. Não consigo levar pessoas ao quebrantamento nem fazer com que elas sintam fome pela verdade. Não consigo abrir os olhos dos cegos espirituais. Tudo isso está fora do meu alcance. Mas sei que a obra de Deus nesse mundo não pode ser feita sem que essas coisas aconteçam. Como posso transformar o mundo enquanto não consigo nem mesmo transformar um coração sequer?

Por fim, há momentos em que me sinto *pequeno*. Não é somente a missão que é grande demais para mim. É o Deus que eu sirvo, o Mestre a quem eu sigo, e o evangelho que eu prego. Todos eles são maiores que a própria vida, e comparado a eles, sou insignificante. Não consigo entender essas coisas, muito menos comportá-las. Mas é exatamente isso que Deus me chamou para fazer: ser portador de sua imagem, brilhar com a sua luz, chegar à estatura de seu Filho, refletir a sua glória. Deus é um hidrante, esguichando sua verdade em mim. Ele é demais para mim. É mais do que eu possa suportar.

SERÁ QUE ALGUÉM MAIS SE SENTE ASSIM?

Não acho que sou o único seguidor de Jesus que passa por isso. Quando falo em vários eventos ao redor do mundo e falo sobre esses sentimentos, vejo muitas pessoas que me ouvem acenando com a cabeça e dizendo que sentem a mesma coisa. Não me surpreende em nada o fato de que outros cristãos sentem o mesmo que eu. Para ser sincero, não sou tão diferente dos primeiros discípulos... nem você é.

É comum que discípulos sintam essas coisas. Até mesmo os discípulos que andavam e falavam com Jesus. *Especialmente* eles. Eles enfrentavam problemas relacionados à solidão, à inadequação, à timidez, às limitações e à incapacidade e também tropeçavam enquanto seguiam a Jesus. Leia novamente os Evangelhos. A dificuldade que eles tinham está estampada em todas as suas páginas.

Houve, porém, uma noite em particular em que eles sentiram essas coisas de modo intenso, com uma força que deve tê-los feito questionar se eles algum dia se recuperariam de tudo aquilo. Foi a noite em que Jesus os reuniu no Cenáculo e lavou seus pés... a noite em que Ele deu a sua carne para comer e o seu sangue para beber... a noite em que Ele revelou a notícia de que estava se despedindo e voltando para o Pai.

"Estou indo e, para onde eu vou, vocês não podem ir... Estou indo, vocês têm de ficar aqui... Estou voltando para o Pai, mas vocês precisam permanecer para combater o bom combate e continuar a missão." Jesus puxa o tapete dos seus discípulos nessa última noite e desperta neles um turbilhão de emoções.

Diante do impacto dessa declaração, os apóstolos estavam sentindo exatamente o que acabei de descrever, emoções que são bem características da minha caminhada.

Eles se sentiram *abandonados*. Jesus os estava deixando para trás. Eles passaram os últimos três anos e meio andando e conversando com Ele. Jesus sempre esteve à disposição deles, liderando-os no caminho. Eles amavam estar com Ele. Encontravam esperança em estar com Ele. Eles precisavam de Jesus, mas agora Ele estava indo embora.

Eles se sentiram *insuficientes*. Pelo que consta, os Doze não eram os melhores discípulos. Eles não entendiam o ensino de Jesus. Eles não conseguiam ter tanta fé. Acabavam brigando, discutindo e perdendo a razão. Não sabiam nem o que fazer, nem o que dizer. Desde que Jesus estivesse à frente, eles conseguiam fazer-lhe companhia, ainda que de modo desajeitado. Entretanto, especialmente naquela última noite, eles sabiam que não conseguiriam continuar a missão sozinhos.

Eles estavam *com medo*. Eles tinham visto, nos três últimos anos, como Jesus foi tratado ao falar a verdade. Muito em breve eles testemunhariam — ao vivo e em cores — o que o mundo faz com as pessoas que insistem em dizer a verdade. Jesus os avisou naquela noite: "Agora é a vez de vocês proclamarem a verdade. Estou deixando minhas palavras com vocês e vocês devem anunciá-las. O mundo os odiará por isso. Eles os perseguirão e os matarão". Pode-se sentir de forma quase palpável o medo que os apóstolos sentiam.

Eles certamente se sentiram *sem forças*. Eles perceberam que coisas específicas tinham de acontecer para que o Reino de Deus viesse ou que a vontade de Deus fosse feita, mas *eles* não sabiam o que fazer. Eles só sabiam que eram incapazes de fazer o que era necessário ser feito. Cirurgia do coração? Mudança de entendimento? Transformação do caráter? Se o próprio *Jesus* não conseguia fazer com que as pessoas acreditassem, que esperança teriam os meros *apóstolos*?

Acima de tudo, eles se sentiam *pequenos*. Afinal de contas, eles não passavam de cobradores de impostos e pescadores. Eles eram imaturos, egoístas e incultos. Para ser bem sincero, eles estavam no limite...

muito além de suas capacidades. Eles estavam tentando entender a natureza de Deus, desvendar o amor, o evangelho e os propósitos de Deus, esforçando-se para levar adiante a vida de Deus, mas simplesmente não se sentiam à altura de serem portadores da sua plenitude e da sua glória.

O DISCURSO DE DESPEDIDA

Estes eram os sentimentos difíceis que consumiam Jesus naquela última noite: medos e incertezas, solidão e dúvidas de seus companheiros mais chegados. Em breve tudo mudaria, e Ele queria que a fé deles sobrevivesse à tempestade.

Jesus passou aquela última noite com aqueles a quem mais amava, lavou os pés deles e lhes fez um apelo para que lavassem os pés uns dos outros. Ele os instruiu a amarem uns aos outros no futuro como Ele os amou no passado. Ele rogou para que não tivessem medo nem que deixassem o coração ficar perturbado.

Na maior parte do tempo, no entanto, Jesus preparou seus discípulos para a sua partida conversando com eles a respeito do Espírito Santo. Está chegando um Espírito chamado de "Paracleto". Jesus sempre se referia e voltava a falar dele — por várias vezes. Quanto mais se achava que Ele abordaria um novo assunto, lá estava Ele retornando ao Paracleto mais uma vez, dizendo algo novo e esperançoso a respeito dele.

O tema predominante que Jesus destacou nessa conversa final foi que, quando o Paracleto viesse, este seria para eles o que Ele próprio o foi. De forma mais específica, Jesus tenta esclarecer que o Paracleto preencheria o vazio deixado por sua partida. Todas as dúvidas espinhosas e as emoções difíceis que surgissem nos apóstolos com a despedida do Mestre seriam resolvidas pela vinda do Paracleto. Ele era a cura para tudo o que doía neles naquela noite — e em todas as outras ocasiões em que o discipulado se tornasse difícil.

Será que os discípulos se sentiriam abandonados? Graças à presença do Espírito Santo, Jesus estaria novamente presente com os discípulos.

"E eu pedirei ao Pai, e ele lhes dará outro Conselheiro para estar com vocês para sempre, o Espírito da verdade. O mundo não pode recebê-lo, porque não o vê nem o conhece. Mas vocês o conhecem, pois ele vive com vocês e estará em vocês. Não os deixarei órfãos; voltarei para vocês" (João 14:16-18).

Jesus disse aos discípulos: "Eu sei que vocês sentirão saudade de que eu caminhe e converse com vocês como faço agora, mas quando o Espírito Santo vier, Ele estará sempre com vocês. Ele habitará *em* vocês, e vocês acabarão descobrindo que *ele* nada mais é que *eu* vivendo para sempre com vocês". (Essa "promessa da presença" é o assunto do capítulo 8.)

Será que eles se sentiriam incapazes? Quando o Espírito Santo viesse, Ele capacitaria os discípulos para a missão que Jesus lhes tinha confiado. "Mas o Conselheiro, o Espírito Santo, que o Pai enviará em meu nome, lhes ensinará todas as coisas e lhes fará lembrar tudo o que eu lhes disse. Deixo-lhes a paz; a minha paz lhes dou. Não a dou como o mundo a dá. Não se perturbem os seus corações, nem tenham medo" (João 14:26-27).

Jesus diz aos Doze: "Eu sei que vocês estão sobrecarregados com a missão e se preocupam com a sua eficiência, mas o Espírito Santo os ensinará tudo o que precisam para fazer a minha obra. Ele os capacitará. Ele lhes dará a competência para transformar o mundo". (Essa "promessa de ensino" é o assunto do capítulo 9.)

Será que eles ficariam com medo e com vergonha de falar? Quando o Espírito Santo viesse, Ele falaria de Jesus para o mundo e daria coragem aos discípulos para testemunhar. "Quando vier o Conselheiro, que eu enviarei a vocês da parte do Pai, o Espírito da verdade que provém do Pai, ele testemunhará a meu respeito. E vocês também testemunharão, pois estão comigo desde o princípio" (João 15:26-27).

Jesus tem compaixão deles: "Eu sei que o medo que vocês terão os tentará a ficarem quietos, mas o Espírito Santo falará em meu nome com um testemunho que nem ameaça ou tortura alguma poderão silenciar. Além disso, o Espírito Santo os ajudará a testemunhar... Ele concederá a vocês as palavras certas e a coragem necessária". (Essa "promessa de testemunho" é o assunto do capítulo 10.)

Será que os discípulos se sentiriam fracos? O Espírito Santo faria coisas que os discípulos sozinhos não poderiam fazer.

> Mas eu lhes afirmo que é para o bem de vocês que eu vou. Se eu não for, o Conselheiro não virá para vocês; mas se eu for, eu o enviarei. Quando ele vier, convencerá o mundo do pecado, da justiça e do juízo. Do pecado, porque os homens não creem em mim; da justiça, porque vou para o Pai, e vocês não me verão mais; e do juízo, porque o príncipe deste mundo já está condenado (João 16:7-11).

Jesus garante para eles: "Quando ele vier, ele convencerá o mundo do pecado. Ele confrontará a resistência do mundo. Ele preparará o coração das pessoas para receber a semente do evangelho". A salvação do mundo não se encontra totalmente sobre os ombros dos Doze (ou sobre os nossos!). Jesus promete que o Espírito fará uma parceria com eles e fará a obra do reino que eles não têm capacidade de fazer. (Essa "promessa de convicção" é o assunto do capítulo 11.)

Será que eles se sentiriam pequenos? Quando o Espírito Santo viesse, Ele aumentaria a capacidade dos discípulos, ampliando o conhecimento deles.

> Tenho ainda muito que lhes dizer, mas vocês não o podem suportar agora. Mas quando o Espírito da verdade vier, ele os guiará a toda a verdade. Não falará de si mesmo; falará apenas o que ouvir, e lhes anunciará o que está por vir. Ele me glorificará, porque receberá do que é meu e o tornará conhecido a vocês. Tudo o que pertence ao Pai é meu. Por isso eu disse que o Espírito receberá do que é meu e o tornará conhecido a vocês (João 16:12-15).

Naquela noite, Jesus tinha dado a eles mais do que eles podiam suportar; os seus cálices transbordaram! No futuro, o Espírito Santo, porém, daria aos discípulos maturidade e os tornaria mais capazes de suportar a glória de Deus. Ele transformaria dedais espirituais em baldes e barris, para que até mesmo discípulos pequeninos pudessem conter a plenitude de Deus. (Essa "promessa de revelação" é o assunto do capítulo 12.)

Enquanto preparava os discípulos para sua partida e tratava todos os medos e dúvidas que surgiram por causa disso, Jesus apresentou para eles o Espírito Santo. A solução para o medo e para a insuficiência deles seria justamente esse Espírito Santo. É o Espírito Santo — que está vivo, que habita no cristão, que é poderoso, sábio, corajoso, capacitador e tangível — que tornaria os discípulos aptos para o que estava por vir.

Os apóstolos ainda não tinham entendido o que Ele estava apresentando. Mas, a essa altura, eles precisavam de todas as expressões de consolo possíveis. Quem está se afogando se agarra em qualquer tábua, e quem está faminto rói qualquer osso.

SERÁ QUE ESSAS PROMESSAS SÃO PARA NÓS?

Será que a conversa entre Jesus e os Doze naquela última noite deveria ser ouvida por discípulos como nós? Será que ela possui alguma importância para a nossa vida?

Seria bom pensar assim, porque o Espírito Santo que encontramos no Discurso de Despedida preenche as carências que experimentamos em nossa vida.

Aqueles que estiverem dispostos a responder a essa pergunta de forma afirmativa e expressiva geralmente não estão dispostos a aplicar o curativo do Espírito Santo sobre as mágoas específicas que Jesus está tratando com os Doze. Eles afirmam: "É claro! A promessa do Espírito Santo se aplica à nossa vida!", e depois se apressam para outras passagens do Novo Testamento para ver quais são os sinais e as maravilhas que estão reservadas para nós por causa dela. Calma! Não se apresse! Será que não dá para passarmos um tempo com Jesus, aqui no Cenáculo, um tempo suficiente para perceber que Ele está revelando um ministério do Espírito Santo que é bem mais íntimo do que qualquer sinal ou milagre? Existe uma obra no coração que o Espírito Santo quer realizar nos discípulos que é extremamente mais necessária (naquela época e agora) do que fazer prédios tremerem ou falar profecias em nome de Deus. Se a promessa que Jesus fez sobre o Espírito Santo é relevante para os discípulos hoje, tem de ser igualmente relevante a promessa de um Espírito que habitará em nós e nos transformará de dentro para fora. Essa promessa merece uma pausa para reflexão, e um pouco do nosso tempo e da nossa atenção.

Aqueles que insistem em responder a essa pergunta de forma negativa, e que não estão dispostos a aplicar a promessa de Jesus a respeito do Espírito Santo para os discípulos dos tempos modernos, devem explicar o motivo pelo qual os apóstolos receberam o Espírito Santo para suprir as carências que surgiriam com a partida de Jesus, enquanto nós, que temos vários problemas com as mesmas carências, não recebemos a mesma solução. Eles receberam o Espírito Santo poderoso que foi prometido; e para nós só sobraram os bancos da igreja. Isso não parece ser muito justo, não é? A verdade é que existem alguns vazios que somente um Espírito tangível pode preencher... existem algumas necessidades que somente um Espírito que habita em nós pode suprir... algumas obras que somente um Espírito vivo pode realizar. Essa contribuição do Espírito Santo para a nossa vida é mais necessária para os discípulos atuais do que simplesmente práticas de adoração melhores ou grupos pequenos e íntimos. Se a promessa do Espírito Santo *não* for importante para nós, estamos com sérios problemas, porque não temos como resolver o que nos magoa pelo nosso próprio poder, nem mesmo a igreja, nem mesmo a Bíblia pode tirar todos os espinhos que surgem quando servimos um Mestre que não está mais entre nós.

Acredito que as mesmas promessas que foram feitas aos Doze naquela última noite também foram feitas para nós. A mesma presença cujo acesso foi aberto aos primeiros apóstolos também é a presença que podemos desfrutar — por meio do Espírito Santo. A mesma capacidade para o ministério que foi oferecida para eles também é a competência e a capacitação que são oferecidas para nós — pelo Espírito Santo. Podemos obter hoje a mesma coragem para testemunhar, a mesma coragem diante da oposição — por causa do Espírito Santo. Temos acesso à mesma parceria, à mesma cooperação com Deus para ganhar o mundo inteiro — tudo isso no Espírito Santo. O mesmo aprofundamento e a mesma maturidade que permitiu a esses discípulos suportarem mais, entenderem mais e *serem* mais pode acontecer conosco — pelo Espírito de Deus.

Da mesma maneira que aconteceu com os Doze, Jesus ainda sopra nos cristãos de hoje e diz: "Recebam o Espírito Santo" (João 20:22). Isso também é algo muito bom! Jesus já partiu faz tempo. Nossa vida tem se enfraquecido por causa do contato constante com o mundo. Nossas igrejas se esqueceram do seu verdadeiro ofício. Perdemos a ambição de "revolucionar o mundo"; nós nos acomodamos em "esperar" até que o Senhor venha. Fizemos calar o nosso testemunho. A nossa coragem se foi. Estamos cansados, confusos e inseguros. É difícil ser um discípulo neste mundo cruel.

Essa é a razão pela qual é tão importante para nós ouvirmos novamente o que Jesus diz a respeito do Espírito Santo no evangelho de João e reencontrarmos o Espírito Santo que está nele. Está na hora de reivindicar as promessas que Jesus fez sobre o Paracleto. Está na hora de consertar e renovar o relacionamento com o Espírito Santo, que é o único que tem o poder para elevar nossa vida e nossa igreja novamente a um nível capaz de transformar o mundo.

Esse é o assunto deste livro. Seja bem-vindo a essa viagem!

PARTE 1

O ESPÍRITO SANTO NAS ESCRITURAS

Esta parte apresenta um estudo sobre o que a Bíblia diz a respeito do Espírito Santo. Aqueles que não têm muita paciência para acompanhar detalhes mais profundos podem pular essa parte e ir direto para a parte principal do livro — a Parte 2. Aqueles, no entanto, que apreciam o entendimento mais profundo que somente a perspectiva das coisas traz e anseiam pela confiança que somente os pensamentos arraigados nas Escrituras podem dar, com certeza darão o devido valor a esta análise geral.

Você pode estar se perguntando como um estudo como este pode nos ajudar com nosso enfoque mais restrito ao Espírito Santo no Evangelho de João. Na verdade, ele ajuda de três formas. Primeiro, fornece um contexto para os ensinamentos de Jesus a respeito do Espírito que nos permite ouvir no Discurso de Despedida os ecos e contrastes dos ensinos sobre o Espírito Santo nos outros livros da Bíblia. Em segundo lugar, destaca o fato de que o Espírito Santo não é abordado na Bíblia de modo uniforme — os vários escritores possuem interesses diferentes nos assuntos relacionados ao Espírito Santo —, o que sugere que Jesus (em João) pode estar apresentando o Espírito Santo com uma voz exclusiva que exige atenção redobrada. Por fim, levanta um punhado de questões que costumam surgir de forma lógica no testemunho bíblico sobre o Espírito Santo e atingir o cerne de como entendemos o Espírito Santo e a sua obra.

Começamos (no capítulo 3) com uma análise surpreendentemente profunda sobre o Espírito Santo no Antigo Testamento. Como é que o Espírito Santo agia antes da manifestação de Cristo? Qual foi a experiência de Israel com o Espírito Santo?

O capítulo 4 traz um estudo breve a respeito do ensino sobre o Espírito Santo nos Evangelhos Sinóticos (Mateus, Marcos e Lucas) e em Atos. Você pode se surpreender (como eu) ao descobrir o que *não* se diz a respeito do Espírito Santo nesses livros.

No capítulo 5, passeamos pelas cartas de Paulo. Paulo tem uma contribuição única a fazer para o nosso entendimento da obra do Espírito Santo, inclusive da maior parte daquilo que conhecemos sobre o Espírito que *habita* em nós.

O capítulo 6 se concentra no Evangelho de João — o final da nossa jornada — fazendo uma análise do que Jesus disse nesse Evangelho a respeito do Espírito Santo e especialmente sobre o Paracleto.

Por fim, no capítulo 7, eu reproduzo para você o texto do Discurso de Despedida (os capítulos 13 a 16 do Evangelho de João) e dou uma atenção especial para as passagens que falam sobre o Paracleto.

CAPÍTULO TRÊS

O ESPÍRITO SANTO NO ANTIGO TESTAMENTO

O Espírito Santo já surge no segundo versículo da Bíblia: "No princípio, Deus criou os céus e a terra. Era a terra sem forma e vazia; trevas cobriam a face do abismo, e o Espírito de Deus se movia sobre a face das águas" (Gênesis 1:1-2).

As únicas coisas que vêm antes do Espírito Santo na Bíblia são Deus e os céus, a terra sem forma e o abismo profundo. A referência ao Espírito Santo é simples e enigmática. Não traz nenhuma explicação. Não há nenhum desenvolvimento no argumento. É como se o escritor mencionasse o Espírito Santo "como um tributo", querendo que sua presença fosse notada antes que o mundo viesse a existir. "No princípio, Deus estava lá, e o Espírito de Deus também se fazia presente".

Quando Deus criou o homem, Ele também estava lá (soprando dentro dele "o fôlego de vida", uma expressão que geralmente é associada ao Espírito Santo — veja Jó 33:4) e igualmente quando Deus posteriormente refletiu sobre o que faria com as suas criaturas decaídas: "Então disse o Senhor: 'Por causa da perversidade do homem, meu Espírito não contenderá com ele para sempre; e ele só viverá cento e vinte anos'" (Gênesis 6:3).

O Espírito estava presente nos dias do Êxodo. Nós o vemos (simbolicamente) nas chamas da sarça ardente (Êxodo 3:1-6) e na coluna de nuvem e de fogo (Êxodo 13:21-22), mas é mencionado de forma clara no ministério de Moisés: "Eu descerei e falarei com você; e tirarei do Espírito que está sobre você e o porei sobre eles" (Números 11:17).

Essa é a primeira referência nas Escrituras ao Espírito estando "sobre" um indivíduo em particular. Não é de se admirar que esse indivíduo seja Moisés, o personagem mais importante do Antigo Testamento. Isso, entretanto, só acrescentava a importância da presença do Espírito Santo para que se executasse a obra de Deus.

O Espírito Santo marcou a vida de Moisés. As evidências são tão claras como o brilho em seu rosto. No livro do Êxodo, temos conhecimento de que "o Senhor falava a Moisés face a face" (33:11). Essa comunhão íntima com Deus faz com que Moisés brilhe:

> Ao descer do monte Sinai com as duas tábuas da aliança nas mãos, Moisés não sabia que o seu rosto resplandecia por ter conversado com o Senhor. Quando Arão e todos os israelitas viram Moisés, com o rosto resplandecente, tiveram medo de aproximar-se dele. Ele, porém, os chamou; Arão e os líderes da comunidade atenderam, e Moisés falou com eles. Depois, todos os israelitas se aproximaram, e ele lhes transmitiu todos os mandamentos que o Senhor lhe tinha dado no monte Sinai. Quando acabou de falar com eles, cobriu o rosto com um véu. Mas toda vez que entrava para estar na presença do Senhor e falar com ele, tirava o véu até sair. Sempre que saía e contava aos israelitas tudo o que lhe havia sido ordenado, eles viam que o seu rosto resplandecia. Então, de novo Moisés cobria o rosto com o véu até entrar de novo para falar com o Senhor (Êxodo 34:29-35).

Esse "brilho" reaparece como a "glória" que desce sobre o Sinai e depois enche tanto o Tabernáculo quanto o Templo. Trata-se de um sinal frequente da presença de Deus e um símbolo comum para o Espírito de Deus.[1]

Do mesmo modo que Moisés, Josué foi ungido com o Espírito Santo (Números 27:18; Deuteronômio 34:9). O mesmo aconteceu com os juízes: "O Espírito de Deus veio sobre Otniel" (Juízes 3:10); "Então o Espírito do Senhor apoderou-se de Gideão" (Juízes 6:34); "Então o Espírito do Senhor se apossou de Jefté" (Juízes 11:29) e — especialmente — "O Espírito do Senhor apossou-se de Sansão" (Juízes 14:6).

Os primeiros reis de Israel não eram ungidos somente com óleo, mas com o Espírito Santo. Isso aconteceu com Saul ("O Espírito do Senhor se apossou dele" — 1Samuel 10:10) e com Davi ("Samuel então apanhou o chifre cheio de óleo e o ungiu na presença de seus irmãos, e a partir daquele dia o Espírito do Senhor apoderou-se de Davi" — 1Samuel 16:13). O rei Davi tinha uma consciência especial da presença do Espírito Santo em sua vida. No seu leito de morte, Davi se alegrou porque "o Espírito do Senhor falou por meu intermédio; sua palavra esteve em minha língua" (2Samuel 23:2). Ele atribuiu ao Espírito Santo a inspiração para "as plantas de tudo o que o Espírito havia posto em seu coração acerca dos pátios do templo do Senhor e de todas as salas ao redor, para os depósitos dos tesouros do templo de Deus e para os depósitos das dádivas sagradas" (1Crônicas 28:12).

Davi dependia do Espírito Santo para o conduzir (Salmos 143:10); maravilhava-se de que o Espírito Santo estivesse em todo o lugar (Salmos 139:7); e rogava que Deus nunca retirasse o Espírito Santo dele (Salmos 51:11).

Os profetas experimentaram a presença do Espírito de Deus. Elias (1Reis 18:12), Isaías (Isaías 48:16), Ezequiel ("o Espírito entrou em mim e me pôs de pé, e ouvi aquele que me falava", Ezequiel 2:2) e Miqueias (quanto a mim, graças ao poder do Espírito do Senhor, estou cheio de força...", Miqueias 3:8) — todos sentiram a vivificação e a capacitação do Espírito Santo. O autor de Neemias atribuiu a obra dos profetas (ao repreender Israel) ao "teu Espírito" (Neemias 9:30).

Mas não foram somente os líderes de Israel e os homens santos que experimentaram a presença do Espírito Santo. Todo o Israel se lembrava de um Deus que "entre eles pôs o seu Espírito Santo" (Isaías 63:11). Todo o Israel recebeu de Deus "o teu bom Espírito para instruí-los" (Neemias 9:20) e "foi-lhes dado descanso pelo Espírito do Senhor" (Isaías 63:14). Todo o Israel se rebelou "contra o Espírito de Deus" (Salmos 106:33) e "entristeceu o seu Espírito Santo" (Isaías 63:10). Além disso, "toda a casa de Israel" — embora não passasse de ossos secos — experimentou uma renovação nacional e um retorno por causa de um encontro marcante com o Espírito Santo: "Farei um espírito entrar em vocês, e vocês terão vida. Porei tendões em vocês e farei aparecer carne sobre vocês e os cobrirei com pele; porei um espírito em vocês, e vocês terão vida... Porei o meu Espírito em vocês, e vocês viverão, e eu os estabelecerei em sua própria terra" (Ezequiel 37:5-6, 14).

Muitos de nós não temos a mínima ideia de que o Espírito Santo esteja tão presente no Antigo Testamento, mas, depois de darmos uma olhada mais atenta, percebemos que Ele está... em toda a parte: no princípio, por todo o Êxodo, com toda espécie de liderança na história de Israel, e é experimentado de forma palpável e profunda por todo o povo de Israel. Porém, de acordo com os profetas, o melhor ainda estava por vir.

O ESPÍRITO SANTO NA ERA MESSIÂNICA

De acordo com os escritores do Antigo Testamento, uma experiência radical e abrangente do Espírito Santo seria a marca registrada da Era Messiânica — a época tão esperada de quando Deus planejava derramar seu Espírito Santo de forma especial. O Espírito Santo que esteve presente com o povo de Deus desde o princípio se manifestaria de forma dramática e extraordinária quando o "Ungido" viesse.

É isso mesmo! "O Espírito do Senhor" estava destinado a repousar sobre o próprio Messias de um modo excepcional:

o Espírito que dá sabedoria e entendimento,
o Espírito que traz conselho e poder,
o Espírito que dá conhecimento e temor do Senhor (Isaías 11:2).

Além disso, Deus realmente prometeu "pôr o seu Espírito" em seu Messias, para que a justiça fosse estabelecida sobre a terra (Isaías 42:1-4) e se proclamasse o "ano da bondade do Senhor" (Isaías 61:1ss).

A marca que definiria a Era Messiânica, contudo, seria a disponibilidade do Espírito Santo para *todas* as pessoas — todos aqueles que colocassem a sua esperança no Senhor e no seu Ungido. Isaías, com suas visões grandiosas do reino messiânico, confirma várias vezes esse gesto do Espírito Santo. Ele anseia por uma época em que "o Espírito seja derramado do alto" (32:15), em que Deus derramaria "água na terra sedenta, e torrentes na terra seca; derramarei meu Espírito sobre sua prole..." (44:3). Nesse dia, o Espírito de Deus reuniria o povo messiânico (34:16) e seria derramado sobre eles como correntes no deserto (35:1-10). Joel ecoa a proclamação de Isaías de um Espírito Santo para "todas as pessoas". Seriam cheios do Espírito os filhos e as filhas, os homens e as mulheres, os anciãos e os jovens: todos que são chamados pelo nome do Senhor (2:28-32).

Além disso, essa presença do Espírito Santo, esse regar da terra seca, será "para sempre": para o povo do Messias, para os seus filhos, e "dos descendentes deles, desde agora e para sempre" (Isaías 59:21).

Quando é estudado de forma completa, o testemunho do Antigo Testamento é de que o Espírito Santo *sempre* esteve presente — com Deus, com a criação de Deus e com o povo de Deus. Desde o princípio até a Era Messiânica. Não somente Ele estava presente, mas também a sua presença era *atuante* e *poderosa*. O Espírito Santo cria, concede vida, acompanha, unge, orienta, capacita, concede visões e falas proféticas, e vivifica os ossos secos espirituais. O afastamento dessa presença equivalia a uma expectativa que era temida pelo Israel antigo. A demonstração dessa presença era um consolo e uma segurança para o antigo Israel, e a promessa de uma presença maior, a expectativa do derramamento do Espírito Santo na Era Messiânica consistia em uma esperança que sustentou Israel por todos os dias sombrios do Exílio e pela época improdutiva do judaísmo do Segundo Templo.

OBSERVAÇÕES SOBRE O ESPÍRITO SANTO NO ANTIGO TESTAMENTO

Ao final desse breve resumo, parece adequado fazer algumas observações. A primeira, para reforçar, é que *o Antigo Testamento retrata um Espírito Santo sempre presente*. A importância disso para nós é o reconhecimento de que o Espírito Santo não se trata de algum fenômeno do "século 1", ou de algum artefato do cristianismo apostólico. Na verdade, Ele se constitui em uma "presença constante". O Espírito sempre esteve presente em todos os lugares e em todas as ocasiões que Deus tem um encontro especial com o seu povo.

Os cristãos nos dois extremos do pensamento sobre o Espírito Santo nos dias de hoje têm se disposto, em sua ânsia de limitar o Espírito Santo ao século 1, a minimizar a função do Espírito Santo antes da vinda de Cristo. Aqueles que destacam o derramamento de Pentecostes e que veem o capítulo 2 de Atos como uma linha divisória na história da fé, separando aqueles que têm o Espírito Santo daqueles que não têm, nem sempre apreciam um Espírito Santo ativo, presente e dedicado no mundo anterior ao Pentecostes. Até aceitam um Espírito anêmico, ou um Espírito com as mãos atadas nas costas, mas, com certeza, não aceitam que é o mesmo Espírito Santo poderoso, soberano e ilimitado do livro de Atos (e que é experimentado hoje em dia).

Aqueles que se encontram no outro extremo (que minimizam a função do Espírito Santo no discipulado atual) querem destacar que a época de Jesus e dos apóstolos era singular com relação ao Espírito

Santo. Não houve nenhuma época igual a ela nem antes nem depois. O Espírito Santo estava presente com uma atividade poderosa durante o tempo em que os apóstolos estavam vivos, mas somente nessa época. Com o intuito de descartar o Espírito Santo do nosso tempo presente, esse ponto de vista em sua maioria separou o Espírito Santo do passado de Israel.

Essas duas posições ignoram bastante algo que é essencialmente comum entre as experiências do Espírito Santo nos dois testamentos: o vocabulário em comum, como "poder", "foi derramado", "glória" e "cheio", e as manifestações comuns, como as profecias e as visões. Eles ignoram amplamente todas as provas que sugerem que o Espírito Santo conduziu a ação de Deus com Israel praticamente da mesma maneira que Ele fez posteriormente com a igreja do século 1.

Até mesmo uma lida superficial nas provas do Antigo Testamento, no entanto, leva-nos a reconhecer que o Espírito Santo desempenhou uma função bem maior no Israel antigo do que a maioria de nós consegue perceber.

Uma segunda observação: mesmo no Antigo Testamento, começamos a ter uma ideia da *distinção entre a obra milagrosa do Espírito e a sua obra transformadora*. É claro que a presença do Espírito Santo está associada bem de perto a manifestações sobrenaturais como a profecia e a revelação — manifestações em que as pessoas são *instrumentos* do poder do Espírito Santo e das palavras de Deus. Mas ainda existem indícios de uma obra *transformadora* do Espírito Santo, uma obra efetuada em nosso coração e em nosso caráter.

Por exemplo, o Espírito Santo é associado de forma bem próxima pelos escritores do Antigo Testamento com a entrega da Torá e das palavras dos profetas. Essas duas coisas tinham o propósito de promover uma "mudança de coração" em Israel, de produzir arrependimento e justiça. (Davi, como um exemplo, fala sobre o Espírito Santo o conduzindo a "fazer a sua vontade", Salmos 143:10.) Na medida em que essa revelação tinha o poder de efetuar essa mudança de coração em Israel, tal mudança deve ser vista como uma obra do Espírito de Deus.

Ezequiel contempla um dia em que Deus derramaria seu Espírito diretamente no coração do povo de Israel — um Espírito que não precisa da mediação das palavras ou da lei — e o transformaria. Ele lamenta um Israel que abandonou os mandamentos de Deus e seguiu o caminho das nações vizinhas. Ele confessa os pecados e as ofensas de Israel, mas depois enxerga Deus demonstrando a sua misericórdia por seu povo e trazendo-o de volta para a Terra Prometida na qual, novamente, "eles serão o meu povo e eu serei o Deus deles" (Ezequiel 11:20). Essa restauração, no entanto, só foi possível por causa de um derramamento do Espírito Santo:

> Aspergirei água pura sobre vocês, e vocês ficarão puros; eu os purificarei de todas as suas impurezas e de todos os seus ídolos. Darei a vocês um coração novo e porei um espírito novo em vocês; tirarei de vocês o coração de pedra e lhes darei um coração de carne. Porei o meu Espírito em vocês e os levarei a agirem segundo os meus decretos e a obedecerem fielmente às minhas leis (Ezequiel 36:25-27).

O Espírito Santo "em vocês" fará algo mais maravilhoso do que fazer o sol parar — Ele capacitará Israel a obedecer a Deus. Ele purificará, trará mansidão e motivará. Ele transformará o coração de Israel e estimulará uma busca daquilo que é santo.

Chegou o momento da terceira observação: no Antigo Testamento, *a obra transformadora é sempre milagrosa, mas a obra milagrosa nem sempre transforma*. O arrependimento de Davi por causa de Bate-Seba só se tornou possível por causa da intervenção divina. A mudança de coração de Jonas só aconteceu porque Deus "o levou ao fundo do mar". Toda vez que Israel foi fiel ou penitente ou viveu de forma justa, o Espírito de Deus exerceu uma obra poderosa nos bastidores. No Antigo Testamento, as pessoas não amadurecem, nem se arrependem, nem buscam a Deus, muito menos experimentam uma mudança de coração por causa de suas qualidades excepcionais ou por causa do seu autocontrole, mas devido ao fato de que Deus age de forma milagrosa para tocar o coração dos homens e das mulheres.

O ESPÍRITO SANTO NO ANTIGO TESTAMENTO

O milagre, contudo, nem sempre leva à transformação. Pense nos 70 anciãos de Israel que viram as pragas, atravessaram o mar Vermelho e comeram o maná e as codornizes; os anciãos que, além disso, experimentaram pessoalmente um derramamento milagroso e poderoso do Espírito Santo: "O Senhor desceu na nuvem e lhe falou [com Moisés], e tirou do Espírito que estava sobre ele e o pôs sobre as setenta autoridades. Quando o Espírito veio sobre eles, profetizaram..." (Números 11:25).

Essa experiência extraordinária do Espírito, porém, não fez muita coisa para amansar o coração ou incentivar a obediência. Não muito depois, esses mesmos anciãos lideraram uma rebelião contra Moisés (Números 14), ameaçando apedrejá-lo e levar o povo de volta para o Egito. Foram esses anciãos (entre outros) que Deus condenou ao dizer: "Nenhum dos que viram a minha glória e os sinais miraculosos que realizei no Egito e no deserto, e me puseram à prova e me desobedeceram dez vezes — nenhum deles chegará a ver a terra que prometi. [...] Ninguém que me tratou com desprezo a verá" (Números 14:22-23). Esses mesmos homens desafiaram Moisés novamente juntamente com Coré. Eles estavam entre os 250 apoiadores da tentativa de golpe que Coré liderou, os "líderes bem conhecidos na comunidade e que haviam sido nomeados membros do concílio" (Números 16:2). Em sua ira, Deus os consumiu com fogo (Números 16:15).

Esse não foi o único exemplo em que as pessoas experimentaram a obra milagrosa do Espírito Santo, mas não foram transformadas. Esses homens realmente profetizaram pelo poder do Espírito, mas não foram transformados por causa disso.

O caso perturbador de Sansão nos faz enfrentar o mesmo paradoxo. Seu nascimento foi anunciado por um anjo e acompanhado por sinais e maravilhas (Juízes 13). Mais do que todos os outros juízes (na verdade, mais do que a somatória dos outros juízes), Sansão é descrito nas Escrituras como um homem que teve experiências com a força do Espírito Santo (Juízes 13:25, 14:6, 19; 15:14). Essa força, no entanto, manifestada em demonstrações de força física, era uma questão de bíceps e músculos peitorais. Ele quebra laços com facilidade, mata inimigos às centenas e até derruba um templo.

O Espírito Santo está sobre Sansão, e o resultado disso é uma força física sobre-humana; mas Sansão não passa por nenhuma transformação por causa disso. Muito pelo contrário, ele compete com Acabe pelo posto de personagem mais ímpio da Bíblia. Não há nenhuma qualidade redentora mencionada nos quatro capítulos dedicados à sua vida (Juízes 13-16). Sansão é constantemente retratado como rebelde, violento, malicioso, cobiçoso, vingativo, tolo e reclamador. Ele acaba morrendo pelas suas próprias mãos.

Na vida de Sansão, temos mais uma vez sinais sem transformação, maravilhas sem caráter. Conforme veremos, essa mesma discrepância entre o milagre e a transformação se repete no Novo Testamento.

O Espírito, portanto, está vivo e ativo no testemunho do Antigo Testamento. Suas impressões digitais estão por toda a criação e por toda a aliança, por todo o Tabernáculo e por toda a Torá, nos profetas e nos reis. Ele não transforma todos os corações, mas, toda vez que essa transformação acontece, pode ter certeza de que é pela ação do Espírito Santo. Ele se constitui em uma parte integral e indispensável da vida de Israel.

Entretanto, com a vinda do Messias, o Espírito Santo passa a ter uma função ainda maior. Ele será derramado de forma plena, e a partir do momento em que Ele é liberado no mundo, não há mais lugar para sequidão.

CAPÍTULO QUATRO

O ESPÍRITO SANTO NOS EVANGELHOS SINÓTICOS E EM ATOS DOS APÓSTOLOS

Como se pode esperar de uma coleção de livros descrevendo a Era Messiânica, o Espírito Santo desempenha uma função de destaque no Novo Testamento. A palavra "espírito" (*pneuma*) aparece mais de 350 vezes. Vinte e três dos vinte e sete livros do Novo Testamento falam sobre o assunto do Espírito Santo (somente Filemom, 2 e 3João — desculpados por causa do seu tamanho pequeno — e Tiago não possuem nenhuma ocorrência). Alguns escritores do Novo Testamento parecem obcecados com o assunto: a palavra "espírito" aparece mais de 70 vezes em Atos!

O testemunho do Novo Testamento sobre o Espírito Santo é, portanto, amplo e forte; mas, conforme veremos, nem sempre essa profundidade é a mesma em todos os seus livros. Isso se torna evidente quando observamos os Evangelhos Sinóticos — Mateus, Marcos e Lucas.

O TESTEMUNHO DOS EVANGELHOS SINÓTICOS

A palavra "espírito" aparece cerca de 75 vezes nos Evangelhos Sinóticos (que são chamados assim porque tendem a ver — "ótica" — as coisas de modo parecido). À primeira vista, essa abundância de referências promete um mundo de informações para as pessoas que querem entender melhor o Espírito Santo; porém, quando se olha mais de perto, descobre-se que o pouco que se diz a respeito do "espírito" nos sinóticos possui uma aplicação bem direta para a vida dos discípulos.

Por exemplo, praticamente a metade das referências de "espírito" nos sinóticos dizem respeito a espíritos malignos (quinze somente no livro de Marcos!). Jesus os expulsa, os repreende, dá aos discípulos autoridade sobre eles, ensina parábolas das quais eles fazem parte e é acusado de ser possuído por um deles. Outras nove vezes, a palavra "espírito" é usada para indicar a *atitude pessoal* ou o *eu interior* (por exemplo, "o espírito está pronto, mas a carne é fraca", Mateus 26:41).

Isso deixa somente 33 referências diretas ao Espírito *Santo* nos Sinóticos. Porém, mesmo a maioria deles fala sobre o Espírito e o *Messias*, em vez de o Espírito e os *discípulos*. Aprendemos, por exemplo, que o Messias é predito pelo Espírito Santo (Mateus 22:43; Marcos 12:36; Lucas 4:18); que Ele e o seu precursor serão cheios do Espírito Santo (Mateus 3:16; 4:1; 12:18; Lucas 1:15-17, 80; 4:14, 18); que a chegada do Messias é indicada pelo Espírito Santo (que engravida Maria — Mateus 1:18 — e inspira várias pessoas para anunciar o nascimento iminente — Lucas 1:41; 2:25); e que Jesus será reconhecido como Messias por batizar com o Espírito Santo (Mateus 3:11 e passagens paralelas).

O que realmente aproveitamos dos sinóticos que pode ser aplicado aos *discípulos*? É bom saber que o Espírito Santo pode gerar uma criança no ventre de uma mulher, entretanto, poucos de nós estamos planejando um nascimento virginal, portanto essa informação tem pouca relevância. Além disso, é importante saber que o Espírito Santo predisse a vinda de Jesus e desceu sobre Ele no batismo, mas esses eram sinais pelos quais o Messias seria reconhecido, e não experiências disponíveis a todos os discípulos.

No fim das contas, existe pouca coisa nesses livros sobre como o Espírito Santo age no coração e na vida dos discípulos. É isto que *podemos* dizer:

Acima de tudo, os Sinóticos proclamam que os discípulos têm acesso ao Espírito Santo por causa de Jesus Cristo. Ele os batiza com o Espírito Santo, ou mesmo *no* Espírito. "João respondeu a todos: 'Eu os batizo com água. Mas virá alguém mais poderoso do que eu, tanto que não sou digno nem de curvar-me e desamarrar as correias das suas sandálias. *Ele os batizará com o Espírito Santo e com fogo'*" (Lucas 3:16 e passagens paralelas, destaques do autor).

João Batista, estando bem-disposto a dizer que "não era ele", aponta para Jesus e reivindica para Ele o poder para batizar com o Espírito Santo. João podia simplesmente mergulhá-los na água, mas Jesus pode banhar as pessoas no Espírito Santo. Podemos discutir sobre o que, exatamente, isso pode significar e a quem isso se aplica de forma específica, mas esse poder de batizar com o Espírito Santo é uma marca que define o ministério do Messias. Trata-se do marco que diferencia os limites do Espírito Santo antes do Messias da plenitude do Espírito Santo depois do Messias. O Messias, encharcado do Espírito Santo, submerge todos que vem a Ele com esse Espírito. Isso com certeza acontece com seus primeiros discípulos. Será que isso se passa com todos os discípulos, ou mesmo conosco? Essa não é uma questão abordada pelos Evangelhos Sinóticos.

Entretanto, eles realmente nos falam a respeito de um Deus que quer conceder o Espírito Santo àqueles que pedirem: "Se vocês, apesar de serem maus, sabem dar boas coisas aos seus filhos, quanto mais o Pai que está no céu dará o Espírito Santo a quem lhe pedir!" (Lucas 11:13). Jesus retrata aqui um Pai Celestial que está pronto, disposto e desejoso de derramar o seu Espírito. Ele descreve Deus como alguém que gosta de dar presentes, ansioso para conceder o dom do Espírito Santo àqueles que ama. Nessa figura de linguagem, Deus não concede com rancor ou contra o seu pensamento mais lúcido. Ele dá com todo amor e generosidade que um pai sente por seus filhos queridos.

Tudo o que resta nos Evangelhos Sinóticos, depois dessas poucas passagens a respeito da interação do Espírito Santo com os discípulos, não passa de alguns detalhes interessantes. Aprendemos, por exemplo, que o Espírito pode colocar palavras na boca dos discípulos quando lhes faltam as palavras. Em todos os três Sinóticos, Jesus diz aos Doze: "Sempre que forem presos e levados a julgamento, não fiquem preocupados com o que vão dizer. Digam tão-somente o que lhes for dado naquela hora, pois não serão vocês que estarão falando, mas o Espírito Santo" (Marcos 13:11 e passagens paralelas).

Volto a dizer que os Sinóticos não abordam a questão sobre a quem essa promessa se aplica (somente aos Doze ou aos outros?). (Embora o fato de essa oferta de ajuda do Espírito ser escrita para cristãos que estão sob ataques e estão sujeitos à perseguição possa sugerir que a promessa é extensiva pelo menos para eles.)

Outro detalhe: somos avisados pelos Sinóticos sobre os perigos da blasfêmia contra o Espírito Santo — o pecado imperdoável. "Por esse motivo eu lhes digo: todo pecado e blasfêmia serão perdoados aos homens, mas a blasfêmia contra o Espírito não será perdoada. Todo aquele que disser uma palavra contra o Filho do homem será perdoado, mas quem falar contra o Espírito Santo não será perdoado, nem nesta era nem na era que há de vir" (Mateus 12:31-32 e referências paralelas). Podemos não saber como essa "blasfêmia" se parece ou como ela é cometida, mas temos certeza suficiente de que não queremos ser culpados dela.

Por fim, Marcos menciona que os "sinais" seguirão os discípulos em seu ministério (Marcos 16:17-18). Embora o Espírito Santo não seja mencionado nessa passagem, é claro que esses sinais predizem um futuro cheio do Espírito Santo.

Isto é tudo que podemos aprender sobre o Espírito Santo e os cristãos a partir dos Sinóticos: o Messias disponibiliza o Espírito Santo; Deus quer concedê-lo aos discípulos; Ele pode falar por meio dos discípulos em tempos de dificuldade; não podemos falar contra Ele; e os sinais (possivelmente orientados pelo Espírito Santo) andarão de mãos dadas com o discipulado no tempo vindouro.

O TESTEMUNHO DE ATOS

Atos tem mais a dizer sobre o *espírito* do que todos os outros livros do cânon do Novo Testamento. Do mesmo modo que nos Sinóticos, existem referências nesse livro aos *espíritos maus* ou ao *espírito* que o indivíduo tem em seu *interior*, mas elas são raras. A maioria das referências — 55 passagens específicas — apontam diretamente para o Espírito *Santo*. As suas pegadas estão por toda a história que Lucas escreveu sobre a igreja primitiva; entretanto, de modo diferente dos sinóticos, e como se pode esperar devido ao destaque diferente deste livro, Atos testemunha sobre a obra do Espírito Santo na *vida dos cristãos* em vez de a sua obra no ministério de Jesus.

Preste atenção, por exemplo, aos vários modos pelos quais Lucas (o autor de Atos) descreve o advento do Espírito para os discípulos. Os discípulos são *batizados no* Espírito Santo (Atos 1:5, 8; 2:4ss; 11:15-16) e *cheios do* Espírito (2:38; 4:31; 9:17; 13:9). Eles *recebem* o Espírito Santo (1:8; 2:38; 8:15, 17; 10:47) e o Espírito Santo *lhes é concedido* (5:32; 8:18; 15:8). O Espírito Santo *vem sobre* os discípulos (1:8; 10:44; 11:15; 19:6) e *é derramado* sobre eles (2:17; 10:45). A abrangência do vocabulário é impressionante!

Lucas usa esse vocabulário sobre plenitude umas 30 vezes em Atos, proclamando de forma repetitiva e enfática que esses cristãos primitivos tinham recebido o dom do Espírito. Ele pode não nos dizer muito sobre discípulos individuais como Estêvão, Filipe, Cornélio, Barnabé ou Ágabo, mas ele quer que saibamos que todos eles também foram cheios do Espírito Santo. Ele pode não passar muito tempo descrevendo a liturgia do culto ou as práticas sacramentais da primeira igreja, mas descreve de forma amável e prolongada a descida do Espírito

Santo no dia de Pentecostes, e novamente na casa de Cornélio, e várias vezes enquanto os apóstolos viajavam até "os confins da terra".

O resultado dessa plenitude foi uma experiência bem tangível do Espírito Santo para os discípulos. Eles *viram* a presença do Espírito Santo (Atos 2:3, 33), *sentiram* o seu poder (4:31) e *ouviram* a sua voz (8:29; 10:19; 13:2; 21:11). Eles conseguiam reconhecê-lo em outras pessoas (6:3-5), sentir seu encorajamento e apoio (4:8, 31; 9:31; 13:9), e ouvir suas orientações e comissões (8:29; 13:2-4; 16:6-7).

Além disso, também por causa dessa plenitude, os primeiros cristãos desfrutaram de uma experiência consistente de milagres. O testemunho por todo o livro de Atos a esse vínculo profundo entre o Espírito Santo e o sobrenatural é frequente e inequívoco.

No dia de Pentecostes, houve um som veemente "do céu", o Espírito desceu, surgiram línguas de fogo, os cristãos falaram em outras línguas, e Pedro deu testemunho de um homem crucificado que voltou a viver. A igreja testemunhou "muitas maravilhas e sinais" (2:43). Não é à toa que eles estavam todos "cheios de temor".

Um paralítico foi curado na porta do templo, Pedro pregou o Messias à multidão que estava reunida, o Sinédrio ficou "espantado" com a coragem e a ousadia dos apóstolos, a igreja se reuniu para orar e sentiu o prédio tremer enquanto eles eram cheios do Espírito Santo (3:1ss, 11ss; 4:13, 31). Não é de se admirar que "uma abundância de graça estava sobre todos eles".

Ananias e Safira foram acusados de mentir ao Espírito Santo e caíram mortos por causa do seu engano (5:1ss). Não é surpresa que "grande temor se apoderou" da igreja.

"Os apóstolos realizavam muitos sinais e maravilhas entre o povo" (5:12). Os doentes eram curados e os espíritos malignos eram expulsos (5:15-16). Os anjos apareciam para tirar os apóstolos da prisão (5:17ss). É claro que eles "nunca pararam de ensinar e proclamar as boas-novas". Será que você pararia com todas essas maravilhas acontecendo?

Filipe operou sinais em Samaria (inclusive exorcismos e curas). Quando as multidões viram os milagres "houve grande alegria na cidade" (8:5-8). Posso entender por quê. Posteriormente, o Espírito Santo levou Filipe para encontrar um homem em um caminho deserto. Ele pregou ao eunuco e o batizou, e lá foi ele (de repente) "arrebatado" para uma cidade a 24 quilômetros de distância. Não é à toa que ele "ia de cidade em cidade, pregando o evangelho", entusiasmado por fazer parte de algo tão... digamos... emocionante (8:36-40).

Paulo teve uma visão no caminho de Damasco (Atos 9). Ele ouviu a voz divina. Ele recebeu a instrução de ir para a cidade e esperar. Sua visão tinha sido tirada. Ananias também teve uma visão e foi instruído de modo específico para encontrar Paulo e curar sua cegueira. Não me surpreende o fato de que, nesse contexto, Ananias tenha agido conforme as instruções que recebeu, ou que Paulo tenha sido marcado pela visão e pela cura posterior, ou que ele tenha aceitado a comissão de Jesus para ir aos gentios.

Será que preciso lembrar você da ressurreição de Tabita (9:40), ou da visão de Pedro do lençol e dos animais impuros (10:9ss), ou da descida do Espírito sobre Cornélio (10:44-46), ou da libertação de Pedro da prisão por um anjo (12:6-10), ou de Herodes caindo morto pelo juízo de Deus (12:23)? Será que precisamos rever o Espírito Santo "chamando" Barnabé e Saulo para a obra missionária (13:2), ou a cegueira que Paulo declarou sobre o feiticeiro Elimas (13:11), ou a cura do paralítico em Listra (14:10), ou a visão do homem da Macedônia (16:6ss) e o exorcismo da escrava em Filipos (16:18), ou os milagres em Éfeso (19:11-12), ou o resgate do naufrágio (27:9ss)?

Toda vez que o Espírito Santo aparece em Atos, algo sobrenatural acontece. O Espírito desce e as pessoas falam em línguas. O Espírito Santo entra em cena e as pessoas profetizam. O Espírito Santo possibilita curas, "teletransporta" discípulos, concede visões, fala diretamente e de forma orientadora para a igreja, e "impele" ou "previne" algumas ações pontuais (Atos 16:6-7; 20:22). No caso mais extremo (e perturbador) registrado por Lucas, o Espírito Santo faz com que pessoas caiam mortas.

Em Atos, o Espírito Santo é milagroso de modo persistente e incansável.

O que aprendemos a respeito da ação do Espírito Santo nos cristãos de Atos vai até aqui: o Espírito Santo é derramado sobre os seguidores do Messias Jesus; eles experimentam o Espírito Santo de forma bem tangível; o Espírito Santo opera milagres em favor deles e por meio deles.

OBSERVAÇÕES A RESPEITO DO ESPÍRITO SANTO NOS SINÓTICOS E EM ATOS

De acordo com essa revisão, podem-se fazer algumas observações a respeito do testemunho do Espírito nos Sinóticos e em Atos dos Apóstolos:

Observação nº 1: Atos pareceria ser uma fonte mais importante de informações sobre *a ação do Espírito Santo nos discípulos* do que os Sinóticos. Simplesmente não se diz muita coisa em Mateus, Marcos e Lucas sobre o assunto da função do Espírito Santo na vida dos cristãos. De fato devemos aproveitar o que *está* neles, mas uma teologia da obra do Espírito Santo que se baseia somente nos Sinóticos acabaria resultando em um livro bem fino.

Por outro lado, Atos fala da ação do Espírito Santo sobre os discípulos com muita frequência. Existe um veio do Espírito Santo que precisa ser bem explorado: uma plenitude do Espírito Santo disponível para os discípulos; e um Espírito milagroso que age por meio dos discípulos. Lucas não aborda de forma direta em seu relato da igreja primitiva se esse Espírito Santo *continua* disponível desse mesmo modo. Na verdade, essa é uma questão que tem provocado bastante controvérsia no passar dos séculos, inclusive em nossa época. O poder da história de Lucas exige que façamos e continuemos a fazer essa pergunta, mesmo que a resposta demonstre ser difícil ou ilusória.

Observação nº 2: Há muita coisa que não aprendemos a respeito do Espírito Santo a partir dos Sinóticos e de Atos. Não há nada nesses escritos sobre quem é o Espírito Santo ou sobre a sua presença que habita nos cristãos. Nem há nada sobre a transformação que Ele promove ou sobre a sua obra santificadora. Também não há nada sobre a formação do caráter que o Espírito Santo promove, nem sobre a transformação que Ele efetua no coração. Nada sobre matar a natureza pecaminosa, nem sobre promover a vida nova ou moldar a moralidade, os relacionamentos e a comunhão com Deus.

Os Sinóticos raramente abordam a interação do Espírito Santo com os discípulos. Os discípulos observavam a ação do Espírito Santo por meio de Jesus. Eles receberam uma oferta do Espírito para o futuro, mas os Sinóticos não dizem nada sobre como os discípulos experimentaram o Espírito Santo para si mesmos. (João insiste, na verdade, que os discípulos não poderiam receber o Espírito Santo até depois da morte e da ressurreição de Jesus — 7:39; 20:22.)

Não é injusto, portanto, dizer que — nos Sinóticos — os discípulos nada mais eram que *testemunhas* do Espírito Santo, até mesmo *aprendizes* do Espírito, porém o Espírito não se fazia *presente* nos discípulos e não deixava nenhum *resquício* na vida deles. Ele foi prometido a eles nos Sinóticos, mas ainda não tinha sido entregue.

Mas Atos é diferente. O Espírito Santo que foi prometido veio. Ele batizou os discípulos. Ele operou neles e por meio deles. O Espírito Santo em Atos transforma o que os discípulos fazem, o que eles decidem a respeito de determinados assuntos, e como eles agem em algumas situações. O Espírito Santo capacita os cristãos a falar corajosamente, faz com que eles levem curas e profecias e os chama para certos ministérios ou lugares.

Ainda deve ser observado que Atos diz pouca coisa a respeito do Espírito Santo trazendo maturidade aos discípulos, ou convencendo-os do pecado ou ensinando-os a amar a santidade. Os temas do Espírito Santo nas cartas de Paulo em sua maioria não estão presentes em Atos. Não há qualquer palavra sobre a função do Espírito Santo de mortificar o velho homem, controlando a mente e os apetites dos cristãos, ou promovendo o crescimento à semelhança de Cristo. Não estou sugerindo que não há mudança de coração em Atos ou que as pessoas não se aprofundam no Senhor. Isso realmente acontece. Afinal de contas, vemos Saulo ser transformado em Paulo! Estou simplesmente dizendo que Atos nunca retrata o Espírito Santo de tal modo que possamos esperar mudanças de caráter como o efeito natural e pretendido da presença do Espírito Santo na vida do cristão. Se tudo o que tivéssemos estivesse contido em Atos, saberíamos muita coisa sobre os sinais e as maravilhas do Espírito Santo, mas bem pouco a respeito da obra de amadurecimento e santificação do Espírito.

Logo, a mesma coisa pode ser dita a respeito de Atos que também foi dita a respeito dos Sinóticos: os discípulos são *testemunhas* do Espírito e *aprendizes* do Espírito. Além disso, em Atos, eles também são instrumentos do Espírito, canais por meio dos quais o Espírito Santo demonstra a sua presença e o seu poder e para quem Ele comunica a sua vontade. Entretanto, Atos simplesmente não aborda a obra interior do Espírito Santo, vencendo o poder do pecado e gerando uma vida nova semelhante a Cristo. O livro se concentra na igreja e no seu princípio, não em indivíduos e no seu desenvolvimento espiritual.

Observação nº 3: Na verdade, do mesmo modo que no Antigo Testamento, nos Sinóticos e em Atos percebemos que uma experiência de milagres nem sempre transforma. Os fariseus testemunharam os milagres de Jesus, mas se negaram a vir à fé (Mateus 9:32-34). Cafarnaum viu milagres que fariam Sodoma chorar, mas continuaram indiferentes (Mateus 11:23). Jesus voltou para casa, para pessoas que conheciam a sua vida e ouviram relatos sobre seus milagres, e acabou encontrando uma multidão que o queria linchar (Lucas 4:14ss). Além disso, é claro que existe o caso perturbador de Judas, que testemunhou todas as curas e todas as maravilhas, que — possivelmente — expulsou alguns demônios na autoridade de Jesus, mas seu coração continuou duro. Esses sinais não o impactaram. No final, ele decidiu que era melhor trair e se perder do que nunca ter feito nada.

Encontramos a mesma verdade em Atos. Os fariseus prosseguem em sua resistência apesar de as curas continuarem. Ananias e Safira viram os sinais e as maravilhas realizadas pelos apóstolos; mas isso não curou sua ganância nem impediu que eles mentissem ao Espírito Santo

(Atos 5:1ss). Simão ficou "maravilhado com os sinais e maravilhas que viu" (Atos 8:13), mas ainda tentou comprar o poder espiritual com o imundo Mamom. Paulo visitou Corinto e estabeleceu sua igreja mais carismática, mas os dons espirituais não geraram pessoas espirituais. Os milagres não transformam necessariamente o coração.

Observação nº 4: Existem diferenças claras entre a experiência do Espírito que os discípulos tiveram nos Sinóticos e em Atos e a experiência do Espírito a qual estou acostumado. Essas diferenças podem limitar como os ensinos sobre o Espírito Santo nesses livros se aplicam à minha vida no momento.

Alguns dirão: "Espere um pouco. A nossa experiência contemporânea do Espírito Santo deve ser a mesma dos antigos". Outros nos dizem: "O Espírito Santo deve ter a mesma presença, o mesmo vigor e a mesma ação milagrosa do passado!". "O problema somos nós. Estamos extinguindo o Espírito Santo, impedindo de algum modo que Ele aja. Precisamos nos arrepender e redobrar nossos esforços para experimentar as maravilhas de Atos em nossa vida".

Isso pode ser verdade, mas ainda insisto que existem diferenças claras entre os dias atuais e aquela época no que se refere à esfera do Espírito Santo.

Considere os espíritos malignos, por exemplo. Nos sinóticos, eles eram tão numerosos que até mesmo os discípulos confusos, cheios de dúvida e "de pouca fé" tropeçavam neles a cada esquina. Eles possuíam crianças, lunáticos delirantes e mulheres desamparadas. Eles fugiam de suas vítimas humanas preferidas e entravam em hordas de animais. Em quase todas as páginas dos Sinóticos, Jesus encontra e expulsa algum espírito maligno.

Essa não é, entretanto, a minha experiência comum do mundo espiritual. Não consigo me lembrar da última vez que encontrei um espírito maligno — e acho que me lembraria de algo assim. Quem sabe eu seja tão cego espiritualmente que não possa ver um espírito mau quando o encaro de frente. Talvez eu tenha extinguido o Espírito de uma forma tão ampla que sou indiferente a forças e entidades espirituais óbvias. No entanto, antes que eu sinta pena da minha vida espiritual, pelo menos vale a pena perguntar se deve haver alguma diferença real e importante entre a época de Jesus e a minha (e, quanto a isso, entre a Palestina e outros lugares no século 1 onde o evangelho se radicou sem mencionar espíritos maus). Será que uma cosmovisão diferente, ou algum entendimento diferente sobre a causalidade, ou um nível diferente de acesso das forças do mal a outras épocas e lugares explica a ausência de espíritos malignos na nossa experiência atual? Temos que insistir, já que os espíritos maus eram uma realidade naquela época e naquele lugar que eles se constituem em uma realidade aqui e agora?

Se essa diferença se dá em função da mudança das épocas em vez dos corações teimosos, temos de ler os Sinóticos e Atos de modo diferente. O que eles nos contam sobre as realidades espirituais durante o ministério de Jesus e da igreja primitiva podem alimentar nossa curiosidade, mas não demonstra ser muito útil para lidar com as nossas realidades espirituais propriamente ditas.

Mencionei esse exemplo sobre os espíritos malignos para prosseguir falando de outro problema mais perturbador. Encontro uma "diferença" semelhante no modo que o Espírito Santo se comporta naquela época e nos dias de hoje. Existe uma "indiscrição" do Espírito em Atos que parece totalmente estranha para nós. Nos dias atuais temos uma grande dificuldade para buscar o Espírito, para encontrar o Espírito e para nos envolver no Espírito. Mas em Atos, não há como escapar do Espírito Santo. Os discípulos são batizados no Espírito Santo, cheios dele, ou vencidos por Ele em todo momento. Eles se encontram com o Espírito Santo sem querer, sem pedir, de modos surpreendentes e inusitados. O Espírito Santo de forma simples e soberana desce, derrama, enche, direciona, impede e avisa — sem que os cristãos primitivos façam nenhum esforço!

Longe de esperar ser convidado, o Espírito Santo em Atos age de modo invasivo e irresistível.[1] Ele não precisa nem de permissão nem de incentivo. Ele está *presente*, como um fato da vida cristã do século 1, com ou sem convite. Na verdade, a sua presença geralmente é inconveniente (sua "descida" sobre Cornélio propôs desafios importantes sobre a igreja de Jerusalém — Atos 11:2-3), que chega às vezes a escandalizar ("estes homens não estão bêbados, como vocês supõem..." — Atos 2:15), e, em alguns momentos, a despertar medo ("Grande temor se apoderou de toda a igreja" depois da abordagem que o Espírito Santo fez de Ananias e Safira — Atos 5:11). O Espírito Santo descrito em Atos não parece muito preocupado se os discípulos *querem* sua presença. Ele nunca pergunta isso a eles. Em vez disso, o seu interesse é se fazer *presente*, seja convidado ou não.

Essa diferença entre a experiência que o século 1 tem do Espírito e da nossa tem sido fonte de muita confusão. Até mesmo as correntes mais carismáticas do cristianismo moderno têm de estabelecer tratamentos específicos e intensos para induzir uma experiência compreensível do Espírito Santo: rituais de purificação, oração, jejum, leitura, ensino prolongado, meditação prolongada, e uma "busca" torturante. Parece que o Espírito Santo tem de ser *coagido* para aparecer, constrangido para ter uma presença tangível, nesses últimos dias. Entretanto, no século 1, o Espírito Santo estava agressivamente procurando por cristãos, e não o contrário.

Não consigo explicar essa diferença, mas posso reconhecê-la. Os discípulos de Atos são emboscados pelo Espírito Santo, enquanto eu tenho de correr atrás dele, rogando pela menor bênção possível. Não faço a mínima ideia porque isso acontece, mas vale a pena considerar que, desde que essas diferenças sejam reais, Atos pode não ser o melhor parâmetro para medir a experiência do Espírito Santo nos dias de hoje. Em vez de lamentar pelo Espírito de Jerusalém — sempre decepcionados conosco mesmos e confusos diante de Deus quando as línguas de fogo não nos ungem — quem sabe faríamos melhor se perguntássemos como o Espírito de Deus quer agir conosco atualmente, crendo de forma teimosa que Ele ainda age. Ele pode não atuar agora exatamente da mesma maneira que atuava no passado, mas quem sabe Ele tenha um plano para executar seus propósitos definitivos de forma diferente.

Essas diferenças óbvias entre o mundo do século 1 e o meu me dá coragem de questionar se existe alguma outra diferença importante. O Espírito Santo nos Sinóticos e em Atos sempre é milagroso. Mateus, Marcos e Lucas não conhecem nenhuma outra "ação" do Espírito Santo senão o sobrenatural. Seja em visões e vozes ou curas e línguas, o Espírito Santo que vemos nesses livros sempre manifesta sua presença de formas extraordinárias.

Entretanto, digo novamente que essa não é a minha experiência comum — ou a experiência das pessoas que vão à igreja comigo. Quem sabe devesse ser assim. Um dia pode até ser. Mas por enquanto, ela não ocorre dessa forma. Eu sei que existem cristãos e igrejas para os quais experiências de milagres não passam de coisas corriqueiras, cujo testemunho do Espírito Santo inclui mais maravilhas do que as minhas. Não questiono suas experiências nem suspeito da validade da sua caminhada cristã.

Eles podem e, de fato, questionam as minhas. Alguns se aproveitam da minha falta de experiência em milagres para desconsiderar o meu relacionamento com o Espírito Santo. Debaixo dos seus olhares críticos, sou tentado a me sentir inseguro espiritualmente. Ao ouvir as histórias deles, às vezes sofro de uma inveja santa. Apesar disso, no entanto, atenho-me à esperança de que, embora minha experiência com o Espírito seja diferente, ela não é nem inválida, muito menos deficiente (de forma conclusiva).

Vejo o fruto do Espírito de Deus de forma bem clara na vida daqueles que nunca operaram nem testemunharam qualquer cura milagrosa. Vejo uma vida e um caráter transformados por Cristo em pessoas que nem falam em línguas, muito menos profetizam. Além disso, existe algo em mim que acredita que o fruto espiritual e a vida transformada pela cruz acabam sendo, no fim das contas, o propósito da obra do Espírito Santo.

Então, eu pergunto: será que o Espírito Santo *sempre* e *inevitavelmente* é acompanhado de manifestações milagrosas (como sugere o livro de Atos)? Será que a ausência de milagres *necessariamente* indica a ausência do Espírito Santo? Será que a presença de milagres consiste na medida *exclusiva* de uma experiência espiritual válida?

Ou será que Deus tem algo mais, algo diferente, para o seu povo experimentar por causa da obra do Espírito Santo? Para chegar a essa coisa "diferente", temos de sair dos Sinóticos e de Atos para peneirar o que ainda resta para ser dito nas Escrituras a respeito do Espírito Santo. Para tanto, observaremos no Evangelho de João o que Jesus ensina a respeito do Espírito Santo. Antes de chegarmos ao livro de João, no entanto, ainda teremos uma parada... um breve passeio pelas cartas de Paulo. Acho que você vai ser incentivado pelo que encontrará nelas.

CAPÍTULO CINCO

O ESPÍRITO SANTO NOS ESCRITOS DE PAULO

Paulo usa a palavra "Espírito" mais do que qualquer outro escritor do Novo Testamento — 125 vezes nas 13 cartas atribuídas a ele. De modo diferente dos Sinóticos, quase todas as referências de Paulo ao Espírito tratam da obra do Espírito na vida dos cristãos. Além disso, de modo diferente dos Sinóticos e de Atos, Paulo vai além de observar as manifestações milagrosas do Espírito para apresentar um entendimento sobre o Espírito Santo como transformador do coração humano.

Sem dúvida, Paulo realmente testemunha a respeito dos feitos milagrosos. Ele afirma, por exemplo, que a sua pregação e o seu ensino não somente são acompanhados por "uma demonstração do poder do Espírito" como também se tornam eficientes por causa dela (1Coríntios 2:4).

> Não me atrevo a falar de nada, exceto daquilo que Cristo realizou por meu intermédio em palavra e em ação, a fim de levar os gentios a obedecerem a Deus: pelo poder de sinais e maravilhas e por meio do poder

do Espírito de Deus. Assim, desde Jerusalém e arredores, até o Ilírico, proclamei plenamente o evangelho de Cristo (Romanos 15:18-19).

Sabemos, irmãos, amados de Deus, que ele os escolheu porque o nosso evangelho não chegou a vocês somente em palavra, mas também em poder, no Espírito Santo e em plena convicção. Vocês sabem como procedemos entre vocês, em seu favor (1Tessalonicenses 1:4-5).

As marcas de um apóstolo – sinais, maravilhas e milagres – foram demonstradas entre vocês, com grande perseverança (2Coríntios 12:12).

Nesses versículos, Paulo faz os leitores se lembrarem (e nos informa) de que ele não veio pregar somente com palavras do Espírito, mas com sinais do Espírito Santo.

Paulo possui muitos dons carismáticos. Ele fala em línguas ("mais do que todos vocês", 1Coríntios 14:18), cura (p. ex., Atos 14:8-10), expulsa demônios (Atos 16:16-18), profetiza (Atos 27:21-26) e tem visões (2Coríntios 12:1-4). Ele é inflexível em dizer que sua comissão aos gentios e o evangelho que ele pregou foram transmitidos por meios sobrenaturais, não naturais (Gálatas 1:11-17). Aonde quer que ele fosse nas viagens missionárias, tudo o que ele faz, e até o tempo que ele passa nos lugares, tudo é ditado pela revelação direta do Espírito de Deus (Atos 13:2; 16:6-7; 18:9-11; 20:22).

Além disso, Paulo ministra e escreve aos cristãos que também receberam dons espirituais. Com certeza, os coríntios experimentam uma gama ampla de dons espirituais milagrosos (línguas, cura, profecia e palavras de "sabedoria" e "ciência", só para mencionar alguns). Escrevendo aos gálatas, Paulo reconhece que "Deus lhes dá o seu Espírito e opera milagres entre vocês" (3:5). Timóteo possui um "dom de Deus" que Deus proíbe que ele "negligencie", mas, em vez disso, faz um apelo para que ele o "desperte" (1Timóteo 4:14; 2Timóteo 1:6). Quando os discípulos não possuem dons carismáticos, Paulo impõe as mãos sobre eles para corrigir essa falta (Atos 19:6; 2Timóteo 1:6). Ele não quer que seus convertidos "sejam ignorantes" sobre os dons espirituais (1Coríntios 12:1). Pelo contrário, ele os incentiva a "buscar com dedicação os dons espirituais" e "procurar crescer nos dons" (1Coríntios 14:1, 12).

Até agora, Paulo não passa de outro exemplo do tipo de Apóstolo que já encontramos em Atos: pregando com sinais que o acompanham, exercendo dons carismáticos, e incentivando esses dons nos outros. O lugar para onde Paulo prossegue, no entanto, adentra um novo terreno. *A atividade do Espírito Santo se limita a produzir sinais* nos Sinóticos e em Atos, mas não nas cartas de Paulo. Existe muito mais sobre o assunto do Espírito Santo que Paulo quer falar. Ele usa o assunto dos milagres somente a título de introdução para algo mais. É justamente esse "algo mais" que passaremos a estudar.

O ESPÍRITO SANTO "EM VOCÊS"

Ao discutir sobre o Espírito Santo, Paulo utiliza uma preposição que não aparece nos escritos que já estudamos: a palavra "em". Paulo realmente fala sobre *receber* o Espírito Santo e *ser concedido* o Espírito ou receber o *derramamento* do Espírito — do mesmo modo que em Atos e nos Sinóticos. Entretanto, embora esses outros escritos descrevam o Espírito Santo "sobre" os cristãos e "com" os cristãos, e os cristãos agindo "por" e "mediante" o Espírito Santo, eles nunca falam sobre o Espírito "nos" cristãos.

Mas essa preposição especial é a que Paulo caracteristicamente usa quando escreve sobre o Espírito Santo e sobre os discípulos:

> Entretanto, vocês não estão sob o domínio da carne, mas do Espírito, *se de fato o Espírito de Deus habita em vocês*. E, se alguém não tem o Espírito de Cristo, não pertence a Cristo. Mas *se Cristo está em vocês*, o corpo está morto por causa do pecado, mas o espírito está vivo por causa da justiça. E, se o Espírito daquele que ressuscitou Jesus dentre os mortos *habita em vocês*, aquele que ressuscitou a Cristo dentre os mortos também dará vida a seus corpos mortais, por meio do *seu Espírito, que habita em vocês* (Romanos 8:9-11, destaque nosso).

Acaso não sabem que o corpo de vocês é santuário do *Espírito Santo que habita em vocês*, que lhes foi dado por Deus, e que vocês não são de si mesmos? (1Coríntios 6:19, destaque nosso).

Ora, é Deus que faz que nós e vocês permaneçamos firmes em Cristo. Ele nos ungiu, nos selou como sua propriedade e pôs o seu Espírito em nossos corações... (2Coríntios 1:22, destaque nosso).

Porque vocês são filhos, Deus enviou *o Espírito de seu Filho aos seus corações*... (Gálatas 4:6, destaque nosso).

Oro para que, com as suas gloriosas riquezas, ele os fortaleça *no íntimo do seu ser* com poder, por meio do seu Espírito, para que *Cristo habite em seus corações mediante a fé* (Efésios 3:16, destaque nosso).

Quanto ao bom depósito, guarde-o por meio do *Espírito Santo que habita em nós* (2Timóteo 1:14, destaque nosso).

Esse Espírito "em vocês", "habitando em vocês", "em seus corações", "em seu homem interior", residente no corpo e na mente dos discípulos, é um desenvolvimento radical do Espírito orientado por sinais dos Sinóticos e de Atos. De fato, Paulo experimenta os dons sobrenaturais do Espírito Santo. Entretanto, ele também experimenta algo mais — um Espírito Santo que habita nele que está moldando seu coração. Além disso, ele realmente indica algo mais — a mente de Cristo e a vida de Deus.

Com essa pequena preposição "em", Paulo apresenta a possibilidade de um Espírito Santo tão íntimo, tão pessoal, que os discípulos são tocados ao nível do coração e da alma, da mente e do caráter, das características e da personalidade. Em tudo o mais que o Espírito Santo possa fazer, Paulo entende que o Espírito Santo possui uma obra *interna* para executar, uma obra que acontece *dentro* dos discípulos, na sua "natureza", influenciando seus apetites e desejos, moldando suas atitudes e emoções.

Esse entendimento sobre o Espírito Santo vivendo "nos" discípulos é essencial para Paulo. Ele influencia tudo o que Paulo diz — desde os seus ensinos sobre os dons, mediante suas instruções sobre a vida ética, a suas visões sobre a igreja.[1] O Espírito faz sua morada. Para Paulo, esse é um detalhe que faz toda a diferença.

Considere, por exemplo, o que Paulo tem a dizer sobre a *função educadora* do Espírito Santo. Uma das principais funções do Espírito Santo (na mente de Paulo) é instruir os cristãos: revelando a vontade de Deus, ensinando o caminho de Deus e treinando para a vida de Deus. O Espírito Santo, entretanto, não ensina de modo convencional. Ele não está restrito a palavras e apresentações programadas em aplicativos. Devido ao fato de o Espírito *habitar* em nós, ele não só possui acesso aos nossos olhos e ouvidos, como também possui acesso aos nossos pensamentos, às nossas motivações, às nossas tentações e às nossas emoções. Seu ensino é "mais profundo" do que qualquer outro que já experimentamos, e isso faz a sua instrução extraordinariamente poderosa e transformadora.

Por exemplo, Paulo ora para que Deus dê aos efésios o "espírito de sabedoria e de revelação, no pleno conhecimento dele" (Efésios 1:17), porém a oração dele não é por um Espírito palestrante que inculca teologia sistemática ou mais fatos a respeito da fé. Em vez disso, a oração é por um Espírito revelador que ilumina "os olhos do coração" e promove a esperança e o poder (1:18-19). Exatamente pelo motivo de o Espírito habitar em nós, o impacto do seu ensino é maior do que somente informar a mente. Ele direciona o caminho para uma intimidade com Deus. Ele revela perspectivas espirituais e forma uma mentalidade piedosa. Ele transforma fatos em sabedoria. Ele ensina a mente e o coração, a mente e o espírito. Ele mentoreia a motivação e os desejos. Ele pode fazer isso porque habita e possui um acesso direto ao nosso "ser interior".

Uma segunda passagem que prova a mesma ideia é o parágrafo enigmático e estranhamente convincente em que Paulo vincula a capacidade do Espírito de ensinar a "sabedoria secreta de Deus" e "as coisas profundas de Deus" ao fato de que Ele "habita" nos cristãos. Trata-se de uma passagem que vale a pena citar de forma completa:

> O Espírito sonda todas as coisas, até mesmo as coisas mais profundas de Deus. Pois, quem dentre os homens conhece as coisas do homem, a não ser o espírito do homem que nele está? Da mesma forma, ninguém conhece as coisas de Deus, a não ser o Espírito de Deus. Nós, porém, não recebemos o espírito do mundo, mas o Espírito procedente de Deus, para que entendamos as coisas que Deus nos tem dado gratuitamente. Delas também falamos, não com palavras ensinadas pela sabedoria humana, mas com palavras ensinadas pelo Espírito, interpretando verdades espirituais para os que são espirituais... Pois "quem conheceu a mente do Senhor para que possa instruí-lo?". Nós, porém, temos a mente de Cristo (1Coríntios 2:10-16).

Somente o Espírito de Deus pode conhecer os pensamentos de Deus. Conhecer os pensamentos de Deus exige uma infusão do Espírito de Deus, e isso é exatamente o que Deus disponibilizou aos cristãos: o seu Espírito dentro deles, dando-lhes acesso a suas "coisas profundas". Paulo pergunta: quem "conheceu a mente do Senhor?". Somos nós! Nós conhecemos! Ele colocou o seu Espírito Santo em nós e, devido ao fato de que seu Espírito Santo habita nos cristãos, nós possuímos "a mente de Cristo" e, portanto, podemos conhecer "as coisas profundas de Deus".

Tudo isso é bom e necessário: o Espírito Santo "nos" cristãos... a possibilidade de ter intimidade com o Espírito Santo... com o Espírito ensinando e tocando em nosso "ser interior". Porém, é o que Paulo explica em seguida a respeito do Espírito Santo "em vocês" que é verdadeiramente revolucionário.

O ESPÍRITO SANTO E A TRANSFORMAÇÃO

Devido ao fato de que o Espírito Santo habita "em" nós e possui um acesso tão íntimo às partes mais profundas do nosso ser, Paulo acredita que o Espírito Santo é capaz de operar uma obra verdadeiramente milagrosa: curar a nossa vida decaída e restaurar em nós a imagem de Deus. Paulo direciona a maior parte de suas palavras a respeito do Espírito Santo para a sua função de *transformar o coração*. Trata-se de um assunto que ele acha interminavelmente fascinante e definitivamente importante.

É Paulo que nos leva além de um Espírito Santo *presente* e de um Espírito *sobrenatural* a um Espírito capaz de transformar o "ego". É claro que existem indícios dessa capacidade nos escritos do Antigo Testamento (conforme nós observamos) — um Espírito que cria um novo coração e leva à vida santa. Cabe a Paulo, entretanto, desenvolver o que essa obra transformadora realmente se parece na vida do povo de Deus.

Paulo entende (mais do que a maioria) como a humanidade é decaída, e o quanto o pecado causou dano aos filhos de Adão. Ele conhece algo mais radical do que uma nova lei e mais dramático do que as novas maravilhas para desfazer a maldição de Adão. As pessoas precisam de uma cirurgia no coração; de ter um coração curado das mágoas do Éden; um novo coração com uma nova fome pelas coisas santas.

As regras não transformam o coração. As palavras — até mesmo as palavras de Deus — não conseguem alcançar o que é mais necessário em nós. Os sinais podem levar o coração até a água, mas não têm como fazê-lo beber.

Conheça o Espírito que habita em nós. De acordo com Paulo, curar o coração do homem e transformar a nossa natureza humana se constitui na obra maior e melhor do Espírito Santo. Paulo visualiza todo um novo modo de vida proporcionado pelo Espírito Santo "em" nós, uma vida radicalmente diferente da vida caída "em Adão" e da impotência da vida "na carne". Essa vida nova é caracterizada pela santidade, pela fome de Deus, pela semelhança com Cristo e pela justiça verdadeira. É a vida que Deus sempre quis que todos nós tivéssemos — a vida como portadores da imagem de Deus que Ele criou para que vivêssemos desde o princípio. É uma vida tão diferente, tão "outra", que só pode ser movida pelo poder sobrenatural do Espírito Santo.

A vida no Espírito começa quando Deus nos salva "pelo lavar regenerador e renovador do Espírito Santo" (Tito 3:5). Esse lavar faz com que os cristãos sejam "santificados", consagrados e justos diante de Deus; não por causa de alguma coisa que tenhamos feito, mas totalmente por causa da decisão soberana de Deus:

> Desde o princípio Deus os escolheu para serem salvos mediante *a obra santificadora do Espírito...* (1Tessalonicenses 2:13, destaque nosso).

> [Deus me fez um ministro] para que os gentios se tornem uma oferta aceitável a Deus, *santificados pelo Espírito Santo* (Romanos 15:16, destaque nosso).

> Vocês foram lavados, *foram santificados,* foram justificados no nome do Senhor Jesus Cristo *e no Espírito* de nosso Deus (1Coríntios 6:11, destaque nosso).

Entretanto, Paulo já estava apontando para algo mais — não somente para uma mudança em nossa *posição* na mente de Deus, mas para uma mudança no nosso *caráter*. Paulo indica nessas passagens uma salvação permanente — certamente a salvação do castigo, do poder, do domínio e da escravidão do pecado.

Para uma *tão* grande salvação, é necessário muito mais do que uma lavagem inicial. Paulo acredita que o Espírito Santo é um cirurgião, separando-nos da velha natureza do pecado e enxertando em nós uma nova natureza, um novo eu. Ele escreve que existe uma "circuncisão do coração" (Romanos 2:29), que somente o Espírito Santo pode realizar. Nem a lei pode fazer isso, muito menos os rituais religiosos ou nossos esforços mais determinados. Somente o bisturi do Espírito, uma circuncisão de caráter realizada pelo Espírito Santo, é necessário para que aconteça a mudança do coração.

A ideia de morte e de mortificação na obra do Espírito Santo aparece várias vezes nas cartas de Paulo. O Espírito Santo vê os cristãos como "libertos da lei do pecado e da morte" (Romanos 8:2), faz morrer "os atos do corpo" (Romanos 8:13), e ensina os discípulos a despirem-se do velho homem" (Efésios 4:22). Por meio do Espírito, morremos para "a velha forma da lei escrita" (Romanos 7:6) e para os desejos da natureza pecaminosa (Gálatas 5:16-17).

O Espírito sobre o qual Paulo ensina não só corta, mas também enxerta. É por causa do poder e do ensinamento do Espírito Santo que somos capazes de nos revestirmos do "novo homem, criado para ser semelhante a Deus em justiça e em santidade provenientes da verdade" (Efésios 4:24). É porque o Espírito Santo nos permitiu pensar "nas coisas que são de cima" que somos capacitados para nos "revestir do novo [homem], o qual está sendo renovado em conhecimento, à imagem do seu Criador" (Colossenses 3:10). É o controle do Espírito Santo que possibilita que sejamos "sacrifício vivo, santo e agradável a Deus [...] transformados pela renovação da sua mente" (Romanos 12:1-2).

Logo, o Espírito "que habita em vocês" que Paulo ensina é um Espírito transformador, que santifica os cristãos primeiramente os lavando, depois os ensinando e, por fim, cortando o velho homem para dar espaço ao novo. Esse Espírito muda nossa posição diante de Deus, e depois a nossa mente e as nossas atitudes, transformando a nossa própria natureza.

Para Paulo, esse poder transformador se constitui na sua habilidade maior e mais milagrosa. Ele fala sobre isso — se alegra com isso — em todas as suas cartas principais. Considere os exemplos que mencionarei a seguir.

O ESPÍRITO SANTO E A TRANSFORMAÇÃO NOS ESCRITOS DE PAULO

O Espírito Santo que transforma é um tema importante na carta aos Romanos, especialmente nos capítulos 7 e 8. No capítulo 7, Paulo nos entristece completamente com sua descrição daqueles que querem viver uma vida santa com suas próprias forças. ("Estou vendido como escravo para o pecado. [...] O que eu odeio, isso eu faço. [...] O pecado vive em mim. [...] Desejo fazer o bem, mas não consigo praticá-lo. [...] Continuo a fazer o mal. [...] Sou um homem miserável! — Romanos 7:14-19, 24.)

Entretanto, Paulo não quer nos deixar sozinhos na nossa caminhada. A sua descrição da vida humana sem o Espírito Santo no capítulo 7 dá lugar à descrição da vida humana no Espírito no capítulo 8. Que retrato diferente!

> Agora, portanto, já não há nenhuma condenação para os que estão em Cristo Jesus. Pois em Cristo Jesus a lei do Espírito que dá vida os libertou da lei do pecado, que leva à morte... de modo que nós, que agora não seguimos mais nossa natureza humana, mas sim o Espírito.
>
> Aqueles que são dominados pela natureza humana pensam em coisas da natureza humana, mas os que são controlados pelo Espírito pensam em coisas que agradam ao Espírito. Portanto, permitir que a natureza humana controle a mente resulta em morte, mas permitir que o Espírito controle a mente resulta em vida e paz... (Romanos 8:1-6; NVT).

Paulo pergunta: "Quem me libertará do corpo sujeito a esta morte?". É Cristo que faz isso! Mas de que modo? Pelo dom de seu Espírito transformador. É o Espírito Santo que nos liberta da lei do pecado e da morte. É pelo Espírito que nós vivemos agora. Nossa mente se volta para o que o Espírito deseja. O Espírito Santo nos controla (8:9). O Espírito nos vivifica para a justiça (8:10). As obras equivocadas do corpo são mortificadas pelo poder do Espírito (8:13). Somos filhos de Deus, guiados pelo Espírito de Deus (8:14).

Longe de normalizar o capítulo 7 como a experiência triste, porém inevitável, da vida cristã nesse mundo decaído, Paulo nos apresenta para o "Espírito de vida", convidando-nos para nos unir a ele e viver as realidades espirituais do capítulo 8. O Espírito Santo que habita em nós muda tudo. Além disso, acima de tudo, Ele *nos* transforma.

O Espírito transformador também é um tema importante e recorrente nas cartas de Paulo aos Coríntios. Os coríntios tinham certeza de que eram espirituais (*pneumatikoi*) por terem dons espirituais. Acreditavam que haviam alcançado a espiritualidade por poder falar em línguas.

Paulo discorda. Ele relaciona todos os problemas sórdidos da igreja de Corinto (como a imoralidade sexual, as panelinhas, a arrogância, as pendências judiciais, a idolatria, as divisões e as heresias sobre a ressurreição — só para citar alguns) e ousa dizer àqueles irmãos cheios de dons e operadores de milagres:

> Irmãos, não lhes pude falar como a espirituais, mas como a carnais, como a crianças em Cristo. Dei-lhes leite, e não alimento sólido, pois vocês não estavam em condições de recebê-lo. De fato, vocês ainda não estão em condições, porque ainda são carnais. Porque, visto que há inveja e divisão entre vocês, não estão sendo carnais e agindo como mundanos? (1Coríntios 3:1-3).

Eles lhe fazem perguntas a respeito dos dons espirituais, desejosos de saber mais sobre esse assunto (1Coríntios 12:1). Paulo dá uma resposta breve (1Coríntios 12:4-11), mas ele está bem mais interessado em ensiná-los sobre o Espírito transformador cujos dons possuem a função de transformar suas atitudes uns para com os outros (1Coríntios 12:12-31) e levá-los ao "dom maior" do amor (1Coríntios 12:31-13:3). Para que servem as línguas e a profecia quando a igreja de Corinto está dividida por partidos e pelo orgulho? Qual é a utilidade dos dons espirituais que não os fazem ser espirituais?

Na época em que escreve 2Coríntios, Paulo está no final de uma grande luta pelo caráter dessa igreja. Por fim, os coríntios estão dando sinais de terem aprendido o ponto de vista de Paulo. Ele se alegra porque, depois de várias cartas duras e de várias visitas dolorosas, por fim existe alguma expressão de consolo entre os membros da igreja de Corinto (2Coríntios 1:3-7).

Logo depois de fazer sua saudação, Paulo se dedica a redefinir o que quer dizer ser "espiritual". Significa confiar nas intenções de Paulo, mesmo quando não entendem o seu comportamento (2Coríntios 1:12-24). Também envolve reagir à sua correção com arrependimento (2:1-4). Além disso, requer perdoar aqueles que se opuseram a Paulo no passado (2:5-11). Igualmente significa ministrar uns aos outros e ao mundo com integridade e competência (2:14-3:6).

Acima de tudo, *ser espiritual* significa *ser transformado*. Paulo explica que mesmo o ministério de Moisés — um ministério de morte e condenação — deixou uma marca: ele fez com que seu rosto brilhasse (2Coríntios 3:7). O nosso ministério — um ministério do Espírito que traz vida e justiça — também deixa uma marca, que nunca se apagará (veja 2Coríntios 3:8-11).

> Ora, o Senhor é o Espírito e, onde está o Espírito do Senhor, ali há liberdade. E todos nós, que com a face descoberta contemplamos a glória do Senhor, segundo a sua imagem estamos sendo transformados com glória cada vez maior, a qual vem do Senhor, que é o Espírito (2Coríntios 3:17-18).

Essa passagem não é fácil de entender, mas a ideia é suficientemente clara. Enquanto nós contemplamos livre, corajosa e completamente a glória de Cristo, o Espírito age em nosso coração para nos transformar à semelhança daquele que adoramos. Isso pode levar algum tempo. Isso pode acontecer em etapas, mas a transformação realmente acontece. De acordo com Paulo, trata-se da característica que define o Espírito que habita em nós.

O assunto a respeito de um Espírito transformador surge mais uma vez quando Paulo escreve aos gálatas. Ele teme que eles tenham decaído para um "outro evangelho" (Gálatas 1:6). Ele está preocupado porque, "depois de terem começado com o Espírito", em vez disso, eles decidiram confiar em si mesmos (3:3).

Por quatro capítulos, Paulo vaga entre expressões de espanto, testemunho autobiográfico e meditações sobre histórias do Antigo

Testamento. Lá pelo quinto capítulo, Paulo decide abordar claramente o assunto. Na sua melhor voz apostólica, ele diz aos gálatas que a salvação que eles buscam não vem de fazer o que é certo, mas por meio de Cristo (5:2). A justificação diante de Deus se baseia na graça, não na obediência à lei (5:4). Além disso — de modo especial — a justiça pela qual eles esperam nunca pode ser alcançada pela circuncisão, mas somente por esperar no Espírito transformador (5:5).

A essa altura, Paulo lança dez versículos que deveriam ser tatuados no antebraço direito de todo cristão:

> Por isso digo: vivam pelo Espírito, e de modo nenhum satisfarão os desejos da carne. Pois a carne deseja o que é contrário ao Espírito; e o Espírito, o que é contrário à carne. Eles estão em conflito um com o outro, de modo que vocês não fazem o que desejam. Mas, se vocês são guiados pelo Espírito, não estão debaixo da lei.
>
> Ora, as obras da carne são manifestas: imoralidade sexual, impureza e libertinagem; idolatria e feitiçaria; ódio, discórdia, ciúmes, ira, egoísmo, dissensões, facções e inveja; embriaguez, orgias e coisas semelhantes. Eu os advirto, como antes já os adverti, que os que praticam essas coisas não herdarão o Reino de Deus.
>
> Mas o fruto do Espírito é amor, alegria, paz, paciência, amabilidade, bondade, fidelidade, mansidão e domínio próprio. Contra essas coisas não há lei. Os que pertencem a Cristo Jesus crucificaram a carne, com as suas paixões e os seus desejos.
>
> Se vivemos pelo Espírito, andemos também pelo Espírito (Gálatas 5:16-25).

Concordo que a tatuagem ficaria muito grande, mas que temas ótimos! Essas passagens trazem as mesmas ideias levantadas em Romanos: o conflito entre a carne e o Espírito, a vida no Espírito; ser guiado pelo Espírito; agir pelo controle do Espírito Santo. Além disso, trata-se da mesma confiança de Paulo de que podemos ser transformados pelo Espírito, libertados dos desejos da natureza pecaminosa para seguir os desejos do Espírito Santo.

Por outro lado, também existe algo novo nessa passagem: o fruto do Espírito. Uma lembrança prazerosa da presença do Espírito Santo em nossa vida. Os efeitos transformadores do Espírito Santo dentro de nós. Paulo espera que aqueles que vivem no Espírito, que são guiados pelo Espírito Santo, comportem-se de maneira totalmente diferente: sem malícia, mas com amor; sem raiva, mas com alegria; sem discórdia, mas com paz; sem nenhuma ambição egoísta, mas com bondade etc. Ele antecipa que os cristãos "se manterão alinhados com o Espírito" e que esse passo alinhado possui consequências poderosas para a vida cristã.

Os gálatas queriam o fruto certo, mas eles simplesmente se recusavam a buscá-lo da forma certa. Eles continuavam a subir no próprio galho, procurando pelo fruto que eles não são capazes de dar. Paulo garante que, se eles retornarem ao Espírito e ao seu caminho transformador, eles podem encontrar a "justiça pela qual esperamos".

Todas essas passagens provam a convicção de Paulo de que o Espírito Santo habita nos cristãos e que sua obra mais importante consiste em transformar nosso coração. Existem referências nessas cartas da obra milagrosa do Espírito, mas elas são relativamente raras e breves. O que Paulo insiste em falar consiste no milagre de um Espírito Santo que salva os que creem do poder do pecado e capacita pecadores a viver uma vida fiel. Independentemente da experiência cristã das igrejas de Paulo, ele as encoraja a ter um encontro impactante com o Espírito Santo que transforma.

OBSERVAÇÕES SOBRE PAULO E O ESPÍRITO SANTO

Antes que terminemos de falar a respeito do ensino de Paulo sobre o Espírito Santo e prossigamos com João, chegou o momento de tecer alguns comentários.

Em primeiro lugar, é Paulo quem nos apresenta a um Espírito que habita em nós e transforma o nosso coração. Paulo preenche o que, de outro modo, não passaria de um vazio profundo e frustrante entre a liberação do Espírito Santo ao mundo e os discípulos transformados na imagem de Deus. É por causa dos escritos de Paulo que temos alguma noção do Espírito Santo "em" nós, da habilidade do Espírito Santo de nos tocar de forma íntima, de uma obra transformadora que começa com a lavagem e continua na "circuncisão do coração". É por causa de Paulo que aprendemos que o Espírito Santo nos dá poder sobre o pecado, a capacidade de viver de forma justa e a capacidade de sermos portadores da imagem de Cristo. Embora os Sinóticos se concentrem no ministério de Jesus, e Atos no crescimento da igreja, Paulo se concentra no processo de amadurecimento do povo de Deus rumo à imagem de Deus. Por causa disso, encontramos em Paulo um tesouro de ensino sobre a obra transformadora do Espírito.

Em segundo lugar, o que sabemos a respeito de Paulo reforça a diferença entre a obra milagrosa e a obra transformadora do Espírito que temos observado em outras passagens. Existem maravilhas e existem mudanças de coração, dons milagrosos e o novo homem. Não existe nenhum vínculo necessário entre uma obra e a outra. Experimentar o milagre nem sempre leva à transformação (os coríntios são um exemplo disso). A circuncisão do coração não exige primeiro algum encontro com os sinais e as maravilhas (os cristãos romanos parecem confirmar isso). Não sei claramente qual é a relação entre essas duas esferas da obra do Espírito Santo. Paulo afirma as duas como expressões legítimas da presença do Espírito Santo, mas ele também demonstra uma preferência proposital.

Em terceiro lugar, o que mais interessa para Paulo é a parte transformadora da obra do Espírito Santo. Se os livros de Atos e de 1Coríntios fossem retirados do Novo Testamento, não saberíamos quase nada sobre um Paulo carismático ou sobre igrejas carismáticas. Não digo isso para depreciar nem para minimizar os dons espirituais, mas o digo para demonstrar que, quando Paulo está falando (em vez de Lucas) e quando não está corrigindo os excessos carismáticos em Corinto, ele fala pouco sobre as manifestações milagrosas e muito sobre um Espírito Santo transformador. Suspeito que isso se deve a que, no pensamento de Paulo, os sinais do Espírito Santo são capazes de o levar à fé, mas somente a obra interior do Espírito Santo lhe traz maturidade. Além disso, já que suas cartas são principalmente documentos que visam à *maturidade*, ele dá um destaque maior a elas na obra do Espírito Santo no coração.

Mesmo no contexto em que Paulo aborda os dons milagrosos (como em 1Coríntios), num instante o assunto passa para as questões de transformação. Isso não quer dizer que o milagre envergonha Paulo, mas ele está mais motivado para ir além dos sinais e maravilhas para a maravilha de um Espírito Santo que transforma o coração decaído, teimoso e obstinado.

A quarta observação é que existe uma hierarquia clara de dons espirituais nos escritos de Paulo. As línguas são para incentivo pessoal e não possuem lugar na assembleia, a menos que haja algum intérprete que possa "edificar a igreja" (1Coríntios 14:5, 27-28). A profecia, ainda que seja melhor, deve ser limitada a "dois ou três" e só pode ser proferida "para o fortalecimento da igreja" (1Coríntios 14:26). Falando no contexto dos dons espirituais como línguas e profecia, milagres e curas, Paulo ainda aponta para os "melhores dons" e para um caminho "mais excelente" (1Coríntios 12:31) disponibilizado pelo Espírito Santo:

> Ainda que eu fale as línguas dos homens e dos anjos, se não tiver amor, serei como o sino que ressoa ou como o prato que retine... O amor nunca perece; mas as profecias desaparecerão, as línguas cessarão, o conhecimento passará. Pois em parte conhecemos e em parte profetizamos; quando, porém, vier o que é perfeito, o que é imperfeito desaparecerá (1Coríntios 13:1-10).

Paulo está fazendo uma distinção nessa passagem entre os dons de importância limitada (e temporária) e os dons de importância (e duração) definitiva. O Espírito Santo que transforma o coração nos possibilita a *amar* como Paulo descreve nesse capítulo maravilhoso — um dom do Espírito Santo que nunca falha e sempre contribui para "o fortalecimento da igreja". A capacidade de amar de uma maneira semelhante a Cristo é o *maior* dom do Espírito Santo, sua expressão mais sublime de maturidade espiritual. O amor faz com que os dons como línguas e profecia empalideçam em comparação. Paulo encoraja os coríntios a desejarem "ardentemente os dons espirituais", mas ele insiste que "sigam o caminho do amor" — um estado espiritual que busca a "perfeição" — independentemente dos outros tipos de dons que eles possam receber (1Coríntios 14:1). Para Paulo, os dons milagrosos são opcionais para a vida cristã; contudo, o dom transformador não é.

O Evangelho de João repete muitos temas a respeito do Espírito Santo que se encontram no Antigo Testamento, nos Sinóticos e em Atos dos Apóstolos. O que João diz a respeito do Espírito Santo, no entanto, guarda mais semelhanças com o que Paulo disse. Conforme veremos, João também se fascina com um Espírito que habita "em nós", um Espírito que faz de nós a sua casa. Do mesmo modo que Paulo, João promove um Espírito Santo que ensina, revela e consola. Acima de tudo, João se une a Paulo ao dar um destaque direto ao Espírito Santo que transforma. O Espírito Santo que habita em nós faz a diferença em nossa vida e em nossa caminhada de discípulos — uma diferença muito necessária.

Passaremos a falar agora sobre o testemunho de João.

CAPÍTULO SEIS

O PARACLETO EM JOÃO

O Evangelho de João apresenta a nós uma oportunidade única de aprender sobre o Espírito Santo. João diz coisas sobre o Espírito — e as diz *de uma maneira em particular* — que pode ser ouvida e apreciada pelas pessoas que estão famintas pelo Espírito Santo, mas que são exigentes em sua abordagem.

Isso não quer dizer que João fale frequentemente sobre o Espírito Santo. Existem somente 22 referências ao Espírito Santo em todo o livro (lembre-se de que, em comparação, existem cerca de setenta em Atos). Nesse caso, entretanto, realmente temos um exemplo de qualidade maior que a quantidade. Nosso amigo João diz que vale a pena dar ouvidos ao que ele tem a dizer.

Vale a pena ouvi-lo porque, diferentemente dos Evangelhos Sinóticos, a maior parte do que João diz sobre Espírito Santo é aplicável diretamente aos discípulos. Outra razão é porque, de modo diferente de Atos e de forma bem parecida com o que Paulo diz, o que João diz sobre o Espírito Santo se concentra na obra *transformadora* do Espírito de Deus em nossa vida. Além disso, acima de tudo — conforme veremos — vale a pena ouvi-lo porque João cita diretamente o que Jesus diz e pensa sobre esse assunto.

João só se atém ao que é extremamente essencial à obra do Espírito Santo — sobre quem é o Espírito Santo, o que Ele faz no mundo e como Ele trabalha no coração do cristão — e coloca isso nos lábios de Jesus. Ainda que não entendamos tudo o que se pode saber sobre o Espírito Santo depois de ler o Evangelho de João, pelo menos teremos uma boa base para construir um relacionamento com Ele.

JOÃO E OS SINÓTICOS

Algumas referências que se encontram em João evocam coisas que já vimos nos Evangelhos Sinóticos.

Existem algumas passagens, por exemplo, em que a palavra "espírito" é utilizada para falar sobre o espírito humano em vez do divino, um ser ou "homem" interior (João, por exemplo, descreve Jesus como "profundamente movido no espírito"). Esse uso da palavra "espírito" (com "e" minúsculo) possui seus equivalentes sinóticos.

João, do mesmo modo que os outros escritores dos Evangelhos, destaca a importância do Espírito Santo no início do ministério de Jesus. Em João, encontra-se o relato de João Batista: "Eu vi o Espírito descer do céu como pomba e permanecer sobre ele. Eu não o teria reconhecido, se aquele que me enviou para batizar com água não me tivesse dito: 'Aquele sobre quem você vir o Espírito descer e permanecer, esse é o que batiza com o Espírito Santo'. Eu vi e testifico que este é o Filho de Deus" (João 1:32-34). Esse Espírito que "desce" consistia em um fator essencial para identificar Jesus, destacando o "Cordeiro de Deus", o "Filho de Deus", aquele que "tira os pecados do mundo", e aquele que "batizará com o Espírito Santo".

Também encontramos em João (em somente um dos dois comentários que João faz a respeito do Espírito Santo) uma promessa confirmatória: "Pois aquele que Deus enviou fala as palavras de Deus, porque ele dá o Espírito sem limitações" (João 3:34). Nessa passagem João, do mesmo modo que os outros escritores dos Evangelhos, associa Jesus com a Era Messiânica — uma época em que Deus derramaria seu Espírito Santo sobre toda carne. É fácil identificar nessa declaração uma referência ao retrato de Lucas de um Pai que dá "o Espírito Santo a quem o pedir" (Lucas 11:13).

Por fim, João (da mesma maneira que se observa nos Sinóticos) fala sobre o Espírito Santo no contexto do ministério de milagres de Jesus. Os capítulos 1 a 12 de João geralmente são intitulados de "O livro dos sinais". Nesses capítulos, João apresenta a história de Jesus em função de sete milagres: a transformação da água em vinho, a cura do filho do oficial, a cura do paralítico, a multiplicação dos pães, o andar sobre as águas, a cura do cego de nascença e a ressurreição de Lázaro.[1] Tudo o que aprendemos sobre o Espírito Santo em João é aprendido no contexto mais amplo do ministério milagroso de Jesus.

Sendo assim, João faz algumas coisas que vimos os escritores dos Sinóticos fazerem: começar o ministério de Jesus com o Espírito Santo; prometer que Jesus batizaria com o Espírito Santo; garantir aos leitores que Deus daria o Espírito Santo; e falar sobre o Espírito Santo no contexto dos milagres de Jesus e do ministério cheio de sinais.

Por outro lado, existem algumas coisas que os Sinóticos falam frequentemente que João ignora completamente. Embora eles vejam maus espíritos a cada esquina e debaixo de cada pedra, João não diz nada sobre esse assunto. Não existem exorcismos em João, nem mandato algum para os discípulos expulsarem demônios. João, que tem tanto interesse de falar sobre os sinais no ministério de Jesus, também não fala a respeito dos sinais que acompanham os discípulos. Jesus opera maravilhas no Evangelho de João, mas os discípulos nunca fazem isso.

O ESPÍRITO SANTO NA VOZ DE JESUS

João testifica a respeito dos sinais por todo o seu evangelho como prova de que Jesus é quem realmente afirma ser. Por outro lado, ele também lança pelo caminho ensinamentos sobre o Espírito Santo como migalhas de pão — como se quisesse que seus leitores o seguissem para um destino maior. Esse destino maior se trata de um lugar que os leitores dos Evangelhos Sinóticos nunca estiveram antes, porque o restante dos ensinos de João sobre o Espírito Santo segue uma direção diferente e impressionantemente original.

Talvez isso se deva (em parte) ao fato de que João coloca palavras sobre o Espírito Santo nos lábios de Jesus. Nos Sinóticos, as palavras sobre o Espírito Santo vêm dos anjos ou das citações do Antigo Testamento ou dos próprios escritores dos Evangelhos (relatando acontecimentos específicos). Jesus, porém, diz a palavra "Espírito" somente cinco vezes em Mateus, três vezes tanto em Marcos e quanto em Lucas.[2]

Em João, a maioria das vezes em que o Espírito Santo é mencionado, é Jesus quem o pronuncia. Ele fala de forma direta e pessoal sobre o Espírito Santo quinze vezes — geralmente com grande detalhe e profundidade. Em outras palavras, quando o Espírito Santo aparece em João, as letras provavelmente são escritas em vermelho. Isso é algo exclusivo do Quarto Evangelho.... e exclusivamente precioso.

A primeira vez que Jesus fala sobre o Espírito Santo acontece em sua longa conversa com Nicodemos. Eles se encontraram "à noite" e Nicodemos quer conversar sobre o novo nascimento:

> Em resposta, Jesus declarou: "Digo-lhe a verdade: Ninguém pode ver o Reino de Deus, se não nascer de novo". Perguntou Nicodemos: "Como alguém pode nascer, sendo velho? É claro que não pode entrar pela segunda vez no ventre de sua mãe e renascer!". Respondeu Jesus: "Digo-lhe a verdade: Ninguém pode entrar no Reino de Deus, se não nascer da água e do Espírito. O que nasce da carne é carne, mas o que nasce do Espírito é espírito. Não se surpreenda pelo fato de eu ter dito: É necessário que vocês nasçam de novo. O vento sopra onde quer. Você o escuta, mas não pode dizer de onde vem nem para onde vai. Assim acontece com todos os nascidos do Espírito" (João 3:3-8).

Existe muita coisa a ser explicada nessa passagem: a respeito do "nascer de novo", da diferença entre carne e Espírito, da natureza misteriosa e soberana do Espírito Santo "soprando" onde quer. Nicodemos precisou se esforçar para acompanhar a conversa. O que é impressionante para os nossos propósitos, no entanto, é o quanto isso é diferente de tudo o que ouvimos nos Sinóticos. Nada disso contraria Mateus,

Marcos e Lucas, mas é certamente inusitado e bem mais detalhado. Em todo caso, são informações importantes para os discípulos enquanto aprendem a andar no Espírito.

Também é curioso o quanto essas ideias se parecem muito mais com as de Paulo do que com as dos outros escritores dos Evangelhos. Paulo traça uma conexão entre o Espírito Santo e o novo nascimento (Gálatas 4:29; Tito 3:5), um "novo homem" (Efésios 4:23-24; Colossenses 3:10-11), que parece muito com "Vocês têm que nascer de novo". Ele faz a mesma distinção entre carne e Espírito (p. ex., Romanos 8). Ele também nutre uma grande admiração a respeito da natureza misteriosa do Espírito Santo (Efésios 3:2-5; Romanos 8:26-27; 1Coríntios 2:6ss). A abordagem que João faz a respeito do Espírito Santo tem muito mais em comum com Paulo do que com Lucas e os outros.

Jesus toca no assunto do Espírito Santo novamente ao se sentar com uma mulher perto de um poço em Samaria:

> Vocês, samaritanos, adoram o que não conhecem; nós adoramos o que conhecemos, pois a salvação vem dos judeus. No entanto, está chegando a hora, e de fato já chegou, em que os verdadeiros adoradores adorarão o Pai em espírito e em verdade. São estes os adoradores que o Pai procura. Deus é espírito, e é necessário que os seus adoradores o adorem em espírito e em verdade (João 4:22-24).

Ela quer falar a respeito da água do poço, de cântaros e de tradições de culto. Jesus prefere falar sobre o marido que está faltando, sobre o estilo de vida e a verdadeira adoração. Jesus diz para a mulher que a adoração tem de ser guiada pelo Espírito Santo e estar de acordo com a verdade, não sendo definida pelo local nem pela tradição. Trata-se de uma experiência santa marcada e possibilitada pelo Espírito Santo de Deus.[3]

Digo novamente que não há nada parecido com isso nos Evangelhos Sinóticos, e que isso se parece muito com as cartas de Paulo ("nós que adoramos pelo Espírito de Deus — Filipenses 3:3).

Quando Jesus multiplica os pães (João 6:1-15), eles pedem mais alimento, mas Jesus sabe que eles querem pão para encher o seu estômago, não para alimentar a sua alma. A refeição não fará com que creiam em nada. Eles desejam pão e peixe, mas não as palavras de Jesus. Então Jesus lhes diz do que eles deveriam ter fome: "O Espírito dá vida; a carne não produz nada que se aproveite. As palavras que eu lhes disse são espírito e vida" (João 6:63). Do mesmo modo que Nicodemos e a mulher samaritana, as multidões estão presas à carne. Jesus, no entanto, continua tentando fazer com que eles olhem para Espírito Santo. O Espírito Santo é onde encontramos vida eterna, não almoço. Jesus parece dizer: "Viva acima deste mundo. Viva para além desse mundo".

O mesmo pedido se encontra nos Evangelhos Sinóticos (por exemplo, "Acumulem para vocês tesouros no céu" — Mateus 6:19ss). Somente no Evangelho de João e nas Cartas Paulinas, no entanto, é que esse apelo é associado diretamente com o Espírito Santo: "Quem vive segundo a carne tem a mente voltada para o que a carne deseja; mas quem vive de acordo com o Espírito, tem a mente voltada para o que o Espírito deseja" (Romanos 8:5).

O ESPÍRITO SANTO NO DISCURSO DE DESPEDIDA

De fato, Jesus diz algumas coisas maravilhosas e originais a respeito do Espírito Santo no Evangelho de João, como o Espírito "sem medida"; o Espírito Santo e o novo nascimento e o Espírito e a vida.

Quando o Evangelho de João chega ao seu clímax — e especialmente quando chegamos ao Discurso de Despedida —, Jesus eleva a discussão a um nível totalmente novo. O seu ensino a respeito do Espírito Santo passa a ser frequente e compactado. Nos capítulos 14 a 16 (a parte central do discurso), Jesus fala diretamente sobre o Espírito em cinco passagens extensas. Devido ao fato de o Espírito ser chamado de "o Paracleto" nessas passagens, o conjunto dessas passagens é conhecido como "as passagens do Paracleto". Jesus fala mais sobre o Espírito nessas passagens do que na combinação de todo os seus ensinamentos.

Já que a primeira metade de João deixa umas placas no caminho a respeito do Espírito Santo para que sigamos a trilha, o que Jesus diz sobre o Espírito Santo no "Discurso de Despedida" com certeza é o destino para que essas placas levam.

O propósito deste livro é observar as passagens sobre o Paracleto com detalhes, ouvir o que Jesus promete aos seus discípulos e refletir sobre o significado dessas promessas para a nossa vida. Jesus disse que o Espírito Santo estava chegando, que Ele habitaria nos discípulos e os faria sentir a presença de Cristo. O Espírito Santo ajudaria os discípulos a terem uma vida fundamentada, obediente e capacitada. Ele testificaria Cristo e ajudaria os discípulos a também fazerem isso. Ele convenceria o mundo do pecado e continuaria a revelar o Pai aos discípulos.

Essas são promessas importantes com consequências importantes para todos que querem seguir a Jesus. Conforme veremos, o que encontramos no Discurso de Despedida são ensinos que nunca foram abordados nos Evangelhos Sinóticos ou em Atos: um Espírito que habita em nós; um Espírito que transforma e dá maturidade; um Espírito que toca corações e mentes despedaçadas, bem como corações doentes. Por várias vezes, Jesus adota esse discurso sobre o Espírito que habita "em" vocês (do mesmo modo que Paulo).

Ao falar sobre o Espírito, Jesus está nos apresentando a uma pessoa. Não se trata somente de uma força ou de um poder. Ele possui uma identidade, uma personalidade.

Além disso, Ele tem um nome.

O PARACLETO

Shakespeare perguntou: "O que é que há, pois, num nome? Aquilo a que chamamos rosa, mesmo com outro nome, cheiraria igualmente bem".[4] Quem sabe ele esteja certo, porém os nomes são importantes, mesmo não alterando o cheiro das rosas.

Na parte central do Discurso de Despedida existem cinco passagens em que Jesus fala a respeito do Espírito Santo. Em cada uma delas (com a exceção da última), Ele chama o Espírito Santo de Paracleto — a única parte do Novo Testamento em que o Espírito é chamado dessa maneira e o único lugar do Novo Testamento (exceto uma passagem em 1João) onde a palavra Paracleto aparece. Por essa palavra ser rara (até mesmo no grego secular), é difícil defini-la de forma precisa. Mas essa é a palavra que Jesus usou em particular para se referir ao Espírito Santo. Essa palavra era importante para Jesus. É importante fazermos o máximo que podemos para entender o seu significado.

Jesus realmente se refere ao Espírito Santo com outras palavras nesses capítulos — o Espírito da verdade, o Espírito Santo — e uma variedade de descrições: aquele que o Pai dá (ou envia), aquele que Jesus envia, aquele que estará com os discípulos para sempre. Mas a palavra Paracleto é o seu nome mais coerente e diferenciado.

Mesmo com outro nome, o Espírito Santo cheiraria igualmente bem; no entanto, já que Jesus pensou o suficiente sobre o nome Paracleto a ponto de usá-lo de um modo tão persistente para identificar o Espírito Santo, desejo saber mais a respeito do significado desse nome.

A razão pela qual estou quase levando você, querido leitor, pelo vale escuro da etimologia é porque quero que saiba o nome daquele que Jesus nos concedeu para que fosse nosso Companheiro da caminhada da vida. Chega de despersonalizá-lo como se fosse uma "coisa"! Chega de se esquivar de um Espírito vivo com conversas sobre "influência" e "atitude" e "uma linha de pensamento espiritual". Chega de "bandeiras do Divino".

O Espírito é um ser, uma pessoa.

Além disso, de acordo com Jesus, o seu nome é Paracleto.

"PARA" QUEM?

[Atenção! Termos técnicos chegando!]

Na verdade, Paracleto (ou *Paráclito*) é a forma aportuguesada do grego original *parakletos*. Trata-se de uma *transliteração* (para se usar o termo formal), em vez de uma *tradução*. Devido ao fato de o sentido dessa palavra grega ser obscuro (e o motivo de um debate bem grande entre os especialistas), algumas traduções realmente evitam totalmente a palavra (usando simplesmente a palavra "Espírito") em vez de se comprometerem com algum substantivo em especial no idioma traduzido.[5]

Mesmo quando se decide traduzir essa palavra, não existe muito consenso entre os especialistas sobre qual palavra expressa melhor o seu significado. Na verdade, existem traduções de todo tipo. A variedade de opções nas traduções (Advogado[6], Consolador,[7] Conselheiro,[8] Ajudador,[9] Amigo,[10] Intercessor,[11] e — lamentavelmente — Fortalecedor[12]) e a frequência de notas nas margens sugerindo ainda mais alternativas nos dão alguma indicação de quanto os tradutores tiveram dificuldades com essa palavra.

Uma pista para o sentido da palavra Paracleto vem de observar as duas palavras a partir das quais ela é formada: *para* e *kaleo*. *Para* é uma preposição que significa "ao lado" e "junto com". *Kaleo* significa "chamar". Juntas essas palavras sugerem um sentido para Paracleto como "alguém é chamado para o lado ou convocado".

Nem sempre é sábio usar as partes que constituem uma palavra para a definir (tente fazer isso com a palavra "girassol"). Entretanto, acontece que a definição acima de Paracleto possui um mérito considerável. No grego secular, a palavra Paracleto assume com a maior frequência exatamente esse sentido quando aparece em contextos jurídicos. Quando tem esse sentido, refere-se ao que nós na modernidade chamaríamos de "advogado": um representante legal que é chamado para defender outra pessoa.

Os advogados pagos e profissionais não existiam na época do Novo Testamento. (Eles foram uma invenção posterior dos romanos — o mesmo povo que nos apresentou os esportes sangrentos e a dominação mundial.) Em vez disso, um membro da família ou um amigo poderia ser "chamado" para servir como porta-voz, ficando ao lado do réu para fazer sua defesa diante de um juiz ou diante de um júri. Esse "amigo" era conhecido como Paracleto.

Será que Jesus está pegando emprestado essa palavra da área do Direito para descrever o Espírito Santo como aquele que permanece ao nosso lado, que fala por nós e nos defende, que nos garante diante do tribunal divino? Essa é a base para a palavra Paracleto que recomenda traduções como "Advogado" e "Intercessor".

O problema de se extrair uma definição para a palavra Paracleto a partir de um contexto jurídico é que não existe nada muito "judiciário" a respeito da obra do Espírito Santo descrita por Jesus em seu Discurso de Despedida.[13] Não há indícios nem de tribunais, nem de juízes divinos, nem de júris, muito menos do Espírito Santo falando em defesa dos cristãos nessa passagem.

A ideia do Espírito Santo como alguém que está "ao nosso lado", que "permanece ao nosso lado" em meio às dificuldades, com certeza é adequada — uma conclusão que crescerá cada vez mais enquanto entendemos mais a respeito do que Jesus diz no Discurso de Despedida sobre a obra do Espírito Santo. O contexto jurídico, no entanto, simplesmente não é adequado, pois não se encaixa em João. Sendo assim, usar uma tradução como "Advogado" pode nos levar muito longe em uma direção que João nunca pretendeu.[14]

Existe uma forma verbal dessa palavra (*parakaleo*) que é bem mais comum no Novo Testamento e no mundo grego do século 1. Por exemplo, Paulo usa essa palavra para *fazer um apelo* (Romanos 12:1), ou *encorajar* (1Tessalonicenses 2:12) ou mesmo *rogar* (Filipenses 4:2) a seus leitores. É a palavra usada em passagens que falam de consolo ("que nos *consola* em todas as nossas tribulações" — 2Coríntios 1:4) ou exortação ("Não repreenda asperamente um ancião, mas *exorte-o* como se ele fosse seu pai — 1Timóteo 5:1).

O traço de união entre essas traduções variadas de *parakaleo* é de alguém falando ao coração das pessoas — geralmente de forma poderosa — para alcançar um efeito positivo. Se você identificar esse significado por trás do nome que Jesus usa para o Espírito Santo, fica fácil perceber como chegamos a traduções como "Consolador", "Ajudador", "Amigo" ou "Conselheiro". O Paracleto é aquele que vem do Pai para nos encorajar, confortar, consolar, aconselhar e fortalecer. Ele fala ao nosso coração — geralmente de modo poderoso — para alcançar um efeito positivo.

Com esse significado, ainda temos reflexos de alguém que está "ao nosso lado", que se levanta e fala em nosso favor (o que é algo bom). Existe, porém, a nuance adicional daquele que além de falar *por* nós, também fala *a* nós. Jesus pode muito bem estar dizendo que o Espírito Santo não é somente o nosso "defensor", mas também é o nosso apoiador e conselheiro, alguém que cochicha conselhos sábios para nós.

Infelizmente, nenhuma das palavras em nosso idioma que tentam transmitir essas ideias parece adequada. Ou elas não possuem a devida amplitude ou poder, ou trazem conotações bem diferentes para o leitor comum. Traduzir *parakletos* como "Ajudador" faz com que o Espírito Santo pareça um garoto de recados ou transmite conotações de condição servil ou de classe baixa. "Amigo" parece familiar demais (na mesma categoria de chamar pai de "papai"). "Conselheiro" traz associações como "conselheiro matrimonial" ou mesmo "conselheiro escolar", associações que mais contaminam do que esclarecem. D. A. Carson lamenta isso: "Aos ouvidos atuais, a palavra 'Consolador' parece tanto como uma colcha de retalhos quanto como um bom samaritano em um velório, e para a maioria dos falantes do inglês deve ser descartada".[15] Já a palavra "Fortalecedor" (apavorante!) mais parece um produto capilar.

Cada uma dessas palavras reflete um aspecto da obra verdadeira do Paracleto descrito em João.[16] Jesus pinta o Espírito Santo com alguém que mora junto com os discípulos e que habita dentro deles, ensinando-os quem eles são e o que Deus quer que eles façam, revelando para eles cada vez mais a respeito de Deus. Ele retrata o Espírito Santo — independentemente do nome que usemos para Ele — como alguém que ajuda, auxilia, dá assistência, traz incentivo e consolação, e concede orientação e sabedoria. Ele é o amigo, o mentor, o parente, o professor, o cônjuge, o exemplo, o conselheiro mais velho e mais sábio, o parceiro, o colega de trabalho e o companheiro no campo de batalha.

Só que não existe uma única palavra em nosso idioma que pareça capaz de refletir tudo isso.

Sendo assim, Herman Ridderbos escreve: "Devemos concluir que 'Paracleto' aqui possui um significado específico que dificilmente pode ser transmitido em nosso idioma (e em muitos outros), mas do qual a ideia dominante é de alguém que oferece assistência em uma situação em que se precisa de ajuda".[17]

Além disso, Andreas Köstenberger conclui: "Possivelmente 'presença auxiliadora' engloba o significado dessa palavra mais do que qualquer outra expressão [...] pelas seguintes razões: (1) era isso que Jesus representava enquanto esteve com os discípulos; (2) isso envolve as várias funções do Espírito Santo descritas nos capítulos 14 a 16 de João; (3) isso transcende (mas pode incluir) o contexto jurídico dessa palavra...".[18]

Aqui estão os significados que estão por trás da palavra grega Paracleto:

- Advogado
- Conselheiro
- Intercessor
- Apoiador
- Consolador
- Ajudador
- Incentivador
- Orientador
- Companheiro
- Amigo
- Aquele que exorta
- Aquele que conforta
- Guia
- Presença auxiliadora
- Aquele que é chamado ou convocado
- Aquele que fala em nosso favor
- Aquele que fala ao nosso coração para alcançar um efeito positivo
- Aquele que oferece assistência em uma situação em que se precisa de ajuda.

Para os propósitos deste livro, não é possível que eu bata o martelo em favor de qualquer uma dessas palavras. Por isso, eu simplesmente manterei a palavra original Paracleto (em itálico todas as vezes que ela aparece) e pedirei a você — o leitor — para sempre se lembrar das camadas e nuances de significado que a palavra engloba.

O NOME QUE CHEIRA BEM

Jesus está deixando os seus discípulos. Ele promete enviar alguém em seu lugar, alguém que ajudará seus discípulos a continuarem sendo seus discípulos depois de sua partida.

Essencialmente, Ele promete a si mesmo de uma outra forma.

Conforme veremos, o Paracleto não "substituirá" Jesus, algum tipo de "versão suavizada de Jesus". Em vez disso, o Paracleto será as mãos, o rosto e a voz de Jesus, sua presença real, e o meio pelo qual Ele continuará a ter comunhão com os discípulos.

O Discurso de Despedida dá testemunho de sua Presença Auxiliadora, disponível para todos que amam a Jesus, enviada pelo Pai para andar com os discípulos ao longo do caminho. De acordo com Jesus, o Paracleto guardará a vida dos discípulos com Deus. Ele lhes dará eficácia em sua vida e obra. Ele os ajudará em sua missão, e a sua presença, conforme veremos, durará "para sempre".

Essas promessas levantam todo tipo de perguntas como: Por que esse Espírito é tão necessário? Como Ele age? Esse mesmo Espírito é para nós? Passaremos o restante do livro no tratamento dessas questões.

Por enquanto, eu me limito a pedir a você que reflita sobre como o nome que usamos para o Espírito Santo influenciará o modo pelo qual sentimos o seu aroma. Em um contexto religioso em que o "Espírito Santo" pode muito bem ser chamado de "Estudo Bíblico" ou de "Exegese Cuidadosa" ou de "Hermenêutica Adequada", o broto está certamente fora da rosa. Qualquer discussão a respeito do Espírito Santo que nos desmotive na metodologia histórico-crítica e na conjugação dos verbos gregos está reprovada no teste de reconhecimento de aroma.

No outro extremo, existem contextos religiosos em que o "Espírito Santo" pode muito bem ser chamado de "Estranho" ou "Autor do que é exótico e excêntrico" ou "meio de fazer o que eu quero". Nomes como esses sempre têm um aroma suspeito, independentemente do quanto você esguiche essência de rosas sobre eles.

Quando, no entanto, falamos sobre um Espírito chamado Paracleto, existe uma fragrância que enche o ar. Você consegue sentir um pouco do aroma de Cristo. Você inala o fôlego de Deus e sente o aroma do perfume rico da vida.

O Espírito Santo como Paracleto tem um aroma que é, de fato, muito doce. Quero inalar esse Espírito com todo o meu fôlego. Quero seu odor em minha vida e em meu coração. Preciso do seu perfume arrebatador.

Imagino que você também precise dele.

CAPÍTULO SETE

O TEXTO DO DISCURSO DE DESPEDIDA

A seguir, reproduzirei o texto do Discurso de Despedida que se encontra no Evangelho de João. Apresentarei a passagem na sua totalidade porque acredito que é importante para os leitores deste livro basear sua leitura no texto principal que forma a base dele. Lidaremos com essa passagem com frequência nas páginas seguintes.

Existe um debate nos livros a respeito de quais desses versículos realmente fazem parte do Discurso de Despedida. Alguns só consideram que o discurso começa quando Judas sai da sala (13:30). Outros querem ampliar o discurso até a oração que está registrada no capítulo 17 de João.

Escolhi deixar que a dinâmica fundamental dessa conversa — a Última Ceia, o Cenáculo, Jesus interagindo com seus discípulos — estabeleça as fronteiras para o Discurso de Despedida. Sendo assim, porque a noite começa no início do capítulo 13, também começarei o discurso nesse momento. Além disso, devido ao fato de Jesus estar se dirigindo a seu Pai em vez de aos discípulos no capítulo 17, eu termino o discurso antes da oração sacerdotal.

Peço que passe algum tempo envolvido nessa passagem. Receba a purificação dessas palavras. Permita que os seus temas e as suas mensagens sejam absorvidos pela sua alma. Jesus tem algo importante a dizer aos Doze nesta última noite. Se minha leitura estiver correta, Ele também tem algo importante a nos dizer. Imagine Jesus falando a todos os seus apóstolos e a todos os outros discípulos de todas as épocas para alcançar aqueles que escutam sua conversa por meio do testemunho de João.

Apresento a passagem com a marcação do capítulo e do versículo só para facilitar a sua leitura. Além disso, marquei em negrito e itálico as passagens do Paracleto, para que você não as perca de vista.

13 ¹Um pouco antes da festa da Páscoa, sabendo Jesus que havia chegado o tempo em que deixaria este mundo e iria para o Pai, tendo amado os seus que estavam no mundo, amou-os até o fim.

²Estava sendo servido o jantar, e o diabo já havia induzido Judas Iscariotes, filho de Simão, a trair Jesus. ³Jesus sabia que o Pai havia colocado todas as coisas debaixo do seu poder, e que viera de Deus e estava voltando para Deus; ⁴assim, levantou-se da mesa, tirou sua capa e colocou uma toalha em volta da cintura. ⁵Depois disso, derramou água numa bacia e começou a lavar os pés dos seus discípulos, enxugando-os com a toalha que estava em sua cintura.

⁶Chegou-se a Simão Pedro, que lhe disse: "Senhor, vais lavar os meus pés?".

⁷Respondeu Jesus: "Você não compreende agora o que estou lhe fazendo; mais tarde, porém, entenderá".

⁸Disse Pedro: "Não; nunca lavarás os meus pés".

Jesus respondeu: "Se eu não os lavar, você não terá parte comigo".

⁹Respondeu Simão Pedro: "Então, Senhor, não apenas os meus pés, mas também as minhas mãos e a minha cabeça!"

¹⁰Respondeu Jesus: "Quem já se banhou precisa apenas lavar os pés; todo o seu corpo está limpo. Vocês estão limpos, mas nem todos". ¹¹Pois ele sabia quem iria traí-lo, e por isso disse que nem todos estavam limpos.

¹²Quando terminou de lavar-lhes os pés, Jesus tornou a vestir sua capa e voltou ao seu lugar. Então lhes perguntou: "Vocês

entendem o que lhes fiz? ¹³Vocês me chamam 'Mestre' e 'Senhor', e com razão, pois eu o sou. ¹⁴Pois bem, se eu, sendo Senhor e Mestre de vocês, lavei-lhes os pés, vocês também devem lavar os pés uns dos outros. ¹⁵Eu lhes dei o exemplo, para que vocês façam como lhes fiz. ¹⁶Digo-lhes verdadeiramente que nenhum escravo é maior do que o seu senhor, como também nenhum mensageiro é maior do que aquele que o enviou. ¹⁷Agora que vocês sabem estas coisas, felizes serão se as praticarem".

¹⁸"Não estou me referindo a todos vocês; conheço os que escolhi. Mas isto acontece para que se cumpra a Escritura: 'Aquele que partilhava do meu pão voltou-se contra mim'.

¹⁹"Estou lhes dizendo antes que aconteça, a fim de que, quando acontecer, vocês creiam que Eu Sou. ²⁰Eu lhes garanto: Quem receber aquele que eu enviar, estará me recebendo; e quem me recebe, recebe aquele que me enviou".

²¹Depois de dizer isso, Jesus perturbou-se em espírito e declarou: "Digo-lhes que certamente um de vocês me trairá".

²²Seus discípulos olharam uns para os outros, sem saber a quem ele se referia. ²³Um deles, o discípulo a quem Jesus amava, estava reclinado ao lado dele. ²⁴Simão Pedro fez sinais para esse discípulo, como a dizer: "Pergunte-lhe a quem ele está se referindo".

²⁵Inclinando-se para Jesus, perguntou-lhe: "Senhor, quem é?"

²⁶Respondeu Jesus: "Aquele a quem eu der este pedaço de pão molhado no prato". Então, molhando o pedaço de pão, deu-o a Judas Iscariotes, filho de Simão. ²⁷Tão logo Judas comeu o pão, Satanás entrou nele.

"O que você está para fazer, faça depressa", disse-lhe Jesus. ²⁸Mas ninguém à mesa entendeu por que Jesus lhe disse isso. ²⁹Visto que Judas era o encarregado do dinheiro, alguns pensaram que Jesus estava lhe dizendo que comprasse o necessário para a festa, ou que desse algo aos pobres. ³⁰Assim que comeu o pão, Judas saiu. E era noite.

³¹Depois que Judas saiu, Jesus disse: "Agora o Filho do homem é glorificado, e Deus é glorificado nele. ³²Se Deus é glorificado nele, Deus também glorificará o Filho nele mesmo, e o glorificará em breve.

³³"Meus filhinhos, vou estar com vocês apenas mais um pouco. Vocês procurarão por mim e, como eu disse aos judeus, agora lhes digo: Para onde eu vou, vocês não podem ir.

³⁴"Um novo mandamento lhes dou: Amem-se uns aos outros. Como eu os amei, vocês devem amar-se uns aos outros. ³⁵Com isso todos saberão que vocês são meus discípulos, se vocês se amarem uns aos outros".

³⁶Simão Pedro lhe perguntou: "Senhor, para onde vais?" Jesus respondeu: "Para onde vou, vocês não podem me seguir agora, mas me seguirão mais tarde".

³⁷Pedro perguntou: "Senhor, por que não posso seguir-te agora? Darei a minha vida por ti!"

³⁸Então Jesus respondeu: "Você dará a vida por mim? Asseguro-lhe que, antes que o galo cante, você me negará três vezes!"

14 ¹"Não se perturbe o coração de vocês. Creiam em Deus; creiam também em mim. ²Na casa de meu Pai há muitos aposentos; se não fosse assim, eu lhes teria dito. Vou preparar-lhes lugar. ³E se eu for e lhes preparar lugar, voltarei e os levarei para mim, para que vocês estejam onde eu estiver. ⁴Vocês conhecem o caminho para onde vou".

⁵Disse-lhe Tomé: "Senhor, não sabemos para onde vais; como então podemos saber o caminho?"

⁶Respondeu Jesus: "Eu sou o caminho, a verdade e a vida. Ninguém vem ao Pai, a não ser por mim. ⁷Se vocês realmente me conhecessem, conheceriam também o meu Pai. Já agora vocês o conhecem e o têm visto". ⁸Disse Filipe: "Senhor, mostra-nos o Pai, e isso nos basta".

⁹Jesus respondeu: "Você não me conhece, Filipe, mesmo depois de eu ter estado com vocês durante tanto tempo? Quem me vê, vê o Pai. Como você pode dizer: 'Mostra-nos o Pai'? ¹⁰Você não crê que eu estou no Pai e que o Pai está em mim? As palavras que eu lhes digo não são apenas minhas. Pelo contrário, o Pai, que vive em mim, está realizando a sua obra. ¹¹Creiam em mim quando digo que estou no Pai e que o Pai está em mim; ou pelo menos creiam por causa das mesmas obras. ¹²Digo-lhes a verdade: Aquele que crê em mim fará também as obras

que tenho realizado. Fará coisas ainda maiores do que estas, porque eu estou indo para o Pai. ¹³E eu farei o que vocês pedirem em meu nome, para que o Pai seja glorificado no Filho. ¹⁴O que vocês pedirem em meu nome, eu farei".

¹⁵"Se vocês me amam, obedecerão aos meus mandamentos. *¹⁶E eu pedirei ao Pai, e ele lhes dará outro Conselheiro para estar com vocês para sempre, ¹⁷o Espírito da verdade. O mundo não pode recebê-lo, porque não o vê nem o conhece. Mas vocês o conhecem, pois ele vive com vocês e estará em vocês.* ¹⁸Não os deixarei órfãos; voltarei para vocês. ¹⁹Dentro de pouco tempo o mundo já não me verá mais; vocês, porém, me verão. Porque eu vivo, vocês também viverão. ²⁰Naquele dia compreenderão que estou em meu Pai, vocês em mim, e eu em vocês.

²¹Quem tem os meus mandamentos e lhes obedece, esse é o que me ama. Aquele que me ama será amado por meu Pai, e eu também o amarei e me revelarei a ele".

²²Disse então Judas (não o Iscariotes): "Senhor, mas por que te revelarás a nós e não ao mundo?"

²³Respondeu Jesus: "Se alguém me ama, guardará a minha palavra. Meu Pai o amará, nós viremos a ele e faremos nele morada. ²⁴Aquele que não me ama não guarda as minhas palavras. Estas palavras que vocês estão ouvindo não são minhas; são de meu Pai que me enviou.

²⁵"Tudo isso lhes tenho dito enquanto ainda estou com vocês. *²⁶Mas o Conselheiro, o Espírito Santo, que o Pai enviará em meu nome, lhes ensinará todas as coisas e lhes fará lembrar tudo o que eu lhes disse.*

²⁷Deixo-lhes a paz; a minha paz lhes dou. Não a dou como o mundo a dá. Não se perturbem o coração de vocês, nem tenham medo.

²⁸"Vocês me ouviram dizer: Vou, mas volto para vocês. Se vocês me amassem, ficariam contentes porque vou para o Pai, pois o Pai é maior do que eu. ²⁹Isso eu lhes disse agora, antes que aconteça, para que, quando acontecer, vocês creiam. ³⁰Já não lhes falarei muito, pois o príncipe deste mundo está vindo. Ele não tem nenhum direito sobre mim. ³¹Todavia, assim procedo para que o mundo saiba que amo o Pai e que faço o que meu Pai me ordenou.

Levantem-se, vamo-nos daqui!"

15 ¹"Eu sou a videira verdadeira, e meu Pai é o agricultor. ²Todo ramo que, estando em mim, não dá fruto, ele corta; e todo que dá fruto ele poda, para que dê mais fruto ainda. ³Vocês já estão limpos, pela palavra que lhes tenho falado. ⁴Permaneçam em mim, e eu permanecerei em vocês. Nenhum ramo pode dar fruto por si mesmo, se não permanecer na videira. Vocês também não podem dar fruto, se não permanecerem em mim.

⁵"Eu sou a videira; vocês são os ramos. Se alguém permanecer em mim e eu nele, esse dá muito fruto; pois sem mim vocês não podem fazer coisa alguma. ⁶Se alguém não permanecer em mim, será como o ramo que é jogado fora e seca. Tais ramos são apanhados, lançados ao fogo e queimados. ⁷Se vocês permanecerem em mim, e as minhas palavras permanecerem em vocês, pedirão o que quiserem, e lhes será concedido. ⁸Meu Pai é glorificado pelo fato de vocês darem muito fruto; e assim serão meus discípulos.

⁹"Como o Pai me amou, assim eu os amei; permaneçam no meu amor. ¹⁰Se vocês obedecerem aos meus mandamentos, permanecerão no meu amor, assim como tenho obedecido aos mandamentos de meu Pai e em seu amor permaneço. ¹¹Tenho lhes dito estas palavras para que a minha alegria esteja em vocês e a alegria de vocês seja completa. ¹²O meu mandamento é este: amem-se uns aos outros como eu os amei. ¹³Ninguém tem maior amor do que aquele que dá a sua vida pelos seus amigos. ¹⁴Vocês serão meus amigos, se fizerem o que eu lhes ordeno. ¹⁵Já não os chamo servos, porque o servo não sabe o que o seu senhor faz. Em vez disso, eu os tenho chamado amigos, porque tudo o que ouvi de meu Pai eu lhes tornei conhecido. ¹⁶Vocês não me escolheram, mas eu os escolhi para irem e darem fruto, fruto que permaneça, a fim de que o Pai lhes conceda o que pedirem em meu nome. ¹⁷Este é o meu mandamento: amem-se uns aos outros".

¹⁸"Se o mundo os odeia, tenham em mente que antes odiou a mim. ¹⁹Se vocês pertencessem ao mundo, ele os amaria como se fossem dele. Todavia, vocês não são do mundo, mas eu os escolhi, tirando-os do mundo; por isso o mundo os odeia. ²⁰Lembrem-se das palavras que

eu lhes disse: nenhum escravo é maior do que o seu senhor. Se me perseguiram, também perseguirão vocês. Se obedeceram à minha palavra, também obedecerão à de vocês. ²¹Tratarão assim vocês por causa do meu nome, pois não conhecem aquele que me enviou. ²²Se eu não tivesse vindo e lhes falado, não seriam culpados de pecado. Agora, contudo, eles não têm desculpa para o seu pecado. ²³Aquele que me odeia, também odeia o meu Pai. ²⁴Se eu não tivesse realizado no meio deles obras que ninguém mais fez, eles não seriam culpados de pecado. Mas agora eles as viram e odiaram a mim e a meu Pai. ²⁵Mas isto aconteceu para se cumprir o que está escrito na Lei deles: 'Odiaram-me sem razão'.

²⁶*"Quando vier o Conselheiro, que eu enviarei a vocês da parte do Pai, o Espírito da verdade que provém do Pai, ele testemunhará a meu respeito. ²⁷E vocês também testemunharão, pois estão comigo desde o princípio".*

16 ¹"Tenho-lhes dito tudo isso para que vocês não venham a tropeçar. ²Vocês serão expulsos das sinagogas; de fato, virá o tempo quando quem os matar pensará que está prestando culto a Deus. ³Farão essas coisas porque não conheceram nem o Pai, nem a mim. ⁴Estou lhes dizendo isto para que, quando chegar a hora, lembrem-se de que eu os avisei. Não lhes disse isso no princípio, porque eu estava com vocês".

⁵"Agora que vou para aquele que me enviou, nenhum de vocês me pergunta:'Para onde vais?' ⁶Porque falei estas coisas, o coração de vocês encheu-se de tristeza. *⁷Mas eu lhes afirmo que é para o bem de vocês que eu vou. Se eu não for, o Conselheiro não virá para vocês; mas se eu for, eu o enviarei. ⁸Quando ele vier, convencerá o mundo do pecado, da justiça e do juízo. ⁹Do pecado, porque os homens não crêem em mim; ¹⁰da justiça, porque vou para o Pai, e vocês não me verão mais; ¹¹e do juízo, porque o príncipe deste mundo já está condenado.*

¹²"Tenho ainda muito que lhes dizer, mas vocês não o podem suportar agora. *¹³Mas quando o Espírito da verdade vier, ele os guiará a toda a verdade. Não falará de si mesmo; falará apenas o que ouvir, e*

lhes anunciará o que está por vir. ¹⁴Ele me glorificará, porque receberá do que é meu e o tornará conhecido a vocês. ¹⁵Tudo o que pertence ao Pai é meu. Por isso eu disse que o Espírito receberá do que é meu e o tornará conhecido a vocês.

¹⁶"Mais um pouco e já não me verão; um pouco mais, e me verão de novo".

¹⁷Alguns dos seus discípulos disseram uns aos outros: "O que ele quer dizer com isso: 'Mais um pouco e não me verão'; e 'um pouco mais e me verão de novo', e 'Porque vou para o Pai'?" ¹⁸E perguntavam: "Que quer dizer 'um pouco mais'? Não entendemos o que ele está dizendo".

¹⁹Jesus percebeu que desejavam interrogá-lo a respeito disso, pelo que lhes disse: "Vocês estão perguntando uns aos outros o que eu quis dizer quando falei: Mais um pouco e não me verão; um pouco mais e me verão de novo? ²⁰Digo-lhes que certamente vocês chorarão e se lamentarão, mas o mundo se alegrará. Vocês se entristecerão, mas a tristeza de vocês se transformará em alegria. ²¹A mulher que está dando à luz sente dores, porque chegou a sua hora; mas, quando o bebê nasce, ela esquece a angústia, por causa da alegria de ter nascido no mundo um menino. ²²Assim acontece com vocês: agora é hora de tristeza para vocês, mas eu os verei outra vez, e vocês se alegrarão, e ninguém lhes tirará essa alegria. ²³Naquele dia vocês não me perguntarão mais nada. Eu lhes asseguro que meu Pai lhes dará tudo o que pedirem em meu nome. ²⁴Até agora vocês não pediram nada em meu nome. Peçam e receberão, para que a alegria de vocês seja completa.

²⁵"Embora eu tenha falado por meio de figuras, vem a hora em que não usarei mais esse tipo de linguagem, mas lhes falarei abertamente a respeito de meu Pai. ²⁶Nesse dia, vocês pedirão em meu nome. Não digo que pedirei ao Pai em favor de vocês, ²⁷pois o próprio Pai os ama, porquanto vocês me amaram e creram que eu vim de Deus. ²⁸Eu vim do Pai e entrei no mundo; agora deixo o mundo e volto para o Pai".

²⁹Então os discípulos de Jesus disseram: "Agora estás falando claramente, e não por figuras. ³⁰Agora podemos perceber que sabes todas

as coisas e nem precisas que te façam perguntas. Por isso cremos que vieste de Deus".

³¹Respondeu Jesus: "Agora vocês creem?" ³²Aproxima-se a hora, e já chegou, quando vocês serão espalhados cada um para a sua casa. Vocês me deixarão sozinho. Mas, eu não estou sozinho, pois meu Pai está comigo.

³³"Eu lhes disse essas coisas para que em mim vocês tenham paz. Neste mundo vocês terão aflições; contudo, tenham ânimo! Eu venci o mundo".

PARTE 2

O ESPÍRITO SANTO NO DISCURSO DE DESPEDIDA

Desde o momento em que Jesus os chamou da mesa de cobrança de impostos e das redes de pescar, os discípulos não pararam de seguir seu Mestre de perto. Eles estavam com Ele no casamento em Caná, quando Ele purificou o templo, enquanto Ele falava com a mulher samaritana, no deserto e em meio às multidões. Eles nunca se atreveram a se afastar de Jesus, nem Jesus deles. Houve ocasiões raras em que Jesus se afastou para orar. Uma vez, Ele os enviou para pregar sozinhos, mas, na maior parte do tempo, o Mestre e os seus discípulos eram inseparáveis.

Essa foi uma constante do ministério de Jesus. Independentemente do que acontecesse, ou das incertezas que tinham de enfrentar, os discípulos sabiam que Jesus estava *ao lado deles*. Eles se orientavam pela sua Estrela. Desde o começo, Jesus era para eles o seu ponto seguro e fixo enquanto navegavam por mares nunca navegados no ministério messiânico e enquanto cumpriam seu novo chamado.

Mas tudo isso acabou. Na noite em que foi traído, Jesus teve de contemplar seus discípulos encalhando na pedra inesperada de sua partida iminente.

Foi nesse momento que Jesus apresentou o Paracleto a seus discípulos. Em uma série de cinco passagens, Jesus capacitou seus discípulos para uma vida sem sua presença física, indicando a eles o ministério do Espírito Santo que continuaria sua obra. Os capítulos da Parte 2 deste livro abordam cada uma dessas passagens.

O capítulo 8 observa a primeira passagem do Paracleto (João 14:16-17) e a "Promessa da Presença" contida nela. Mediante o Espírito, os discípulos continuariam a experimentar um relacionamento com Jesus.

Devido à realidade do Espírito, eles continuariam a "ver" Jesus e "conviver" com Ele. O Espírito Santo passaria a ser a presença eterna de Jesus com seus discípulos.

O capítulo 9 se concentra na segunda passagem do Paracleto (João 14:26) e na sua "Promessa do Ensino". Os discípulos tinham uma missão a cumprir e a garantia de Jesus de que o Espírito os orientaria e os instruiria enquanto prosseguiam na obra fundamental que Ele iniciou no mundo.

O capítulo 10 examina a terceira passagem do Paracleto (João 15:26-27) e sua "Promessa do Testemunho". Parte da missão concedida aos discípulos envolvia testificar sobre Jesus diante de um mundo hostil. Jesus queria que eles soubessem que não estariam sozinhos nessa obra — o Espírito testemunharia com eles e por meio deles.

No capítulo 11, observamos a quarta passagem do Paracleto (João 16:7-11) e a sua "Promessa de Convicção". Em um mundo cheio de pecados e de racionalizações, os discípulos poderiam se sentir muito incapazes, mas não havia necessidade disso. Deus ainda está em ação neste mundo, agindo por meio do seu Espírito para convencer suas criaturas decaídas do seu pecado e da necessidade que elas têm de estar com Deus.

Por fim, no capítulo 12, estudamos a quinta passagem do Paracleto (João 16:12-15) e a "Promessa da Revelação". Jesus ainda tinha tantas coisas a dizer sobre seu Pai, mas os discípulos não podiam aguentar. Então, ele lhes ofereceu o Espírito Santo que revelaria o Pai em etapas que eles aguentariam. O Espírito Santo, conhecendo os limites deles, revelou o que eles precisavam saber sobre Deus na medida em que eles eram capazes de receber esse conhecimento.

A Parte 2 é o coração deste livro. É o lugar onde cavamos fundo pelo Evangelho de João para descobrir o tesouro que está enterrado lá: o que Jesus tem a dizer a respeito do Espírito Santo. Nessa parte que está se iniciando, passaremos algum tempo aprendendo como isso se aplica à nossa vida e às nossas circunstâncias em particular.

CAPÍTULO OITO

A PROMESSA DA PRESENÇA (JOÃO 14:16-23)

Não é à toa que os discípulos se sentiam abandonados. Jesus estava se despedindo. Ele acabou de dizer isso para eles. Ele estava partindo e eles não podiam acompanhá-lo.

Diante dessa situação tão difícil para os discípulos, Jesus proferiu todas as palavras de consolo que podia. Muitas dessas palavras apontam para o Paracleto, e a primeira dessas palavras consoladoras a respeito do Paracleto promete para os discípulos tanto um futuro para além da cruz como a presença de Jesus enquanto eles caminham para esse futuro.

Jesus começou conversando com os Doze sobre quem *é* o Espírito, qual é a sua natureza e a sua identidade.

> 14 ¹⁶Eu pedirei ao Pai, e ele lhes dará outro Conselheiro para estar com vocês para sempre — ¹⁷o Espírito da verdade. O mundo não pode recebê-lo, porque não o vê nem o conhece. Mas vocês o conhecem, pois ele vive com vocês e estará em vocês. ¹⁸Não os deixarei órfãos; voltarei para vocês.

JESUS É DEUS

Do princípio ao fim, o capítulo 14 de João aborda questões de identidade. Ele começa com uma pergunta: "Quem é o Pai?". Jesus responde fazendo uma declaração impressionante: "Eu sou o caminho, a verdade e a vida. Ninguém vem ao Pai, a não ser por mim. Se vocês realmente me conhecessem, conheceriam também o meu Pai. Já agora vocês o conhecem e o têm visto" (João 14:6-7). Ele já tinha feito essas afirmações antes. Na verdade, elas tinham sido fonte de um grande conflito com as autoridades religiosas. Os fariseus ficaram possuídos de uma fúria assassina quando, no início do ministério de Jesus, o ouviram dizendo que "Deus era seu próprio Pai, igualando-se a Deus" (João 5:18). Em outra ocasião, pegaram pedras para apedrejá-lo porque Jesus fez esta simples declaração: "antes de Abraão nascer, Eu Sou!" (João 8:58 — uma referência clara à declaração pela qual definiu a si mesmo a Moisés: "É isto que você dirá aos israelitas: Eu Sou me enviou a vocês" — Êxodo 3:14). Ainda em outro momento, eles pegaram em pedras quando Jesus proclamou: "Eu e o Pai somos um" (João 10:30).

Agora, porém, sozinho com seus discípulos, Jesus reúne uma série de declarações que o vinculam diretamente a Deus — não como profeta ou mestre, mas como a encarnação viva da Divindade, Deus feito carne, a revelação visível do Deus invisível. Já que Ele *é* o próprio Deus, conhecer Jesus equivale a conhecer a Deus; ver Jesus equivale a ver a Deus.

Quando Filipe não entende e pede a Jesus "mostra-nos o Pai", Jesus repete o que disse e explica mais sobre o tema a fim de ser mais claro:

> Você não me conhece, Filipe, mesmo depois de eu ter estado com vocês durante tanto tempo? Quem me vê, vê o Pai. Como você pode dizer: "Mostra-nos o Pai"? Você não crê que eu estou no Pai e que o Pai está em mim? As palavras que eu lhes digo não são apenas minhas. Pelo contrário, o Pai, que vive em mim, está realizando a sua obra. Creiam

em mim quando digo que estou no Pai e que o Pai está em mim... (João 14:9-11).

Jesus *mostrou* o Pai a eles. Revelou Deus ao se dar a conhecer! Jesus é Deus feito carne. Jesus e o Pai habitam um no outro; são os mesmos em natureza e em caráter. Jesus fala as palavras de Deus e faz a obra dele. O Pai e o Filho são *um*.

Jesus responde ao pedido de Filipe de um modo que identifica de forma inconfundível o Pai consigo mesmo. Deus não é mais estranho para os discípulos. Não está oculto nem desconhecido. Jesus revela Deus aos discípulos ao deixar que eles o conheçam.

JESUS É ESPÍRITO

De modo parecido, o capítulo 14 também pergunta: "Quem é o Espírito Santo?". Ao responder a essa pergunta, Jesus usa a mesma estratégia, fazendo com o Espírito o que Ele acabou de fazer com o Pai: apontando para si mesmo. "E eu pedirei ao Pai, e ele lhes dará outro Paracleto para estar com vocês para sempre — o Espírito da verdade" (João 14:16-17a).

Nessa abordagem inicial sobre o Espírito Santo, Jesus o apresenta como Paracleto. Já analisamos esse termo (no Capítulo 6) e vimos que ele possui várias conotações diferentes e importantes. Por enquanto, lembre-se de que a ideia fundamental por trás de Paracleto é "alguém que oferece assistência em uma situação em que a ajuda é necessária".[1]

Jesus prometeu que Deus enviaria "alguém para ajudar" os discípulos logo que Ele partisse. E Ele prometeu algo bom, porque na véspera do Calvário se haviam pessoas precisando de ajuda, essas pessoas eram os discípulos. Eles precisavam de ajuda para lidar com a cruz e para entendê-la. Eles também precisavam de ajuda para saber o que fariam em seguida, como continuariam sua missão e de onde encontrariam coragem e poder. Na verdade, os discípulos precisaram de ajuda desde o primeiro momento em que eles encontraram Jesus. Por todo esse tempo, eles precisavam de um auxílio constante e tangível: para entender o sentido do que viam e ouviam, para entender as parábolas, para serem resgatados, encorajados e capacitados, para entender quem era Jesus e no que eles se envolveram.

Pelos três últimos anos, o próprio Jesus tinha providenciado esse auxílio. Jesus foi o Paracleto *deles*, o seu Ajudador e Companheiro. Agora, porém, Jesus aponta para "outro" Paracleto; alguém que proporcionará no futuro auxílio prático do mesmo modo que Jesus havia proporcionado no passado.[2]

Essa é a primeira pista no Evangelho de João a respeito da identidade do Espírito Santo: Ele e Jesus fazem exatamente a mesma obra. Indo um pouco além, o livro de João descreve o Espírito como "o Espírito da Verdade".[3] O próprio Jesus está intimamente ligado à verdade neste Evangelho. João nos diz que Jesus é "cheio de verdade" e que a "verdade veio por meio de Jesus Cristo" (1:14, 17). Jesus chama a si mesmo de "homem da verdade", que conta a verdade e ensina a verdade (7:18; 8:31-32, 40). Com certeza — nesse mesmo capítulo — Jesus já se identificou como "o caminho, e a *verdade*, e a vida" (14:6). Agora Ele chama o Espírito de "Espírito da Verdade" (14:17). O Espírito Santo e Jesus partilham essa característica íntima e decisiva.

É, porém, o que Ele diz em seguida que força os Doze (e aquele de nós que leem o testemunho de João) a reconhecer que Jesus não está somente *comparando* o Espírito a si mesmo — Ele está identificando o Espírito Santo consigo mesmo. O Espírito equivale a Jesus habitando em nós. "O mundo não pode recebê-lo, porque não o vê nem o conhece. Mas vocês o conhecem, pois ele vive com vocês e estará em vocês" (João 14:17). Para o mundo, o Espírito será um estranho desconhecido e impossível de ser conhecido. Esse, no entanto, não é o caso dos discípulos, conforme Jesus deixa claro nesta declaração impressionante: "Vocês o conhecem".

Como isso pode acontecer? Jesus acabou de apresentá-los ao Paracleto (segundo João, essas foram as primeiras palavras que Jesus falou

A PROMESSA DA PRESENÇA (JOÃO 14:16-23)

aos discípulos a respeito desse Companheiro), mas Ele declara que os discípulos já conhecem a pessoa sobre a qual Ele está falando.

No entendimento de João, os apóstolos ainda não tinham experimentado nem podiam experimentar o Espírito habitando neles até que Jesus voltasse ao Pai. Em um comentário anterior no Evangelho, João explicou a seus leitores: "Até então o Espírito ainda não tinha sido dado, pois Jesus ainda não fora glorificado" (João 7:39). Posteriormente, exatamente neste discurso, Jesus dirá aos Doze: "Se eu não for, o Paracleto não virá para vocês" (João 16:7). João acreditou que o Espírito não podia estar presente até que Jesus estivesse ausente. Mesmo assim, Jesus pode dizer a seus discípulos que eles já "conheciam" esse Paracleto — no tempo presente. Eles acabaram de ouvir falar nele... não tinham nem o *encontrado*... mas Jesus afirmou que eles já o conheciam e deu a entender que eles o conheciam de forma íntima. Como Ele pôde fazer essa declaração?

A pista vem a seguir. "Pois ele vive com vocês e habita em vocês". Ou, como o *New Living Testament* traduz: "Ele vive com vocês *agora* e *posteriormente* habitará em vocês" (destaque nosso). Que declaração esquisita! O Espírito Santo "vive com vocês" (ou permanece, habita no presente) e "estará em vocês" (posteriormente, no tempo vindouro).

É nesse ponto que começamos a suspeitar que — na mente de Jesus — o Espírito Santo não é somente *como* Ele, o Espírito *é* Ele. Jesus estava vivendo com os apóstolos naquele momento como o Paracleto, a Verdade deles. Posteriormente, é o Espírito quem viverá nos apóstolos como o Paracleto deles, a Verdade; mas, em algum sentido, é a mesma coisa. Jesus é a presença do Espírito Santo no aqui e no agora do mesmo modo que o Espírito Santo será a sua presença lá no futuro.[4]

Jesus mostrou a eles quem é o Espírito Santo. Ele revelou o Espírito ao revelar a si mesmo! Jesus é o próprio Espírito Santo feito carne. Jesus e o Espírito vivem um no outro; Eles são a mesma pessoa em natureza e caráter. O Espírito Santo, quando Ele vier, falará as palavras de Jesus e fará a obra de Jesus. O Filho e o Espírito são *um*.

Jesus declara: "O Espírito vive com vocês porque eu vivo com vocês. Se você me conhece, você conhece o Espírito. Todo aquele que me viu já viu o Espírito".

Ele declara: "Ele habitará em vocês. Quando o Espírito vier de fato, vocês me reconhecerão nele, e nos receberão em sua vida".

Do mesmo modo que Jesus e o Pai, Jesus e o Espírito Santo são um. Do mesmo modo que revela o Pai, Jesus também revela o Espírito Santo. Aqueles que conhecem Jesus conhecem tanto o Pai quanto o Espírito.

EU VIREI A VOCÊS

Esse vínculo cuidadoso entre o Espírito e Cristo não é acidental nem incidental. Ele é essencial para entender tudo o que Jesus diz a respeito do Espírito no Discurso de Despedida: o que o Espírito ensina, a razão pela qual o Espírito testifica, o que o Espírito realiza no mundo e nos discípulos.

É fundamental para entender o que Jesus diz na primeira passagem do Paracleto. Por causa dessa unidade essencial entre Ele mesmo e o Espírito, Jesus é capaz de cultivar um vínculo contínuo e íntimo entre Ele mesmo e os seus discípulos. É fato que Jesus está partindo. Existe uma cruz em um futuro bem próximo, como também há um túmulo e uma ascensão. Os discípulos não podem ir para onde Ele vai, mas Ele não está abandonando os discípulos, muito pelo contrário!

> Não os deixarei órfãos; voltarei para vocês. Dentro de pouco tempo o mundo já não me verá mais; vocês, porém, me verão. Porque eu vivo, vocês também viverão. Naquele dia compreenderão que estou em meu Pai, vocês em mim, e eu em vocês. [...] Aquele que me ama será amado por meu Pai, e eu também o amarei e me revelarei a ele ...nós viremos a ele e faremos nele morada (João 14:18-23).

"Voltarei para vocês." Será que Jesus estava falando sobre a ressurreição nessa passagem? Existem muitos que pensam assim. Jesus estava falando sobre o Paracleto (nos versículos 16 e 17), mas, de acordo com esse ponto de vista, Ele faz uma mudança no versículo 18, avisando os seus discípulos que Ele partiria (morreria), voltaria (na ressurreição), e eles o veriam novamente (em suas aparições).

Entretanto, interpretar esses versículos dessa maneira apresenta sérias dificuldades. Como a ressurreição não deixaria os discípulos "órfãos", já que as aparições de Jesus depois da ressurreição não seriam tão frequentes, além de serem breves e dolorosamente temporárias?[5] A ascensão seria quarenta dias depois do túmulo vazio, e então Jesus deixaria a terra para sempre. Será que algumas breves visões de um Cristo ressuscitado seriam suficientes para livrar os discípulos da condição de "órfãos"?

Além disso, o que as aparições depois da ressurreição têm a ver com o conhecimento emergente dos discípulos de que "eu estou no Pai e vocês estão em mim, e eu estou em vocês"... ou com a experiência prometida de Jesus e o Pai "habitar" neles?

Jesus não está mudando o assunto no versículo 18. Ele ainda está falando sobre o

Paracleto. Jesus está partindo (deixando a carne), mas Ele já está voltando (na forma do Espírito Santo), e eles o "verão" novamente (por meio da presença do Espírito dentro deles).[6]

A promessa aqui é impressionante! O Paracleto voltaria em breve para os discípulos. Eles o *veriam* e o *conheceriam*. Ele passaria a viver dentro deles e estaria dentro deles, e esse Espírito equivaleria a Jesus em uma forma eterna, presente com seus discípulos novamente para sempre. Ele se revelaria a eles e habitaria neles por meio do Espírito Santo.

A razão pela qual o mundo não "veria" Jesus (v. 19) era porque o coração que não é remido é incapaz de receber o Espírito Santo. Somente os discípulos "veem" Jesus porque somente eles têm experiência com um Espírito que habita neles e é para eles a presença tangível de Cristo.[7] Junto com a habitação do Espírito Santo, os discípulos descobririam que uma nova comunhão com Jesus seria possível ("vocês em mim e eu em vocês").[8]

MAS SENHOR...

Nessa primeira passagem do Paracleto, Jesus apresenta o Espírito Santo aos seus discípulos apontando para si mesmo. Ter o Espírito equivale a ter a Jesus. Sem abandonar os discípulos em nenhum momento, Jesus estava voltando para conviver com eles de outra forma... dessa vez de uma forma eterna.

O fato de que os discípulos estavam confusos com tudo isso é compreensível. Até para nós isso é confuso! Como pode Jesus "partir" e "permanecer" ao mesmo tempo? Como pode Jesus "ir embora" e "estar presente" de modo simultâneo? Isso é suficiente para dar uma boa dor de cabeça para os discípulos (tanto naquela época como nos dias de hoje).[9]

Com certeza, essa é a essência do "mistério" — um paradoxo envolvido em algo desconcertante, um pacote que é maior do que nós. Quem sabe em algum ponto, resolver o enigma seja menos importante do que celebrar a promessa simples da presença contínua de Cristo. Os discípulos não têm de viver sem Jesus. Eles não foram abandonados na ilha deste mundo, removidos da presença do seu Mestre. Jesus permaneceria com eles por meio da presença do Espírito Santo habitando em seu coração.

Será que eles entenderam tudo isso naquela última noite, quando tantas coisas permaneciam obscuras e incertas? Provavelmente não. Porém, eles acabariam entendendo isso, e quando conseguiram entender, essa promessa e essa presença demonstraram ser fonte de grande consolo e poder para eles.

O QUE ISSO SIGNIFICA PARA NÓS?

Para os discípulos, essas promessas foram música para os ouvidos. Será, porém, que elas são maravilhosas para nós? Será que possuem alguma aplicação ou pertinência para nossa vida?

Acontece que os discípulos modernos possuem muito em comum com os antigos. Eles tinham os mesmos medos e as mesmas necessidades. A situação deles é surpreendentemente parecida com a nossa. Nós também temos um compromisso de seguir a Jesus. Deixamos bastante coisa para trás para sermos seus discípulos. Ouvimos suas palavras e fomos transformados por elas e agora nos achamos inadequados para a vida comum.

Assim como os apóstolos, que passaram a maior parte da vida ministrando a um mundo posterior à Páscoa, também colocamos em prática o nosso compromisso com Jesus em uma época e em um mundo do qual Jesus está fisicamente ausente. Do mesmo modo que eles, somos tentados a nos sentirmos abandonados, sozinhos e perdidos. Sentimos falta do nosso Mestre. Desejamos estar com Ele. Ansiamos "andar e conversar" com aquele que revolucionou a nossa vida.

Jesus foi para o Pai e nós ficamos — do mesmo modo que os Doze. Além disso, temos bastante necessidade da mesma coisa que os Doze receberam para lidar com um Jesus que tinha se despedido: a esperança de que há, na verdade, uma experiência contínua com Jesus a qual temos acesso. Não somente lembranças dele preservadas em um livro santo, mas uma presença viva. Não somente uma invasão de sinais milagrosos em nosso mundo comum, mas uma presença milagrosa que proporciona um relacionamento pessoal. Precisamos de um outro Paracleto com tanta urgência quanto eles.

Desse modo, passamos a imaginar se as palavras que foram ditas nessa primeira passagem do Paracleto (ditas por Jesus aos Doze) podem se estender àqueles que acreditam em Jesus por meio do seu testemunho. Será que essa promessa é direcionada apenas aos seus primeiros ouvintes? Será que se aplica aos primeiros leitores do Evangelho de João sessenta anos depois dos acontecimentos daquela noite? Será que é para nós que lemos essas palavras de esperança dois mil anos depois daquela noite fatídica?

A resposta é afirmativa! Essas palavras são tanto para nós quanto foram para eles. As promessas são nossas também, não só deles, e eu creio nisso. No que diz respeito a se essa fé é justificada, ou se a promessa é para todos os discípulos, essas questões ainda estão em aberto e serão abordadas posteriormente neste livro. Por enquanto, eu simplesmente peço que você reflita. "E se isso for verdade?" E se essa promessa for para você e para mim?

Existem várias maneiras pelas quais essa passagem inicial do Paracleto possui um impacto imediato e se reveste de importância para os cristãos de hoje. A primeira é que ela exige de nós que tiremos o pó e contemplemos as consequências da doutrina antiga da Trindade. É difícil compreender como podemos até ler o capítulo 14 de João, ainda mais extrair lições importantes sobre o Espírito Santo que é revelado nessa passagem, sem uma convicção de que Deus é um em três — que o Pai, o Filho e o Espírito Santo são expressões distintas, ou formas diferentes de uma única natureza divina.

Não nos importamos em ser "binitários" — em perceber Deus em duas pessoas. Podemos confessar que Jesus revela o Pai; que Ele é a expressão completa do caráter, dos atributos e dos propósitos do Pai; que Ele nos mostra a mente e o coração do Pai. Podemos confessar que Jesus é Deus feito carne. E assim, quando João faz a pergunta no capítulo 14 de João sobre quem é Deus, podemos aceitar a resposta: "Todo aquele que vê a mim, vê o Pai".

João usa exatamente a mesma abordagem para lidar com a questão sobre quem é o Espírito Santo. O Espírito Santo é Jesus. Conhecer Jesus é conhecer o Espírito Santo. Ter o Espírito é ter Jesus, e — por extensão — é ter o Pai também. Para João, existe uma unidade essencial entre o Pai, o Filho e o Espírito Santo que permite que Jesus "revele" de forma precisa e completa as outras pessoas da Trindade.

Se a promessa é para nós, isso significa (essa é a segunda maneira) que existe uma experiência do Espírito Santo que vive e habita em nós disponível para mim e para você nos dias de hoje. Não somente um "Espírito de sinais" que trabalha, atua e opera no mundo (como em Atos); um "Espírito íntimo" que faz morada "em" nós. Não somente um Espírito que inspira escritos santos que orientam a nossa vida atual, mas um Espírito que "reside" em nós e nos ajuda a reconhecer a Palavra de Deus em todas as suas formas. A promessa nesse contexto é de um Companheiro, um Protetor, um Ajudador por todo o caminho.

A PROMESSA DA PRESENÇA (JOÃO 14:16-23)

Não temos que passar por problemas na vida sozinhos, com nossas próprias forças, pelo nosso próprio nariz. Existe uma presença que permanece ao nosso lado, falando *por* nós e falando *a* nós, em todas as circunstâncias e em todas as dificuldades da vida.

A terceira maneira consiste em que, se essa promessa é para nós, isso significa que o Espírito que buscamos não se trata de um estranho. Não estamos buscando algo desconhecido e inesperado. Se Jesus e o Espírito Santo são um, o Espírito que buscamos se parece, soa, age e opera como Jesus. Isso é um passo essencial para qualquer abordagem confiável do Espírito Santo. Enquanto não conhecermos o Espírito Santo, com uma pauta desconhecida e maneiras imprevisíveis de agir, sempre ficaremos inseguros em relação a Ele ou estaremos sempre vulneráveis a algo fraudulento. Quando, no entanto, reconhecemos no Espírito Santo o rosto de Jesus, quando compreendemos que o Espírito dá continuidade ao ministério, à mensagem e aos métodos de Jesus, então temos a base para um relacionamento com o Espírito Santo que podemos confiar.

Por fim, essa promessa indica que mesmo nós, discípulos dos "últimos dias", podemos experimentar — por meio do Espírito Santo — a presença de Jesus. A maioria de nós podia desejar (honestamente!) que "estivéssemos com Ele" durante os dias do ministério de Jesus aqui na terra; tê-lo visto com nossos próprios olhos; andado e conversado com o Cristo vivo; entretanto, se Jesus e o Espírito Santo são um, Jesus caminha e conversa conosco por meio do Paracleto que habita em nós. Em parte, o Paracleto possibilita isso (conforme veremos no próximo capítulo) ao reavivar o ministério terreno ("ele os lembrará de tudo o que eu disse" — 14:26), mas um Espírito que habita em nós também sugere a possibilidade de um relacionamento íntimo com Jesus que vai além "das páginas sagradas". Indica que temos acesso ao mesmo relacionamento vivo que sustentou os apóstolos. Indica também que um "relacionamento pessoal" com Jesus Cristo não se limita a uma frase de efeito evangélica, mas se trata de uma experiência bem real, única e necessária. A obra principal do Espírito é construir esse relacionamento entre Jesus e os seus seguidores.

Confesso a vocês que desejo ter esse tipo de relacionamento com Jesus. Quero tanto isso, preciso tanto disso, que não posso mais me dar ao luxo de ignorar o Espírito Santo ou viver algum tipo de religião que esteja destituída de sua presença. Eu quero Jesus em mim. Quero estar em Jesus. Quero ver Jesus. Quero que Ele se manifeste para mim, e acredito que uma das tarefas principais do Espírito Santo de Deus é possibilitar esse relacionamento íntimo com o Mestre.

Além disso, recebo com alegria o Espírito Santo no meu coração e na minha vida, não importa quais sejam as incertezas e os riscos, porque sei que, com a vinda do Espírito, vem a presença permanente de Jesus Cristo — em mim, comigo, para mim e por todo o meu ser.

O que aprendemos sobre o Espírito Santo na primeira passagem do Paracleto:

- O Espírito é "outro Paracleto".
- Quando Jesus for para o Pai, Ele pedirá a Deus para enviar o Espírito.
- O Pai enviará/concederá o Espírito aos discípulos.
- O Espírito estará com os discípulos para sempre.
- O Espírito (do mesmo modo que Jesus) será "a Verdade".
- O mundo não pode ver, nem conhecer, nem aceitar o Espírito.
- Os discípulos verão e conhecerão esse Espírito.
- O Espírito habitará "nos" discípulos.
- "Voltarei para vocês"; "Em breve"; "vocês me verão"; "naquele dia"; "Eu me manifestarei"; "Nós viremos a Ele" e "nós habitaremos com Ele": todas essas frases se referem à vinda do Espírito Santo.

CAPÍTULO NOVE

A PROMESSA DO ENSINO (JOÃO 14:25-27)

Não é à toa que eles estão confusos. Você quase consegue vê-los coçando a cabeça e encolhendo os ombros um para o outro. Sobre o que Jesus está falando? O que todas essas palavras sobre um "Paracleto" querem dizer?

Havia tantas coisas que Jesus disse e fez no decorrer de seu ministério que eles não entenderam. A perplexidade deles no Cenáculo na última noite simplesmente consiste no último exemplo de seu fracasso em acompanhar o pensamento de seu Mestre.

Quando Ele disse: "Destruam esse templo, e eu o levantarei em três dias" (João 2:19-22), os discípulos não compreenderam. Também não entenderam por que Ele falaria com uma mulher samaritana (4:27). Eles não compreenderam a multiplicação dos pães (5:1-14), nem o fato de Ele andar sobre as águas como um fantasma (6:16-21). Eles não perceberam o que tinha acontecido com Lázaro, nem por que Jesus tinha tanta vontade de retornar para a perigosa Judeia (11:12-13). Eles não enxergavam o significado mais profundo na unção de Maria (12:1-8), nem da entrada triunfal em Jerusalém (12:12-19). Eles não compreendiam o motivo de Jesus lavar seus pés, nem o que o pão molhado anunciava (cap. 13).

Eles compreenderam quase nada sobre os acontecimentos no passado. Considere, no entanto, o que estava para acontecer no período de cinquenta dias entre a Páscoa e o Pentecostes. Pense sobre o esforço exigido para entender a cruz e a ressurreição. A reviravolta emocional entre o êxtase transcendente (as aparições da ressurreição) e a dúvida existencial (por todos os dias entre elas); a dificuldade de conceber que Jesus esperava que eles — um bando desorganizado de pessoas insignificantes — transformassem o mundo.

Agora acrescente a esse monte de insensatez espiritual falta de senso persistente e sobrecarga de sentidos o desafio das próximas décadas: uma redefinição radical de conceitos antigos como "Messias", "reino" e "Israel"; a forma inesperada do "evangelho" que eles pregariam; a função da "fé" e da "graça" no plano de Deus; o mandato de ser "igreja" (com todos os seus desafios e incertezas); a inclusão dos gentios com toda a sua bagagem; conceitos gigantescos e complexos como redenção, reconciliação, santificação, transformação e "ser todas as coisas para todos os homens".

É muita coisa para absorver! Lições demais para aprender! Um mundo a ser revolucionado, pessoas a serem transformadas e Jesus, o Mestre deles, está se despedindo — justamente quando mais precisavam dele.[1]

É lógico que eles não sabiam o que vinha pela frente, e isso era uma bênção! Porque só o pensamento da despedida de Jesus já era devastador o suficiente naquela noite. Apesar disso, logo eles teriam de resolver como continuariam seu ministério na ausência de Jesus. Mesmo naquela ocasião, eles não entendiam que a ideia não se limitava a simplesmente "continuar". Em comparação com o que os esperava, o que eles tinham feito até o momento tinha sido uma brincadeira. Eles eram bebês, assustando-se com balanços de brinquedo e gangorras, enquanto diante deles se aproximava um Everest de desafios. Eles se dedicariam a esses desafios pelos próximos sessenta anos. Paulo conseguiu subir a montanha. Pedro morreu enfrentando a face íngreme. Os gálatas se perderam justo nesse ponto. Os coríntios ficaram estagnados em um cume falso.

A PROMESSA DO ENSINO (JOÃO 14:25-27)

Eles tinham, porém, de subir a montanha. Como eles encontrariam o caminho do Cenáculo para Judeia, Samaria e até os confins da terra? Quem os mostraria por onde ir, como agir e o que dizer? Quem poderia ensiná-los o que eles precisavam saber? Jesus tinha sido o Mestre até aquele instante, e por isso eles o chamavam assim. Mas Jesus estava se despedindo e não podia acompanhá-los para onde eles iriam em seguida. Quem seria o "Mestre" deles agora?

Pedro?

João?

A MISSÃO

Na primeira passagem do Paracleto (João 14:16-23), Jesus falou a partir do contexto de sua partida iminente: "Estou me despedindo". Ele, no entanto, suavizou esse remédio amargo com a promessa de outro Paracleto — sua presença com eles de uma forma diferente.

Nesse mesmo momento, o foco muda para a perspectiva assustadora de que faltava uma missão a ser cumprida pelos Doze depois que o Mestre saísse de cena. Observe o que Jesus tinha a dizer entre a primeira passagem do Paracleto e a segunda:

> 14 [21] Quem tem os meus mandamentos e lhes obedece, esse é o que me ama. Aquele que me ama será amado por meu Pai, e eu também o amarei e me revelarei a ele... [23] Se alguém me ama, guardará a minha palavra. Meu Pai o amará, nós viremos a ele e faremos nele morada. [24] Aquele que não me ama não guarda as minhas palavras. Estas palavras que vocês estão ouvindo não são minhas; são de meu Pai que me enviou [...]. [26] Mas o Conselheiro, o Espírito Santo, que o Pai enviará em meu nome, lhes ensinará todas as coisas e lhes fará lembrar tudo o que eu lhes disse.

Os versículos 21 a 24 servem como transição entre a primeira e segunda passagem do Paracleto. Por um lado, eles apontam de volta à

Promessa de Presença: "me revelarei [...] faremos nele morada [...]". Por outro lado, eles apontam para a frente, para a *Promessa de Ensino* na segunda declaração — um Espírito que os ajudará a entender o que se deve dizer e fazer, a aprender sua função na obra a seguir e a encontrar consolo e paz ao executar essa obra.

Os "ensinamentos" ou os "mandamentos" de Jesus são mencionados várias vezes nesses versículos, bem como a necessidade de que os discípulos sejam "obedientes". Mas é óbvio que Jesus indicava algo maior com a palavra "obedecer" do que a resposta dos Doze a instruções específicas e ensinamentos individuais. Ele juntou tudo aqui — "meus ensinamentos", "meus mandamentos", "as palavras do Pai" — e desafiou os discípulos a amá-lo sendo fiéis a tudo isso. Olhe bem de perto e perceberá ordens para marchar embutidas nessas palavras.

Jesus estava abordando a questão mais ampla da *missão*.

Sabemos que Ele estava pensando na missão porque por várias vezes voltou a esse assunto no Discurso de Despedida. Os discípulos são "mensageiros" que Jesus enviaria ao mundo (13:16, 19-20). Ele antecipou que eles fariam "o que eu estou fazendo" (14:12). Jesus esperava que eles "dessem muito fruto" (15:2, 4, 5, 8), mas também sabia que a obra deles não seria fácil: o mundo os odiaria porque eles proclamariam o nome (15:21) e as palavras de Jesus (15:20) . Ainda assim, Ele os chamou para "testemunhar" sobre aquilo que eles tinham visto e ouvido (15:27).[2]

Não é, no entanto, somente o contexto ou a repetição que exigem que enxerguemos a missão nessa segunda passagem do Paracleto; é o *momento* também. A missão surge nesse momento porque transmiti-la é a prioridade de Jesus enquanto Ele se prepara para partir. Ele tinha levado a missão até aquele momento, mas agora estava se despedindo. Aquele era o momento para que os discípulos assumissem a missão e a continuassem na ausência de Jesus.[3]

Há, porém, um amplo sentido em que descrever a missão se trata de redundância. Não há nenhum problema em Jesus dizer *o que* Ele queria que os discípulos fizessem. Mas *como, de que maneira*, Ele esperava que eles a cumprissem?

A PROMESSA DO ENSINO (JOÃO 14:25-27)

UM NOVO MESTRE E GUIA

A cada manhã por três anos, os discípulos saudavam a manhã e faziam o desjejum, recolhiam as cobertas, apagavam as fogueiras e partiam para a próxima aventura. Para onde, no entanto, eles iriam? Para onde quer que Jesus fosse!

Todo dia, nos pátios do templo e ao pé dos montes, as multidões se reuniam para receber mensagens e maravilhas, sabedoria e sinais, porém era Jesus quem transmitia as mensagens e operava maravilhas; Ele era o foco, o centro. Quando os coxos e os cegos clamavam por cura, era sempre Jesus que reagia e tocava neles.

Era Ele quem decidia a agenda e conhecia o roteiro. Ele tinha o coração inflamado pela missão.

Os discípulos nunca se preocupavam com essas questões — eles simplesmente seguiam Jesus por onde Ele fosse. Agora, no entanto, deveriam passar a se preocupar. Dentro de algumas horas, Jesus deixaria a missão em suas mãos trêmulas. Pela manhã, o Mestre estaria pendurado em uma cruz, e o mundo deles se despedaçaria. Ninguém mais o ouviria dizer: "Vá até a cidade" ou "Tire as roupas mortuárias" ou "Abra os olhos e olhe para os campos" — todas as instruções específicas que os discípulos recebem de um Mestre.

O Mestre está se despedindo, e são eles que ficam. Sua obra "terminou", e a deles está apenas começando. Sua missão passa a ser a deles. Como, no entanto, eles devem agir? O que eles deviam dizer e fazer? Quem lhes mostrará o caminho para o futuro?

Por fim, Jesus esperava que os seus discípulos superassem o trauma da cruz e o choque da ressurreição. Quando isso acontecesse, Ele esperava que continuassem sua missão essencial para o mundo. Seria uma missão condicionada pelos seus objetivos e pela sua pauta. Seria também uma missão conduzida em sua ausência.

Conforme Paulo diria décadas depois: "Quem está capacitado para tanto?" (2Coríntios 2:16).

Com certeza, não os Doze! Eles sabiam disso, e Jesus também. Na verdade, Jesus nunca quis deixar a missão nas mãos dos discípulos sem que houvesse auxílio para eles. Desde o início, Ele sabia que eles teriam um recurso para ajudá-los a cumprir sua missão, e por isso, naquela noite final, Jesus falou-lhes a respeito do Paracleto: "Mas o Paracleto, o Espírito Santo, que o Pai enviará em meu nome, lhes ensinará todas as coisas e lhes fará lembrar tudo o que eu lhes disse" (João 14:26).

Trata-se apenas de um versículo. Vinte e oito pequenas palavras. Não deixe, porém, que o tamanho desse versículo o engane, pois nele há uma mensagem importante sobre o Espírito Santo e a sua função de capacitar os discípulos para sua missão.[4] Essa mensagem é derramada em uma passagem profunda e cheia de significado.

Observe como Jesus foi cuidadoso — novamente — em vincular o Espírito a si mesmo. Pela segunda vez, Ele chamou o Espírito de "Paracleto" — recordando aos discípulos de que o Espírito continuaria a função auxiliadora que Jesus tinha realizado até aquele momento. Ele dá a esse Paracleto um nome — Espírito *Santo* — que espelha um nome que o próprio Jesus possuía: "o Santo de Deus" (João 6:69). Além disso, do mesmo modo que Jesus veio do Pai, o Espírito é enviado pelo Pai. A mesma função, o mesmo nome, a mesma fonte: três pontos de contato entre Jesus e o Espírito Santo em um espaço de apenas doze palavras.[5]

Mas Jesus fez mais do que identificar o Espírito consigo mesmo nessa passagem. Pela primeira vez, Jesus abordou o assunto da *obra* do Espírito Santo, e Ele fez isso de tal modo que ajudou os discípulos a ter uma amostra de como eles poderiam obedecer aos mandamentos de Jesus e continuar a sua missão mesmo depois de Ele ter partido.

Essa segunda passagem do Paracleto fala sobre uma função de ensino para o Espírito, uma função que ajudaria os discípulos a ouvir as palavras de Jesus, a viver de forma obediente a essas palavras e honrá-las como as palavras do Pai. O Espírito não consiste somente na presença contínua de Jesus para os discípulos (por mais importante que seja essa missão). Ele também se constitui no meio pelo qual Jesus continua a ensinar a seus discípulos, sendo o instrumento pelo qual os discípulos continuam ouvindo e acatando o seu Mestre.

"[Ele] lhes ensinará todas as coisas e lhes fará lembrar tudo o que eu lhes disse".

Do mesmo modo que Jesus, o Espírito Santo é um *Mestre*. O seu ensino envolve, no nível mais básico, uma "lembrança" de tudo o que Jesus ensinou. Conforme o que já notamos, os discípulos não eram muito bons alunos enquanto Jesus estava presente com eles. Eles não entendiam, distorciam, negligenciavam ou eram indiferentes a muita coisa que Jesus lhes ensinava. Ele estava constantemente os repreendendo por sua dureza de coração e por seus ouvidos surdos. Então, de forma inquestionável, eles precisavam que o Espírito Santo os lembrassem de "tudo o que [Jesus] lhes disse".

Entretanto, não se trata aqui somente de uma *lembrança*; existe também uma função de *iluminação* no ensino do Espírito Santo. Não se trata somente de uma promessa de uma capacidade maior de memória proporcionada pelo Espírito — esteroides espirituais para fortalecer as recordações enfraquecidas. Faz parte dessa promessa uma garantia de que os discípulos compreenderiam tudo aquilo que recordassem, tudo isso de uma forma melhor, mais completa. O Espírito os faria lembrar, mas também explicaria e esclareceria. Ele aprofundaria o entendimento dos discípulos e lhes traria orientações profundas. Ele concederia sabedoria. Ele tomaria os ensinos de Jesus e os aplicaria de maneiras importantes na nova vida dos discípulos e nas novas circunstâncias que eles enfrentariam.[6]

É a isso que Jesus se referiu quando disse a seus discípulos que o Espírito Santo os ensinaria "tudo". Vamos reconhecer que existe um pouco de hipérbole aqui. Não se trata de uma promessa de que os discípulos de Jesus, por meio da obra ensinadora do Espírito Santo, se tornariam pessoas que "sabem tudo". O Espírito Santo não os ensinaria física quântica nem equações fractais.

Na verdade, o "tudo" que o Espírito ensina está vinculado e controlado pela frase "tudo o que lhes disse". O Espírito Santo ensina tudo que flui e é consequência da vida e do ministério de Jesus: o significado maior de suas palavras; o chamado, a missão e a mensagem dos discípulos; a prioridade que os discípulos devem ter; os valores que eles devem ter "no Senhor"; e tudo o mais que se relaciona com viver como cristãos no intervalo entre a cruz e a Segunda Vinda de Cristo.[7]

Um exemplo dessa função ensinadora do Espírito Santo é apresentado pelo próprio João. Na parte inicial do seu Evangelho, João relata um conflito com os líderes religiosos. Jesus os desafiou dizendo: "Destrua esse templo, e eu o levantarei em três dias" (João 2:19). Em um comentário (2:21-22), João admite que os discípulos não tinham percebido sobre qual assunto Jesus estava falando. Só posteriormente, depois de Jesus ter ressuscitado dentre os mortos, que os discípulos se "recordaram" dessas palavras e compreenderam o seu sentido mais profundo.

Segundo a promessa da segunda Passagem do Paracleto, essa "recordação" era possibilitada pela obra do Espírito Santo. Era o Espírito quem revelava o que Jesus queria dizer com as palavras "Destrua esse templo...", e era o Espírito Santo quem permitia que essa ideia resultasse em uma fé mais profunda: "Então creram na Escritura e na palavra que Jesus dissera" (João 2:22).

UMA AMOSTRA DO QUE VEM PELA FRENTE

Essa "função de ensino" do Espírito Santo se manifestou bastante no ministério posterior dos apóstolos. Quando Pedro sugeriu que eles precisavam substituir Judas e se lançam os dados para escolha de Matias (Atos 1:15ss), somos levados a entender que não eram os instintos administrativos do pescador que impulsionaram o processo; era o Espírito Santo que estava fazendo sua obra de ensino/capacitação em Pedro. Quando Pedro se levantou no dia de Pentecostes e pregou como alguém experiente (Atos 2:1ss) — aquele que decepcionava sendo desobediente, negativo e questionador se transformou em um porta-voz corajoso, eloquente e conhecedor profundo das Escrituras —, somos levados a reconhecer que a mudança possuía um vínculo

A PROMESSA DO ENSINO (JOÃO 14:25-27)

causal com o derramamento do Espírito: foi o Espírito Santo quem capacitou Pedro para cumprir esse papel.

Quando os líderes da igreja de Jerusalém se depararam com um problema relativo às viúvas que falavam grego (Atos 6:1ss) e tiveram de apresentar uma solução eficaz, coube a homens cheios do Espírito (a igreja como um todo) identificar servos cheios do Espírito Santo (os Sete — veja o v. 3) para chegar a uma decisão. Aqui está um problema que Jesus não tinha abordado de forma direta (a distribuição justa da caridade da igreja para um grupo marginalizado). Aqui está um dilema que os apóstolos ainda não tinham enfrentado (entre orar e pregar e servir as mesas), e aqui está um processo de solução de problemas que nunca tinha sido tentado (delegar uma tarefa específica para homens piedosos que não eram apóstolos). Será que isso não passava de criatividade apostólica? Ou devemos ver nessa situação um Espírito agindo de forma agressiva para ensinar e capacitar a igreja a fim de cumprir a missão de Cristo?

Quando Pedro engole em seco e ultrapassa o limite gentio para pregar o evangelho para Cornélio (Atos 10:1ss), o Espírito já tinha agido de forma profunda preparando-o para esse momento. Foi o Espírito quem deu a visão para Cornélio, o que o levou a fazer um convite a Pedro (10:3-8). Foi o Espírito quem deu para Pedro a visão com os animais impuros e a instrução para "matar e comer" (10:9-16). Foi o Espírito quem disse a Pedro o significado dessa visão: "Deus me mostrou que eu não deveria chamar impuro ou imundo a homem nenhum" (10:28). Foi o Espírito quem interrompeu a ótima pregação de Pedro e se derramou naquela casa gentia, surpreendendo a Pedro e todos os cristãos circuncidados que estavam com ele (10:44-46). Foi essa evidência da aprovação do Espírito Santo que deu a Pedro a coragem de batizar os primeiros gentios em Jesus — "quem era eu para pensar em opor-me a Deus?" (11:17). Logo, a mudança mais importante na igreja desde o derramamento inicial do Espírito em Pentecostes — a inclusão dos gentios no povo escolhido de Deus — foi o resultado direto, não do esclarecimento de Pedro sobre o Evangelho verdadeiro nem de uma mente aberta da parte da igreja judaica, mas do ensino, da orientação e da capacitação diretos do Espírito Santo. Novamente aqui, vemos o Espírito Santo agindo como Paracleto, recordando a igreja da comissão de Jesus e ensinando a esses cristãos primitivos tudo o que precisavam para executar essa tarefa dada por Cristo.

Da mesma maneira, devemos reconhecer a mão do Espírito enviando Barnabé (um homem cheio do Espírito) à igreja gentia que se formava em Antioquia (Atos 11:22ss), capacitando-o a ser tão eficaz que "um grande número de pessoas foi trazido ao Senhor" (11:24) e levando-o a encontrar-se com Saulo para que ele viesse ajudar a obra em Antioquia (11:25-26). Foi o Espírito quem falou à igreja daquele lugar, instruindo: "Separem-me Barnabé e Saulo para a obra a que os tenho chamado" (Atos 13:2) e iniciando a primeira incursão no mundo gentio mais amplo. Foi o Espírito quem orientou Barnabé e Saulo a cada passo dessa viagem (p. ex., Atos 13:4), ensinou-os o que deviam dizer ou fazer (13:9; 14:27) e sustentou os novos convertidos (Atos 13:52). Quando, com o passar do tempo, a missão aos gentios foi ameaçada ("É necessário circuncidá-los e exigir deles que obedeçam à lei de Moisés" — Atos 15:5), foi o Espírito quem mostrou ao Concílio de Jerusalém o caminho piedoso a ser seguido ("Pareceu bem ao Espírito Santo e a nós não impor a vocês nada além das seguintes exigências necessárias [...]" — Atos 15:28).

Como foi que Paulo encontrou coragem e confiança para prosseguir em sua jornada rumo à compreensão do evangelho genuíno (Gálatas 2:15-16; Romanos 3:21-22)? Como ele conseguiu perceber que a salvação vem da confiança em Deus, e não da obediência e da bondade? O que lhe deu a ousadia para enfrentar Pedro face a face (Gálatas 2:11, 14) e proclamar esse evangelho essencial nas sinagogas e até mesmo em Jerusalém? Como ele e seus colegas missionários sabiam como designar anciãos e definir a função das viúvas; ou o que aconselhar a respeito dos ídolos e da carne oferecida; ou como lidar com as facções, a imoralidade, a heresia dentro da igreja; ou o que fazer com os mestres judaizantes?

Dessa e de mil outras maneiras — grandes e pequenas — podemos ver o Paracleto em ação em sua função de ensino. De modo bem literal, a igreja primitiva não podia dar um passo sem a instrução e a orientação prática do Espírito Santo. Jesus nunca lidou com muitas situações que eles enfrentaram.[8] Suas Escrituras (o Antigo Testamento) nem mesmo contemplavam as perguntas que se exigia que eles perguntassem, e, para ser sincero, os apóstolos que conhecemos a partir dos Evangelhos não tinham a esperteza ou a sabedoria suficientes para descobrir tudo sozinhos. Eles precisavam de um Espírito que lhes recordasse tudo o que Jesus disse... e depois os iluminasse quanto ao que Ele realmente queria dizer... e ainda os ajudasse a aplicar essas ideias para circunstâncias e pessoas radicalmente diferentes. Eles precisavam de um Espírito que pudesse ensiná-los tudo que vinha e que era consequência da vida e do ministério de Jesus; sobre quais deveriam ser as suas prioridades e sobre o que era tão importante que eles deveriam sacrificar de modo seguro em nome dessas prioridades; sobre qual era a verdadeira diferença entre ser "tudo para todos" e simplesmente se comprometer com a cultura.

Eles precisavam do Espírito Santo para lhes ensinar isso, e, por falar nisso, nós também precisamos dele!

A MINHA PAZ LHES DOU

Isso foi o que Jesus disse depois de apresentar aos discípulos a extensão do ministério de ensino do Espírito. "Deixo-lhes a paz; a minha paz lhes dou. Não a dou como o mundo a dá. Não se perturbem os seus corações, nem tenham medo" (João 14:27).

Quando Jesus disse essas palavras aos Doze, o coração deles *estava* perturbado. Eles *estavam* com medo. Jesus estava deixando sua missão nas mãos deles, e eles sabiam que não estavam preparados para a tarefa, e essa foi a razão pela qual, no contexto de sua missão e da missão do Paracleto, Jesus falou sobre "paz".

Se os discípulos estivessem preocupados com o amanhã (como eles certamente estavam no contexto do Discurso de Despedida), o Espírito

Santo os acalmaria e os equilibraria ensinando o que fazer. Se os discípulos estivessem prestes a enfrentar situações difíceis, o Espírito fortaleceria sua confiança e reforçaria sua coragem orientando-lhes sobre o que dizer. Se os discípulos ainda fossem tentados a desanimar, a se acovardar ou a perder a esperança por causa da complexidade da tarefa e da escassez dos seus recursos, o Espírito entraria em ação para encorajar, incentivar e fortalecer a fé deles.

Essa promessa de paz, no entanto, destaca o fato de que o Espírito pretende ensinar mais do que simplesmente a mente. É fato que o Espírito instrui a "mente" deles, compartilhando o conhecimento espiritual com os discípulos: um lembrete das palavras de Jesus; uma clareza sobre como os princípios que Jesus ensinou se aplicam à vida deles; uma noção constante da mensagem e dos métodos de Jesus. Esse mesmo Espírito também quer ensinar as "mãos" dos discípulos e desenvolver as habilidades e as competências espirituais: como pregar às multidões; discipular os gentios; liderar a igreja. Quem sabe, de forma mais importante, o Espírito se empenhe em ensinar o "coração" deles: disciplinando os sentimentos; moldando as atitudes e mantendo os discípulos seguros em meio a emoções turbulentas.

O Novo Testamento frequentemente testifica desse aspecto afetivo do ensino do Espírito nos cristãos. Quando estavam "cheios do Espírito", os discípulos tinham ousadia (veja Atos 4:8, 13, 31; 6:5-10 e 7:55; 13:9-10); eles sentiam amor, alegria e esperança (veja Atos 13:52; Romanos 5:5; 14:17; 15:13, 30; 1Tessalonicenses 1:6); eles encontravam confiança e vigor renovados (Atos 9:31; Romanos 8:16-17; 2Coríntios 1:21-22); mas, acima de tudo, o ministério do Espírito trouxe "paz" aos discípulos atribulados (Romanos 8:6; 14:17; 15:13; Gálatas 5:22; Efésios 4:3).

Com certeza, esse é exatamente o tipo de "ensino multifacetado" que Jesus ministrou. Às vezes, Ele se dirigia aos *pensamentos* dos discípulos com os princípios que se encontram no Sermão do Monte, por exemplo. Mas houve ocasiões em que Ele precisava aguçar suas habilidades. (Penso, por exemplo, quando eles não conseguiram expulsar

A PROMESSA DO ENSINO (JOÃO 14:25-27)

um demônio e Jesus teve de ensiná-los a "técnica" — "Essa casta só se expulsa com oração" — Marcos 9:29). Ainda houve ocasiões, muitas delas, em que se exigia que Ele se dirigisse a suas *emoções* instáveis — medo, raiva, preocupação, insegurança, ressentimento, orgulho, ambição —, ensinando-os como colocar o seu mundo interior em ordem.

Na verdade, dentro da extensão do Discurso de Despedida, Jesus faz cada uma dessas coisas. Existem coisas que Ele queria que seus discípulos *soubessem*: que a hora chegou, ou que Ele estava se despedindo, ou mesmo que o Paracleto estava chegando. Existiam coisas que Ele queria que eles *fizessem*: que guardassem os mandamentos, ou dessem muito fruto. Além disso, havia coisas que Ele queria que seus discípulos *sentissem*: que não perturbassem seus corações, não se sentissem abandonados; deixassem seu luto se tornar em alegria, ou tivessem paz.

Da mesma maneira, os ensinos do Espírito seriam dirigidos à mente, às mãos e ao coração. O que exatamente se esperaria *de outro* Paracleto: uma continuação do mesmo tipo de ensino característico do próprio Jesus.

A promessa de um Espírito empoderador, capacitador e ensinador daria aos discípulos, com o tempo e a experiência, o senso de confiança e de coragem de que eles precisavam para continuar. Como resultado do ministério de ensino do Paracleto, eles descobririam uma competência para a obra do Reino que resulta em uma paz duradoura, profunda e eterna.

O QUE DIZER DE NÓS?

Novamente, essas promessas maravilhosas soavam bem aos ouvidos dos apóstolos, mas será que são maravilhosas para nós? Será que a promessa de um Espírito que ensina, que instrui tanto a mente quanto o coração, estende-se aos discípulos que não estavam no Cenáculo?

Com certeza, passamos a mesma situação dos Doze. Assim como eles, não conseguimos entender boa parte do que Jesus ensina. Somos igualmente indiferentes, desatentos e monótonos espiritualmente.

Como eles, ansiamos pela instrução prática, pela orientação específica, pela presença que Jesus podia proporcionar. Sabemos que temos uma missão a cumprir, um grande chamado para revolucionar o mundo, mas nos sentimos pequenos, carentes e vergonhosamente impotentes diante desse desafio. Como eles, temos corações perturbados e medos crescentes.

Em outras palavras, precisamos desesperadamente de exatamente aquilo que Jesus oferece aos Doze naquela última noite: sua presença contínua para liderar e instruir; sua direção e o seu ensino para qualquer situação que surgisse; seu esclarecimento para as coisas mais complexas; sua sabedoria para viver em um mundo decaído. Precisamos da confiança que vem de saber o que fazer, a ousadia que vem de saber o que dizer e a paz que vem de entender o que está acontecendo.

Carecemos de um Mestre que nos mostre o significado do evangelho diante das circunstâncias instáveis e dos novos desafios. Precisamos de um Capacitador que treine em nós as habilidades do ministério que nos tornam eficazes e, por fim, precisamos de um Consolador que cure nossas frustrações e feridas pelo caminho.

Essa necessidade nos faz impacientes com aqueles que recorrem de modo tão incansável (e exclusivamente) à Bíblia como nossa única fonte de instrução espiritual. Com certeza, existe o ensino que se encontra lá: as lembranças daquilo que Jesus disse e fez; princípios, propostas e políticas; mas também enfrentamos situações que o Novo Testamento nunca abordou nem imaginou. Um livro do século 1 — mesmo sendo bem respeitado — consiste em um grito distante do tipo de ensino íntimo, pessoal, prático e sempre presente oferecido por Jesus na forma do Paracleto.

Essa mesma necessidade também nos faz impacientes com aqueles que apontam de forma tão obcecada (e míope) para um Espírito Santo que faz truques aos domingos, mas não diz muito sobre a Verdade, sobre o ministério prático diário e sobre um coração que está ferido e desanimado. Na verdade, para que servem as mensagens proféticas sobre o fim do mundo se não houver qualquer "lembrança" do que

A PROMESSA DO ENSINO (JOÃO 14:25-27)

Jesus já ensinou, qualquer capacitação para o ministério eficiente em casa e no trabalho, qualquer reforço para espíritos fracos nem qualquer tipo de fortaleza para a fé vacilante? A ajuda momentânea dos milagres é maravilhosa — por um momento —, mas eu e você precisamos de algo mais pertinente e persistente se é que devemos fazer uma obra eficaz nas trincheiras diárias de nossa missão no reino.

Se é que existe um Espírito ensinador ao qual os cristãos possuem acesso nos dias de hoje — um Espírito que instrui a mente, equipa as mãos e incentiva o coração —, isso realmente são boas notícias! Se existe um Espírito ensinador que faz por nós o que Ele fez pelos primeiros discípulos, Ele pode nos mostrar a diferença entre o verdadeiro e o falso evangelho (uma distinção desesperadamente necessária em nossas igrejas hoje), nos treinar para lidar com os problemas e as oportunidades que aparecem e nos conceder a paz que permite que "preservemos nossa mente quando todas as pessoas em redor estão perdendo a cabeça e colocando a culpa em nós".[9]

Não devemos fazer um movimento sequer sem a orientação do Espírito Santo. A menos que pensemos que somos espertos o suficiente para pensar tudo sozinhos. A menos que acreditemos que todas as questões, circunstâncias e desafios enfrentados pelos discípulos hoje foram suficientemente previstos por um livro escrito há dois mil anos para pessoas que viveram em um mundo radicalmente diferente e que essencialmente enfrentaram outros tipos de desafios. A menos que nunca sinta a necessidade gritante de ir até Jesus, colocar a mão no seu braço e perguntar o que Ele quis dizer, o que Ele acha sobre vários assuntos e como você deve agir diante dele.

Confesso abertamente que quero e preciso dessa presença ensinadora. Quero esse tipo de confiança e competência, esse tipo de consolo e incentivo. Quero ajuda para ser obediente, sabedoria para saber qual é o significado da obediência nestes tempos difíceis, consolo para meus fracassos e o discernimento para saber a diferença entre o que realmente importa para o Espírito e o que importa para mim. Eu quero o Paracleto que Jesus oferece aos Doze, e não apenas as palavras distantes do ensino do Espírito que ressoam nas Escrituras ou nos momentos fortuitos do Espírito oferecidos pelos congressos de avivamento e pelos programas de televisão de domingo de manhã.

Além disso, alegremente recebo o Espírito Santo no meu coração e na minha vida, independentemente das incertezas ou dos riscos. Porque quando o Espírito Santo vem, Ele vem em nome de Jesus, transmitindo as palavras de Jesus, ensinando as coisas de Jesus, capacitando para a obediência a Jesus, moldando mente e coração para a missão de Jesus. Já que posso ter acesso a esse Espírito, quero tudo o que possa vir dele.

> **O que aprendemos sobre o Espírito Santo na segunda passagem do Paracleto:**
>
> - Além do "Paracleto" e "Espírito da verdade", esse Outro é designado "Espírito Santo".
> - O Pai enviará o Paracleto aos discípulos.
> - O Pai enviará o Paracleto "em nome" de Jesus.
> - O Espírito ensinará aos discípulos "todas as coisas".
> - O Espírito lembrará os discípulos de tudo o que Jesus disse a eles.
> - O resultado da presença do Espírito será paz e ausência de corações perturbados e com medo.

CAPÍTULO DEZ

A PROMESSA DE TESTEMUNHO (JOÃO 15:26-27)

Não é de se admirar que eles estejam com medo. Por três anos, eles assistiram a Jesus defender a verdade e falar em nome de Deus. Mesmo assim, desde o começo, Ele foi desafiado, criticado e condenado. Ele falou a verdade, e as pessoas o chamaram de blasfemo. Era só Ele falar de Deus que as pessoas pegavam pedras. Mesmo Ele curando os doentes, alguns dos que testemunhavam os milagres saíam de sua presença planejando matá-lo.

Nas horas seguintes, os discípulos seriam submetidos a um curso relâmpago sobre os perigos de se falar a verdade. Eles assistiriam a Jesus sendo preso, açoitado, cuspido e pregado em uma cruz. Igualmente presenciariam como os cidadãos importantes se reuniriam para insultar, ridicularizar e destilar seu veneno. Testemunhariam como os religiosos olhariam Jesus morrendo, mas não sentiriam um pingo de pena ou compaixão.

Os discípulos sabiam que seu Mestre era odiado, não porque Ele fosse algum traidor, bandido ou assassino, mas simplesmente porque Ele amava a luz. Qual lição eles poderiam aprender com tudo isso — com o que aconteceu a Jesus no passado, ou com o que aconteceria com Ele em seguida —, além da lição difícil de que as pessoas que falam a verdade sobre Deus são odiadas e perseguidas, que as pessoas que falam a verdade sobre o pecado no mundo são pregadas em cruzes, e que as pessoas que, como Jesus, testemunham de forma tão poderosa devem esperar por dor e morte, em vez de por agradecimento?

Mesmo assim, no Discurso de Despedida, Jesus comissionou os discípulos a fazer a mesma obra provocativa que Ele havia realizado: "E vocês também testemunharão, pois estão comigo desde o princípio" (João 15:27). A partir daquele momento, eles seriam os proclamadores da verdade. Na ausência de Jesus, eles teriam que falar palavras que o mundo não quer ouvir.

Durante aquela noite longa, Jesus já tinha dito coisas difíceis para os Doze. Ele estava se despedindo —, e isso os inquietou. Ele queria que eles continuassem a sua missão — e isso os sobrecarregou. Então, Ele passou a dizer que eles teriam de ser testemunhas. Diante do preço a ser pago por causa do testemunho em favor do Mestre, a comissão que partiu de Jesus os deixa muito temerosos. Mesmo antes de Jesus anunciar: "Se me perseguiram, também perseguirão vocês" (João 15:20), eles sabiam por instinto que dar andamento à missão dele faria com que eles tivessem o mesmo destino que Ele.

Possivelmente pela primeira vez nesse Discurso de Despedida, Jesus disse algo que eles podiam entender. Ser discípulo de Jesus é uma coisa perigosa. Tomar a mesma posição dele seria doloroso e custaria muito caro. Eles conseguiram entender isso, e logo entenderiam ainda mais.

O QUE EXISTE DE TÃO RUIM EM JESUS?

Deve ter surpreendido os discípulos o fato de que o Jesus que eles conheciam e amavam deveria ser alvo de tanta oposição violenta por parte dos que o rodeavam.

O que existia de tão ruim em Jesus? Ele era bom, compassivo e sábio. Ele ensinava coisas tão maravilhosas: ame ao próximo, ame o seu inimigo, ame a Deus. Ele era o tesouro mais raro, um homem verdadeiramente bom. Pelo amor de Deus! Ele curava criancinhas! Como alguém pode não gostar de alguém que cura criancinhas?

A PROMESSA DE TESTEMUNHO (JOÃO 15:26-27)

Mesmo assim havia pessoas que não gostavam de Jesus. Não se tratava nem de uma questão de simples desaprovação. Eles o odiavam! Eles o desprezavam! Eles queriam que Ele morresse. Se os discípulos perguntassem a essas pessoas a razão dessa inimizade, eles teriam ouvido todo tipo de resposta: "Ele não guarda as tradições. Ele coloca em risco a estabilidade do povo de Deus. Ele não leva a Torá a sério".

Jesus tinha uma resposta diferente à pergunta deles. Era uma resposta que Ele precisava que os discípulos ouvissem e entendessem pelo simples fato de ela explicar as coisas pelas quais eles mesmos passariam.

> Eles não conhecem aquele que me enviou. Se eu não tivesse vindo e lhes falado, não seriam culpados de pecado. Agora, contudo, eles não têm desculpa para o seu pecado. Aquele que me odeia, também odeia o meu Pai. Se eu não tivesse realizado no meio deles obras que ninguém mais fez, eles não seriam culpados de pecado. Mas agora eles as viram e odiaram a mim e a meu Pai. Mas isto aconteceu para se cumprir o que está escrito na Lei deles: "Odiaram-me sem razão" (João 15:21-15).

O ódio direcionado a Jesus não era devido à prática ou à ortodoxia religiosa; não tinha nada a ver com tradições ou interpretações da Lei, independentemente das racionalizações que as autoridades usavam para justificar sua oposição. A razão para o ódio deles era bem mais profunda. De acordo com a perspectiva de Jesus, o problema era literalmente "teológico" — um problema com "conhecer a Deus". Ele conhecia o Pai, mas seus adversários não o conheciam. Ele amava o Pai, mas eles não o amavam. Quando Jesus manifestava Deus, eles o rejeitavam veementemente; mas não era tanto pelas coisas que Jesus mostrava a respeito de Deus. Era pelo que a revelação dizia a respeito *deles mesmos*. Jesus lhes revelava o Pai, e eles percebiam o seu próprio pecado, queda e vergonha. Eles passavam a enxergar a si mesmos com uma clareza (e uma humilhação) insuportável. Isso levava à negação, que não passava de justificações e desculpas. Uma racionalização tão intensa e violenta que parecia ódio.

É claro que nem todos reagiam dessa maneira. Havia aqueles que reagiam a essa revelação com gratidão e obediência. Essa era a razão pela qual Jesus veio pregar — para alcançar esses poucos. Essa é a razão pela qual Ele comissionou os discípulos para testemunhar — justamente porque algumas pessoas ouviriam.

Aqueles, no entanto, que não escutavam nem podiam ouvir, odiariam a mensagem e aquele que a proclamou, e seu ódio seria "sem razão" (João 15:25). O ódio deles seria tão cego, cruel e violento que não haveria nenhuma razão que a justificasse.

ELES OS ODIARÃO

Até aquele momento, Jesus levou a parte mais pesada daquele ódio. As autoridades se contentavam em dirigir sua frustração e raiva somente contra Ele. Bem, eles questionaram seus discípulos quando a hora chegou, mas reservaram o fogo de sua hostilidade para o Mestre propriamente dito.

Agora, porém, Jesus estava de saída. Será que o fogo que Ele tinha provocado também iria embora com Ele? Será que o excesso de violência satisfaria às autoridades?

De modo nenhum. Porque Jesus pretende ser o dom que não para de ser concedido. Depois de Ele ter vindo e testificado, o mundo nunca mais seria o mesmo. A luz veio ao mundo (ver João 1:1-4). Além disso, mesmo que alguns demonstrassem uma preferência clara pela escuridão, a luz continuaria a brilhar na vida daqueles que recebem Jesus. A luz — que é odiada — brilharia bem depois de Jesus ter partido.

Parte da ideia desse Discurso de Despedida é que os discípulos não podem esconder sua luz. Eles têm de brilhar com as palavras com a obra e com a missão de Jesus. Ele depende deles para manter sua presença irritante viva no mundo. Ele conta com eles para "testemunhar" por Ele e para Ele.

É claro que isso quer dizer que o ódio do mundo estava prestes a se voltar — com toda a força — contra os Doze.

15 ¹⁸ Se o mundo odeia vocês, saibam que, primeiro do que a vocês, odiaram a mim. ¹⁹ Se vocês pertencessem ao mundo, ele os amaria como se fossem dele. Todavia, vocês não são do mundo, mas eu os escolhi, tirando-os do mundo; por isso o mundo os odeia. ²⁰ Lembrem-se das palavras que eu lhes disse: nenhum escravo é maior do que o seu senhor. Se me perseguiram, também perseguirão vocês. Se obedeceram à minha palavra, também obedecerão à de vocês. ²¹ Tratarão assim vocês por causa do meu nome. [...]

16 ¹ Tenho-lhes dito tudo isso para que vocês não venham a tropeçar. ² Vocês serão expulsos das sinagogas; de fato, virá o tempo quando quem os matar pensará que está prestando culto a Deus. ³ Farão essas coisas porque não conheceram nem o Pai nem a mim. ⁴ Estou lhes dizendo isto para que, quando chegar a hora, lembrem-se de que eu os avisei. Não lhes disse isso no princípio, porque eu estava com vocês.

Jesus empregou boa parte do Discurso de Despedida para avisar os discípulos sobre o que viria. "Vocês devem testificar, mas o mundo não gostará disso". Ele explica com riqueza de detalhes (possivelmente mais do que os Doze desejariam) o que o futuro reservava para eles. O mundo os odiaria e os perseguiria. Eles seriam expulsos das sinagogas e acabariam sendo perseguidos e mortos.

Jesus disse: "Mas não levem isso para o lado pessoal. Isso não diz respeito a vocês. Tudo isso é por minha causa e, no fim das contas, por causa do meu Pai".

Quem sabe se você estivesse lá, poderia ter percebido o silêncio que pairou sobre os discípulos. Eles não queriam ter ouvido isso. Jesus está lidando com o maior medo deles, o terror mais persistente que eles sentiam. É isso que os faz querer fugir, esconder-se em algum cenáculo e ocultar-se do mundo hostil.

Pode-se quase ouvir Pedro pensando: "Valeu pelo incentivo, Mestre. O senhor tem mais alguma palavra de consolo antes de terminar?".

O ESPÍRITO DARÁ TESTEMUNHO DE MIM

Na verdade, Jesus tinha algo bem consolador a oferecer. Eles não sentiriam o consolo naquele momento. Levaria algum tempo para que eles descobrissem a imensidão do consolo que Jesus estava pronto a lhes conceder. Não havia como retirar sua comissão de testemunhar. Não, Ele não podia extinguir as reações hostis e violentas do mundo. O que Ele podia fazer, e foi o que Ele fez, era garantir que eles não dessem testemunho sozinhos. "Quando vier o Conselheiro, que eu enviarei a vocês da parte do Pai, o Espírito da verdade que provém do Pai, ele testemunhará a meu respeito. E vocês também testemunharão, pois estão comigo desde o princípio" (15:26-27).

Essa era a terceira vez que Jesus tinha puxado o assunto do Paracleto com seus discípulos. Em primeiro lugar, Ele anuncia que está se despedindo; os discípulos estão de coração partido, então Ele lhes oferece o Paracleto. Posteriormente, os discípulos se dão conta de que eles têm de prosseguir no futuro sem a orientação tangível de Jesus e com isso sentem-se sobrecarregados, então Ele novamente lhes oferece o Paracleto. Depois Jesus lhes diz que eles devem testemunhar mesmo que isso lhes custe muito caro, e eles ficam muito temerosos, então Ele oferece o Paracleto pela terceira vez.[1]

No contexto da hostilidade do mundo — enquanto Jesus se prepara para morrer pela verdade e avisa aos Doze que sua hora estava chegando —, toda a ideia de testemunho ficava difícil de assimilar. O que pode superar essa rejeição reativa do mundo? Se o mundo responde a cada testemunho com veneno e violência, como é possível sustentar um testemunho? Se o próprio *Jesus* não conseguia ganhar o mundo, que esperança existiria para que os *Doze* pudessem fazer isso?

Antes que essas perguntas fossem feitas, Jesus abordou o assunto do Paracleto mais uma vez. Ele garantiu aos discípulos que existia um Companheiro que haveria de vir ao mundo, cuja missão seria testemunhar Jesus. Ele falaria a verdade que recebeu do Pai a respeito do seu Filho.

A PROMESSA DE TESTEMUNHO (JOÃO 15:26-27)

Além disso, era importante que os discípulos (e nós também) soubessem disso por várias razões. Para João, o "testemunho" (ou "relato" — duas traduções da mesma palavra grega *martureo*) é um conceito central, aparecendo 31 vezes no seu evangelho. A afirmação fundamental do evangelho de João é que Jesus é o Cristo, o Filho de Deus. Para provar essa verdade, João incluiu em sua história várias "testemunhas" que "falam" de Jesus: João Batista (1:7, 34); uma mulher ao lado do poço (4:39-42); os milagres (5:36; 20:30-31); as Escrituras (5:39); e o próprio Deus (5:32, 37; 8:18). O Espírito simplesmente é o último em uma grande lista de testemunhas que são apresentadas em João. Embora os discípulos também fossem testemunhas, eles não estariam sozinhos em sua obra de testemunhar.

Em segundo lugar, Jesus não fala somente do *fato* do testemunho do Espírito, mas também sobre o *conteúdo* do seu testemunho. O Espírito testemunharia sobre Jesus. Jesus é a luz, o Cristo, o filho, o Único. Ele vem para confirmar que Jesus é exatamente quem disse ser.[2]

Em terceiro lugar, observe a partir do contexto (João 15:18-25) que o testemunho do Espírito seria dado ao mundo — o mundo hostil e incrédulo que odeia a Deus. O Espírito se levantaria no mesmo mundo que matou Jesus e perseguiu seus seguidores para afirmar que Jesus é o Filho de Deus e que suas palavras são verdade. Não importa o quanto o mundo grita e ameaça, isso nunca poderá abafar o testemunho do Espírito, muito menos calar a sua voz. O mundo não pode silenciar esse testemunho nem o impedir por meio da violência. Esse é um testemunho a respeito de Jesus que nenhuma ameaça pode intimidar nem violência alguma pode esmagar.

Por fim, existe uma certa independência no testemunho do Espírito que podemos apreciar. O Espírito possui sua própria obra de testemunho a cumprir, uma obra que não depende de nós. Ele possui sua própria voz neste mundo quer consigamos testemunhar quer não. É espantoso imaginar o Espírito passeando pelo mundo em busca de almas para salvar, enquanto Satanás, rugindo como um leão, está buscando almas para tragar (1Pedro 5:8).

No próximo capítulo, ouviremos Jesus descrevendo o Espírito Santo como alguém que se ocupa de convencer um mundo de coração duro. Por enquanto, pense em um Espírito que se dedica a usar todas as reviravoltas da vida — as alegrias, as tragédias, a beleza, a doença, o bom humor, o luto, os arrependimentos — para encaminhar as pessoas e levá-las de forma inevitável para seu Pai. Pense sobre um Espírito que age por meio da arte e da literatura, da música e da natureza, para conscientizar mais uma vez as pessoas a respeito do Deus que elas esqueceram e da verdade em forma de cruz que está plantada no centro da vida. Pense em um Espírito que coloca Bíblias em quartos de hotel, que faz com que um cristão se mude para o lado da nossa casa, usando festas anuais como o Natal ou a Páscoa, e até mesmo agindo por meio de pessoas tão irritantes como os televangelistas, para transmitir a palavra de que Jesus é Senhor.

Será que é um exagero pensar sobre o Espírito testemunhando dessa forma tão direta e íntima quando vemos exemplos nas Escrituras sobre o Espírito agindo de forma mais agressiva para esse mesmo fim? Pense em Saulo caindo do cavalo no caminho de Damasco e ficando cego, literalmente *forçado* pelo Espírito a ouvir seu testemunho a respeito de Jesus (Atos 9:1ss). Ou lembre-se de Filipe sendo impulsionado a cruzar o caminho do eunuco etíope para que o Espírito tivesse uma chance de testemunhar por meio dele a respeito de Jesus (Atos 8:26-39).

O Espírito dá testemunho de Jesus, e Ele não se envergonha de dizer isso.

E VOCÊS TAMBÉM TÊM DE TESTEMUNHAR

Há mais nesta terceira passagem do Paracleto, no entanto, do que uma promessa de que o Espírito Santo falará de Jesus. Existe também (impregnada dentro dessas palavras) a promessa de que o Espírito ajudará os discípulos a testemunhar.

Não é por acaso que Jesus vincula o testemunho do Espírito de forma tão profunda ao testemunho dos discípulos. Somente uma frase separa essas duas ideias. *"Ele testemunhará a meu respeito. E vocês também testemunharão".* O testemunho do Espírito e o testemunho dos discípulos estão conectados. Os dois testemunhos são necessários, apontando para Jesus. As duas testemunhas têm valor, já que ambas conhecem Jesus muito bem. Cada testemunha apoia e fortalece a outra. Cada testemunha desempenha sua tarefa necessária.[3]

Os discípulos, porém, não têm permissão para ficar sentados e deixar a obra do testemunho para o Espírito de Deus. Não é possível que eles abandonem essa responsabilidade para alguém que não pode derramar sangue. É verdade que o Espírito dá testemunho, mas os discípulos também devem fazer isso.

O que Jesus prometeu nesses versículos é que Deus estaria em ação no mundo bem depois da cruz, em lugares bem distantes de Jerusalém, por meio do testemunho do seu Espírito e do testemunho do seu povo. Assim como o Espírito, os discípulos também seriam enviados como testemunhas para o mundo, de modo que o testemunho deles dariam apoio ao testemunho do Espírito.

Esse vínculo cuidadoso entre o testemunho do Espírito e o testemunho humano sugere, no entanto, um relacionamento bem mais íntimo entre o Espírito e os discípulos que testemunham. O Espírito faz mais do que simplesmente estar *com* a testemunha... o Espírito testemunha *mediante* a testemunha. Ele desempenha uma função essencial ao estimular o testemunho dos discípulos, concedendo coragem, poder, sabedoria e (às vezes) as próprias palavras que eles usariam para testemunhar.

Bem no início de seu ministério, Jesus tinha falado aos Doze a respeito da função do Espírito em seu testemunho: "Quando vocês forem levados às sinagogas e diante dos governantes e das autoridades, não se preocupem com a forma pela qual se defenderão, ou com o que dirão, pois naquela hora o Espírito Santo lhes ensinará o que devem dizer" (Lucas 12:11-12).

Nessa passagem, Jesus traça um vínculo direto entre o Espírito Santo e a obra de testemunho dos discípulos: Ele lhes concede palavras para falar, além de os acalmar diante da perseguição. Posteriormente (em algum momento durante a última semana de sua vida), Jesus retorna ao mesmo assunto e oferece a seus discípulos essa boa/má notícia:

> Mas antes de tudo isso, prenderão e perseguirão vocês. Então os entregarão às sinagogas e prisões, e vocês serão levados à presença de reis e governadores, tudo por causa do meu nome. Será para vocês uma oportunidade de dar testemunho. Mas convençam-se de uma vez de que não devem preocupar-se com o que dirão para se defender. Pois eu lhes darei palavras e sabedoria a que nenhum dos seus adversários será capaz de resistir ou contradizer (Lucas 21:12-15).

Nessa passagem, é o próprio Jesus quem promete dar "palavras e sabedoria", mas, já que ele está se referindo a acontecimentos que se dariam bem depois de seu retorno ao Pai, é claro que o dom viria por meio da obra do Espírito. Na verdade, com base no que vimos no Discurso de Despedida, não há diferença entre *o Espírito* ensinando os discípulos sobre o que dizer (Lucas 12) e *Jesus* lhes dando as palavras para dizer (Lucas 21).

No livro de Atos, Lucas continua com esse vínculo entre o Espírito e a comissão de testemunho dos apóstolos. Ele relata Jesus dizendo aos discípulos para ficar em Jerusalém e "esperar" (Atos 1:4). Existe um "dom" vindo do Pai, um dom necessário aos discípulos a fim de que sejam testemunhas eficazes — o batismo com o Espírito Santo: "[vocês] receberão o poder quando o Espírito Santo descer sobre vocês, e serão minhas testemunhas em Jerusalém, em toda a Judeia e Samaria, e até os confins da terra" (Atos 1:5).

Mais uma vez, o Espírito é vinculado ao testemunho dos discípulos. O Espírito trará "poder" (possivelmente sinais e habilidades, embora não devamos ignorar a importância da confiança e da competência inspirada pelo Espírito). Esse "poder" inflama a obra de testemunho dos discípulos. "Esperem pelo Espírito, porque ele dará a vocês poder, e então vocês podem testemunhar".

A PROMESSA DE TESTEMUNHO (JOÃO 15:26-27)

Vemos exemplos desse testemunho inspirado pelo Espírito Santo no desenrolar da narrativa de Atos. No capítulo 4, Lucas conta a história de Pedro e João testemunhando diante do Sinédrio, espantando aquele conselho com sua coragem e eloquência. Quando Pedro e João relatam esse incidente para a igreja, eles oram imediatamente por uma "grande ousadia" e por mais "sinais e maravilhas" (Atos 4:29-30). Essa oração é respondida com um derramamento do Espírito: "Depois de orarem, tremeu o lugar em que estavam reunidos; todos ficaram cheios do Espírito Santo e anunciavam corajosamente a palavra de Deus" (Atos 4:31).

No capítulo 6, Estêvão, cheio de "poder", testemunha a todos que queriam ouvir (e para alguns que não queriam ouvir), operando "grandes sinais e maravilhas" (Atos 6:8). Lucas relata que alguns membros da sinagoga se levantaram contra Estêvão, e "esses homens começaram a discutir com Estêvão, mas não podiam resistir à sabedoria e ao Espírito com que ele falava" (Atos 6:9-10).

Sendo assim, nas Escrituras, o testemunho dos discípulos é insistentemente vinculado e capacitado pela obra do Espírito Santo. Com isso, João não está apresentando uma nova ideia ao associar o Espírito e o testemunho. Ele simplesmente está reforçando uma conexão que encontramos em outras passagens.

Naquela última noite, os discípulos sentiam-se incapazes de realizar a tarefa que lhes foi dada: testemunhar. De muitas maneiras, eles de fato *eram* incapazes, mas Jesus lhes garante com essa terceira passagem do Paracleto que eles não estariam sozinhos. Toda vez que eles levantassem suas vozes trêmulas em testemunho, o Espírito também estaria falando — por intermédio deles — estimulando seu testemunho com um poder acima deles mesmos.[4]

Esse pensamento deve ter sido um consolo para os Doze. Que alívio deve ter sido saber que eles não estariam carregando o peso do testemunho sozinhos! Que alívio saber que o Espírito estaria com eles, juntando sua voz à deles, amplificando a voz deles com o seu poder![5]

Longe de ser um grupo intrépido, os discípulos certamente criaram coragem a partir dessa promessa. Porque, a julgar por aquilo que acontece em seguida, eles desempenham sua tarefa de testemunho com um zelo incomum nos anos que se seguiram ao Pentecostes. André levou seu testemunho à Ásia Menor e à Grécia, ficou semimorto de tanto apanhar e depois foi crucificado em um esforço para calar a sua voz. Bartolomeu testemunhou na Mesopotâmia, na Pérsia e na área ao redor do Mar Negro; ele não seria silenciado se não tivesse sido esfolado até a morte pelos açoites. Tiago, o irmão de João, pregou por toda a Judeia e a Síria, tornando-se tão inconveniente que Herodes o acabou decapitando em Jerusalém. Tadeu e Simão (o zelote) se reuniram para transmitir o evangelho para a Síria e para a Pérsia; um foi decapitado, e o outro, serrado ao meio para que seu testemunho fosse abafado. Pedro, aquele que negou a Cristo, deu testemunho de Cristo em Jerusalém, na Síria e em Roma, o que culminou em uma morte de cruz por ordem de Nero. Filipe contou a história de Jesus na Ásia Menor e foi açoitado, passou fome e (por fim) foi crucificado por causa dos seus esforços. Tomé conseguiu chegar à Índia com o seu testemunho; ele foi colocado contra a parede e, em seguida, empalado com lanças sem que abandonasse sua mensagem. Mateus testemunhou na África e foi traspassado por uma lança em algum lugar da Etiópia.[6]

Embora não tenham faltado tentativas, apenas João escapou de morrer como mártir. Apesar disso, ele foi tão testemunha quanto os outros, e o Evangelho que recebemos de suas mãos é a prova disso (João 21:22). Ao que parece, Jesus protegeu João, garantindo-lhe uma vida longa e um fim pacífico. "Se eu quiser que ele permaneça vivo até que eu volte, o que lhe importa? Siga-me você" (João 21:22).

E O QUE PODEMOS DIZER DE NÓS?

Mais uma vez, somos surpreendentemente identificados com a condição dos Doze naquela noite fatídica. Sabemos que a tarefa de testemunhar foi passada para nós agora. Deus, portanto, requer de nós aquilo que também requereu dos discípulos: defender Jesus e falar em favor da verdade.

A PROMESSA DE TESTEMUNHO (JOÃO 15:26-27)

Desse modo, entendemos que, se levarmos nossa missão a sério, o ódio do mundo se concentrará em nós. Pode ser que não usem cruzes, nem pranchas, nem cravos, mas com certeza farão uso de algo de que também temos medo: a ridicularização e a rejeição.

Como os apóstolos, questionamos se somos adequados à tarefa que nos foi dada. Será que encontraremos a coragem para expressarmos as nossas convicções? Será que encontraremos a sabedoria para testemunhar com eficácia? Será que é possível ser uma testemunha eficaz? Se Jesus tentou e não conseguiu ser ouvido, se os apóstolos também tentaram ser ouvidos e fracassaram, que esperança haverá para nossos esforços fracos e cheios de medo?

Não é de se admirar, então, que ansiamos por acreditar que a promessa de Jesus a respeito de um Espírito testificador é tanto para eles quanto para nós. E se o Espírito Santo estiver ainda testemunhando? E se Ele continua a falar para um mundo que está surdo diante da palavra de Deus: destacado de nós como uma testemunha independente, em parceria conosco para nos incentivar e nos capacitar em nosso próprio testemunho? E se não estivermos sozinhos? E se proclamar a Verdade para o mundo não for uma tarefa que só repousa sobre os nossos ombros?

Na ausência dessa convicção, os discípulos modernos permanecem com um caso grave de laringite evangelística. Em grande parte, perdemos nossa voz de testemunha. Contratamos ministros para falar em nosso lugar. Em vez disso, lavamos as mãos quanto à nossa responsabilidade de testemunhar e passamos, em vez disso, a apenas apoiar esforços missionários e organizar campanhas. Esse testemunho direto e firme que é tão característico da igreja primitiva está, no entanto, praticamente ausente na nossa igreja. O testemunho deles revolucionou todo o mundo da época. O nosso mal move uma palha.

Se é que devemos recuperar a nossa voz evangelística, temos de recuperar a perspectiva evangelística da igreja do Novo Testamento — uma perspectiva que se baseia e se condiciona a uma apreciação da obra de testemunho do Espírito Santo. O Espírito testemunha (naquela época e agora) para a glória de Cristo. Além disso, o Espírito pode capacitar o testemunho dos discípulos (naquela época e agora), bastando somente que a nossa fé permita isso.

É na esperança de um Espírito *testificador* que eu abro o meu coração e a minha vida para o Paracleto, sejam quais forem as circunstâncias e os riscos. Porque se esse Espírito testificador é uma realidade para nós nos dias de hoje, acredito que Ele possa nos ajudar a fazer a obra essencial de testemunhar do Cristo que nos deu a vida que tanto é rica quanto é eterna.

> **O que aprendemos sobre o Espírito Santo na terceira passagem do Paracleto:**
>
> - O Paracleto será enviado por Jesus.
> - O Paracleto virá do Pai.
> - O Paracleto é o "Espírito da Verdade".
> - O Espírito procede do Pai.
> - O Espírito testemunhará a respeito de Jesus.
> - O Espírito nos ajudará a testemunhar.

CAPÍTULO ONZE

A PROMESSA DA CONVICÇÃO (JOÃO 16:5-11)

Não é à toa que eles se sentiam incapacitados. Do lado de fora do Cenáculo, esperava por eles um mundo decaído: perdido e hostil. Jesus já havia falado a respeito da inimizade, do ódio e do propósito do mundo de perseguir e matar.

Os discípulos têm de testificar para esse mundo, apesar da hostilidade e da perseguição. É bem verdade que é assustador falar a verdade para pessoas que não a querem ouvir. Também é verdade que é perigoso puxar algum animal selvagem pela orelha. Felizmente, a voz deles não é a única que fala em favor da verdade — o Espírito da verdade também testemunhará (João 15:26-27).

É preciso, no entanto, mais do que um testemunho para que o mundo seja transformado. O testemunho sozinho só serve para provocar o mundo e fazê-lo resistir. O testemunho precisa ser *crido* antes de ser eficaz. O mundo precisa ser *convencido* para que o testemunho possa fazer diferença.

Os discípulos podem testificar. Eles podem falar da verdade para um mundo de coração duro, porém eles não podem fazer esse coração se tornar vulnerável. Eles não podem quebrantar o coração do mundo. Não podem convencer nem dar convicção, muito menos fabricar um coração contrito. Algo mais poderoso do que o testemunho dos discípulos é necessário para que isso seja alcançado. Alguém mais poderoso do que Pedro e Tiago precisa fazer essa obra fundamental.

> Senhor, toma o teu mais agudo prazer
> E apunhala o meu espírito bem desperto!
> Ou, Senhor, se eu for muito obstinado,
> Escolhe, antes que esse espírito morra,
> Uma dor penetrante, um pecado mortal,
> E no meu coração morto, revela-os.[1]

O ESPÍRITO SANTO E O MUNDO

O Evangelho de João é profundamente dividido a respeito do mundo. De um lado, Deus amou o mundo (3:16). Ele enviou seu Filho para salvar o mundo (3:17). Jesus veio para dar vida e luz para o mundo (6:33; 8:12). Ele pregou para que o mundo cresse (12:46). Ele morreu para levar o pecado do mundo (1:29). Por outro, Jesus com certeza não era *desse* mundo (8:23). O mundo não reconheceu Jesus quando Ele chegou (1:10) e não correu para a sua luz (3:19). Em vez disso, o mundo o odiou (7:7) e se regozijou com sua morte (16:20). Jesus teve que expulsar o "Príncipe deste mundo" (12:31) e "vencer" o mundo (16:33).

Em João, vemos esse mesmo conflito entre o mundo e os discípulos. Os discípulos não "pertencem ao mundo" porque Jesus os escolheu, tirando-os dele (15:19). Eles teriam "aflições" no mundo (16:33), seriam odiados por ele (17:14), e precisavam de proteção contra ele (17:15). Jesus chamou os discípulos para que desprezassem sua vida nesse mundo (12:25).

Além disso, esse mesmo mundo era o campo e o foco dos discípulos, a esfera de sua atividade primária. Jesus, que chamou os discípulos para fora do mundo, também os envia de volta a ele "para que o mundo creia" (17:18-23). Assim como o seu Mestre, os discípulos não podiam se dar ao luxo de abandonar o mundo; eles precisam dar a própria vida por ele.

Que surpreendente! Encontramos exatamente o mesmo conflito entre o mundo e o Espírito Santo! É consenso que o Espírito não tem nada a ver com o mundo, muito menos o mundo com o Espírito. O mundo não aceita o Espírito, não pode "vê-lo" nem "conhecê-lo" (14:17). O Espírito Santo foi concedido aos discípulos, habitando neles e os capacitando, ensinando e encorajando.

Mais uma vez, no entanto, João insiste que existem dois lados da mesma moeda. O Espírito Santo que foi prometido aos discípulos também tinha uma obra a fazer no mundo. Não se tratava de uma obra de habitação, nem mesmo de santificação, mas, mesmo assim, continuava sendo importante.

O primeiro sinal dessa obra mundial veio na terceira passagem do Paracleto: o Espírito Santo *testificador*. Ao fazer isso, Ele se dirige ao *mundo*, não aos discípulos. Ele dá coragem *aos* discípulos enquanto eles dão testemunho, mas o seu testemunho (bem como o deles) é direcionado ao mundo.

É na quarta passagem do Paracleto, porém, que se sente toda a força da obra do Espírito. O que acontece quando o Espírito e os discípulos testemunham? Existe uma obra fundamental que somente o Espírito é capaz de fazer: abrir o peito do mundo e, colocando as mãos nesse coração morto, deparar-se com algum pecado mortal.

MELHOR PARA VOCÊS...

> Agora que vou para aquele que me enviou, nenhum de vocês me pergunta: 'Para onde vais?' Porque falei estas coisas, o coração de vocês encheu-se de tristeza. Mas eu lhes afirmo que é para o bem de vocês que eu vou. Se eu não for, o Conselheiro não virá para vocês; mas se eu for, eu o enviarei (João 16:5-7).

À primeira vista, a frase "é para o bem de vocês que eu vou" soa como uma daquelas declarações claramente falsas (no mesmo nível da frase "Vai doer mais em mim do que em você") que, às vezes, as pessoas fazem quando tentam convencer outras de algo que é difícil de acreditar. Os discípulos estavam decepcionados, preocupados e com um medo imenso. Eles não queriam que Jesus fosse embora, antes dariam tudo para que Ele ficasse, e é essa a justificativa dele? Ele está se despedindo "para o bem deles"?

Mesmo depois de dois mil anos, isso soa estranho.

Embora os discípulos pudessem achar essas palavras difíceis de digerir, Jesus cria nelas com todo o seu coração. Ele sabia que havia algo melhor do que Ele estar presente. Ele sabia que os discípulos ficariam mais fortes e mais eficientes quando ele saísse do caminho para que o Paracleto pudesse vir.[2]

Todas as promessas que Jesus fez durante aquela noite não podiam ser realizadas até que Ele partisse e o Espírito viesse: o Espírito que seria o Companheiro deles para sempre; o Espírito que possibilitaria que eles experimentassem a presença de Jesus em todo o tempo, lugar e situação; o Espírito que os ensinaria tudo o que eles precisariam saber; o Espírito que acalmaria o coração agitado deles e lhes daria paz; o Espírito que testificaria ao mundo e daria aos discípulos coragem de testemunhar. Era melhor que Jesus partisse para que o Espírito pudesse começar sua obra tão necessária.

Mas se trata de mais do que isso. Para ser sincero, existem coisas que o Espírito pode fazer que Jesus não podia executar. Existem coisas que o Espírito pode fazer de forma *melhor* do que Jesus. Jesus tinha que partir para que o Espírito pudesse fazer "obras maiores do que estas" (João 14:12).

Essa é uma verdade difícil de aceitar. É difícil para nós acreditarmos que exista alguma coisa que Jesus não possa fazer. Nem sempre consideramos que Jesus tinha limitações em sua existência na terra. Na verdade, não usamos frequentemente as palavras "Jesus" e "limitações" na mesma frase. É um pouco estranho imaginar que aquele que ressuscita os mortos e acalma a tempestade possua algum limite.

Apesar disso, o fato de que Jesus estava "encarnado" — na carne — colocava muitas fronteiras reais no seu ministério e no seu poder.

A PROMESSA DA CONVICÇÃO (JOÃO 16:5-11)

Algumas dessas barreiras eram *físicas*. Ele não podia estar em dois lugares ao mesmo tempo — pregando às multidões em Jerusalém (por exemplo) enquanto multiplicava os pães na Galileia no mesmo momento. Ele só podia ensinar as pessoas que estavam ao alcance de sua voz — o Sermão do Monte não foi transmitido simultaneamente por milagre para ouvintes de outros lugares. Ele não podia acompanhar seus discípulos para todos os lugares, em meio a cada provação ou em cada desafio — só havia um Jesus e muitos discípulos.[3]

Alguns dos limites de Jesus eram relacionados ao *tempo*. Ele vivia dentro das fronteiras de um minuto de sessenta segundos, uma hora de sessenta minutos e de um dia de vinte e quatro horas. Ele tinha um tempo limitado para executar sua missão — um pouco mais do que três anos para transformar o mundo. Todo o tempo que Ele tinha era limitado pela sua necessidade de comer e dormir, pelas horas que Ele passava na estrada, pelo calendário religioso, pelo pôr do sol e pela tempestade.

A maioria dos limites com os quais Jesus convivia, no entanto, relacionava-se com seus ouvintes. Quando o estômago deles roncava, Jesus tinha de repartir pães em vez de sabedoria. Quando o coração deles estava endurecido, Jesus não conseguia penetrar neles para fazer com que acreditassem. Quando os discípulos estavam com a mente ou o corpo cansado, Ele não conseguia fazer com que eles compreendessem o que Ele estava tentando dizer.[4] Quando a fé faltava, Jesus não conseguia convencê-los nem fazer milagres.

Entretanto, o Paracleto prometido não estava limitado a nada disso. Ele não seria cercado de carne. Ele poderia estar imediatamente em qualquer lugar e trabalhar a qualquer hora. Não precisaria descansar, se alimentar, se recuperar nem se recarregar. A distância não significaria nada para Ele. Ele falaria com uma voz que não dependeria das moléculas de ar nem dos tímpanos para ser ouvida. Ele poderia penetrar na alma das pessoas, de qualquer número de pessoas, e habitar nelas — uma presença viva em muitos crentes ao mesmo tempo. Ele viveria sem limite de tempo — uma presença eterna na vida dos discípulos. Ele poderia encorajar sem restrições e também poderia acalmar sem palavras nem toque, Ele ensinaria sem pressa e poderia ficar com os discípulos para sempre.

A especialidade do Paracleto é trabalhar nos limites do coração humano. Ele pode amolecer o coração duro. Ele pode abrir os ouvidos surdos. Ele pode ministrar a pessoas feridas. Ele também pode inspirar coragem e esperança. Acima de tudo, conforme veremos em seguida, o Espírito sabe como levar ao tipo de tristeza segundo Deus que leva ao arrependimento.

Jesus está dizendo a verdade: é realmente para o bem deles que Ele está se despedindo. O Espírito tem uma obra a fazer que nem Jesus poderia executar.

ELE CONVENCERÁ O MUNDO

> Quando ele vier, convencerá o mundo do pecado, da justiça e do juízo. Do pecado, porque os homens não creem em mim; da justiça, porque vou para o Pai, e vocês não me verão mais; e do juízo, porque o príncipe deste mundo já está condenado (João 16:8-11).

Nessa passagem Paracleto, o que Jesus diz a respeito da obra de convicção do Espírito não é fácil de entender. Em parte, isso se deve à dificuldade da linguagem (conforme lamentaremos posteriormente). No que consiste essa obra "de convicção"? Como ela se dá? O que Jesus quer dizer com "culpa com relação ao pecado, à justiça e ao juízo"?

Grande parte da nossa dificuldade de entender esse ensino é filosófica, e não linguística. Nossa visão comum da humanidade é radicalmente diferente da visão de Jesus. Nós simplesmente não nos vemos do modo que Jesus nos vê. O nosso entendimento da natureza humana — sobre quem somos, o que aconteceu de errado conosco e como podemos ser "consertados" — foi moldado pela Renascença e pelo Iluminismo, aperfeiçoado pela cultura da autoajuda e da psicoterapia em que estamos envolvidos e polido por um instinto de autojustificação e por um

A PROMESSA DA CONVICÇÃO (JOÃO 16:5-11)

apego às desculpas esfarrapadas. Somos herdeiros de um otimismo sem limites no que se refere ao potencial humano (ou, pelo menos, no que diz respeito a nós) e nutrimos uma visão elevada e feliz da nossa espécie (ou, em alguma proporção, de nós mesmos como seus representantes). Se formos perguntados, provavelmente diremos que os seres humanos — mesmo com todos os seus defeitos e fraquezas — possuem basicamente um coração bom.

Se estamos quebrados, não estamos tão quebrados assim. Se precisamos de conserto, não deve ser tão sério. Um pouco de ensino, um pouco de alinhamento moral, é tudo o que precisamos para reencontrarmos o nosso caminho. Se tivermos opção (e os incentivos adequados), faremos a coisa certa na maior parte do tempo.

Jesus tem uma outra opinião. Na verdade, Ele *morreu* provando que estava certo. Em sua visão, a humanidade está decaída de um modo bem grave. É fato que fomos criados com grandes expectativas, mas nos apaixonamos por nós mesmos e trocamos a verdade de Deus por uma mentira. É verdade que somos portadores da imagem de Deus, mas essa imagem está marcada, manchada e profundamente traumatizada.

Além disso, de acordo com Jesus, além de decaídos — estamos *tortos*. Nós amamos a escuridão e odiamos a luz. Somos habilidosos no mal e criativos nos caminhos do pecado. Somos atraídos pelo que é perverso e negamos a verdade. Não pensamos claramente nem avaliamos de forma correta. Perdemos a nossa bússola espiritual e não podemos encontrar o nosso caminho de volta para casa.

Estamos tão tortos que, de acordo com Jesus, não conseguimos nem mesmo ser honestos a respeito de nós mesmos. Temos que consumir muita energia negando o fato, escondendo o pecado, construindo castelos de racionalizações e desculpas. É difícil para nós, defeituosos como somos, admitirmos qualquer defeito. Nossa língua materna é a autojustificação. Nossa missão mais urgente é proteger a nós mesmos. Nossa maior prioridade é afirmar nossa justiça, mesmo que a única justiça que possamos declarar seja a que atribuímos a nós mesmos.

Além disso, a última coisa que queremos é que alguém nos conte a verdade — especialmente a verdade a respeito de nós. Odiamos as pessoas que agem assim.

Embora isso seja a última coisa que queremos, é justamente isso de que mais precisamos. De acordo com Jesus, a nossa maior necessidade é a capacidade de vermos a nós mesmos como realmente somos — vermos a nós mesmos como Deus nos vê. Precisamos de um amor pela verdade que transcenda a nossa resistência, de um coração capaz de vencer nossa queda, de uma honestidade sobre o quanto nós estamos tortos.

Isso, porém, implicará uma cura bem mais radical do que a prática de alguns rituais ou de algum ajuste de atitudes de vez em quando. Exigirá um Espírito audacioso o suficiente para nos convencer do pecado e poderoso o bastante para, então, purificar-nos dele, e esse é o Espírito que Jesus promete na quarta passagem do Paracleto: um Espírito que sabe como usar a mortificação dos pecados para fazer reviver um coração morto.

A OBRA DE CONVICÇÃO DO ESPÍRITO

Por mais verdadeira que eu acredito que essa diferença filosófica seja, as palavras desse texto ainda são difíceis e problemáticas. As tentativas de se decifrar as palavras de Jesus nessa passagem tem alarmado até os estudiosos. Para os nossos propósitos, vamos fazer uma pequena distinção entre os detalhes dessa passagem e o seu ponto fundamental.

Os detalhes têm a ver com a obra de convicção do Espírito Santo "com relação ao pecado, e a justiça, e o juízo". É fácil o suficiente ver como o mundo precisa ser convencido do "pecado"; mas e com relação à "justiça" e ao "juízo"? O que se quer dizer com isso?

Na verdade, "pecado, justiça e juízo" são temas importantes do Evangelho de João como um todo. Eles também tinham uma função essencial no ministério de Jesus, não somente na obra do Espírito.

Considere, por exemplo, a obra de Jesus convencendo o mundo do pecado: "Se eu não tivesse vindo e lhes falado, não seriam culpados de

A PROMESSA DA CONVICÇÃO (JOÃO 16:5-11)

pecado. Agora, contudo, eles não têm desculpa para o seu pecado... Se eu não tivesse realizado no meio deles obras que ninguém mais fez, eles não seriam culpados de pecado. Mas agora eles as viram e odiaram a mim e a meu Pai" (João 15:22, 24).

Jesus levou o pecado a sério. Ele acreditava que o pecado estava matando a humanidade (João 8:24), portanto, alertou contra ele e rogou para que as pessoas parassem de cometê-lo (João 5:14). Jesus também lamentou que havia uma cegueira causada pelo pecado que impedia as pessoas de se arrepender (João 9:41). No capítulo 15 de João, Jesus recordou aos seus discípulos que Ele confrontou o pecado do mundo para que "não houvesse desculpa". Ele alertou, assim eles tiveram a oportunidade de reconhecer e se arrepender. Ele realizou milagres, e eles tiveram uma chance de se convencer do pecado e confessá-lo. Em vez disso, eles negaram, apresentaram desculpas e o odiaram. Será que Jesus estava nos dizendo nesta quarta passagem do Paracleto que o Espírito fará o mesmo tipo de obra no mundo, ou seja, apontar o pecado e remover todas as desculpas?

Convencer o mundo da "justiça" também era uma parte importante do ministério de Jesus. Jesus entendia que havia uma justiça verdadeira (refletindo o Pai e as prioridades do Pai) e uma *justiça falsa* que utilizava-se do vocabulário da justiça, mas negava a ideia por detrás dela. Ele era o defensor constante do primeiro tipo, e o adversário, do outro. Ele admitiu, por exemplo, que os fariseus praticavam certa justiça, mas Ele avisou seus discípulos que eles teriam de encontrar uma justiça *melhor* para entrar no reino dos céus (Mateus 5:20). Ele repreendeu aqueles "que confiavam na sua própria justiça", e não pensavam na justiça de Deus (Lucas 18:9ss). Quando os fariseus zombavam dessas acusações, Jesus reagiu com uma ira levemente reprimida: "Vocês são os que se justificam a si mesmos aos olhos dos homens, mas Deus conhece o coração de vocês. Aquilo que tem muito valor entre os homens é detestável aos olhos de Deus" (Lucas 16:15). Será que Jesus estava dizendo, na quarta passagem do Paracleto, que o Espírito assumiria essa obra e a daria continuidade — convencendo com relação a essa justiça falsa?

Convencer o mundo do juízo também era uma parte importante da pauta de Jesus. Um dos temas mais interessantes no Evangelho de João tem a ver com avaliações ruins e com juízo distorcido. Segundo João, as pessoas no mundo não conseguem entender a luz de Deus (1:5), não reconhecerão nem receberão a Palavra de Deus (1:11), pois se recusam a crer (3:32), não pesam as evidências de forma adequada (5:43; 7:21-23), não estabelecem as prioridades corretas (6:26-27), fazem avaliações superficiais (7:24; 8:15) e tomam conclusões precipitadas (p. ex., 8:22). Jesus tentou várias vezes ajudar seus ouvintes para que pensassem de forma clara — ouvir a verdade, perceber as evidências, acreditar em suas declarações, mas, no final das contas, Ele acabava esbarrando em um mundo cujo juízo estava completamente distorcido. Ele chegou a afirmar: "Não julguem apenas pela aparência, mas façam julgamentos justos" (João 7:24), mas isso também não funcionou. Será que essa é a mesma ideia que Jesus está abordando quando prometeu que o Espírito convenceria o mundo do seu juízo?

Jesus confrontou durante o seu ministério todas essas coisas: o pecado verdadeiro, a falsa justiça e o mau juízo.[5] Será que essas são as mesmas falhas que o Espírito confrontará em sua obra com relação ao mundo? Será essa a obra de convicção que o Espírito assumirá e dará continuidade? Quando lembramos que o Espírito é Jesus, que as suas palavras e obras são as palavras e as obras de Jesus, e que a sua missão é a missão de Jesus (veja o Capítulo 8), não será tão difícil reconhecer que os temas de convicção característicos do ministério de Jesus serão necessariamente característicos do ministério do Espírito Santo.[6]

Chega de detalhes sombrios! A ideia dessa passagem é clara: o Espírito Santo está ocupado na obra de convencer o mundo do pecado seja qual for a frente que seja necessária. Em sua quarta passagem do Paracleto, Jesus descreve um Espírito que está perseguindo o mundo, aproveitando cada oportunidade e cada abertura, buscando novas chances para contar ao mundo a verdade a respeito do próprio mundo. Ele descreve um Espírito que ama o mundo o suficiente para motivá-lo e conceder-lhe o que ele realmente precisa: uma noção profunda do pecado, uma tristeza profunda pelo estado de queda, uma confissão honesta dos defeitos. De acordo com Jesus, o Espírito está envolvido na atividade complicada de confrontar um mundo que vive na defensiva, fazê-lo reconhecer o seu pecado verdadeiro e, em seguida, conduzi-lo ao quebrantamento e ao arrependimento.[7]

Jesus tentou mostrar ao mundo o seu estado decaído: isso não deu muito certo. Os homens amaram demais a escuridão e reagiram com negação e raiva. Eles o odiaram porque Ele disse que suas obras eram más (João 3:19). Eles o mataram por causa disso. Quando Jesus tentou ensinar a justiça verdadeira e convencer seus ouvintes do estado decaído em que eles estavam, Ele fracassou imensamente. Eles se ofenderam e o crucificaram pelo incômodo que Ele havia proporcionado. Quando Ele insistiu que seus ouvintes "fizessem julgamentos justos", eles o descartaram como um endemoninhado e o mataram para silenciá-lo.

Matar Jesus, no entanto, não impediu a sua obra de convicção. Na verdade, isso a ampliou. Com a sua morte, Jesus entregou a atividade de convencer o mundo ao Espírito Santo. Bem depois de Jesus ter morrido e partido, o Espírito Santo estava ocupado provocando e apontando o pecado do mundo. Bem depois de Jesus voltar ao Pai, o Espírito continua a levantar o espelho para o mundo para que ele possa ver a si mesmo de forma honesta.

Além disso, segundo a promessa de Jesus na sua quarta Passagem do Paracleto, o Espírito convence melhor o mundo, de uma forma mais eficaz do que Jesus jamais poderia fazer. O Espírito convence melhor porque ele faz isso para todos, em todas as ocasiões, em todo coração o tempo todo. Ele pode convencer em todos os lugares, homens e mulheres, naquela época, agora e no futuro. Igualmente, devido ao fato de que Ele está presente "para sempre", o Espírito pode fazer suas tentativas de convicção durante a nossa adolescência... e depois novamente quando estivermos com trinta ou sessenta anos... e, se tudo o mais falhar, Ele pode pairar em nossos últimos momentos de vida e encorajar uma confissão no leito de morte. Ele pode usar as dificuldades, a tragédia, para conseguir nossa atenção e nos mostrar o nosso verdadeiro eu. E se, no entanto, não chegarmos ao fundo do poço? O Espírito sempre presente pode esperar até que a vida finalmente nos convença do pecado e de que estamos perdidos para além de nossa capacidade de negar ou de nos curar.

É claro que mesmo esse Espírito que convence pode ser resistido. Ele não quebrará a cerca do nosso coração para fazer o que não consentimos. Muitos resistem à obra de convicção até a morte. Por outro lado, porque o Espírito poder ser paciente e sempre sábio, *algumas pessoas* ouvem sua voz... *algumas* são convencidas... *algumas* percebem quem são e do que precisam. Sempre que isso acontecesse, é sempre por causa da obra de convicção do Espírito.

EM RESUMO

Jesus estava voltando para o Pai. Isso era uma coisa boa. Porque o Paracleto não poderia vir se Jesus não partisse. Sem que o Paracleto viesse, os propósitos definitivos de Deus não poderiam ser alcançados. O ministério de Jesus se esforçou muito para cumprir a obra de Deus no mundo, com o seu ensino, a sua vida, a sua morte e a sua ressurreição, mas somente o Espírito Santo pode completar essa obra.

A chave para isso é cultivar o coração do mundo para ouvir a verdade do céu — a função para a qual o Espírito foi enviado especificamente para fazer. Já que as promessas anteriores sobre o Espírito descrevem a paz, a alegria e o consolo que o Espírito traz para a vida dos crentes, essa promessa aborda algo mais obscuro que o Espírito tinha reservado para o mundo. Quando o Espírito viesse, Ele incomodaria, acusaria e perturbaria o mundo. Nunca a humanidade ficaria livre do Espírito de Deus que convence. O Espírito ama demais o mundo para abandoná-lo.

Que alívio deve ter sido para os discípulos! Em poucas horas, Jesus cortaria o cordão umbilical de sua presença protetora e os jogaria nas realidades frias e duras da vida no mundo. Esse mundo seria cruel, odioso e ameaçador para eles, mas eles ainda teriam de testemunhar. Independentemente do que acontecesse, eles tinham de falar a verdade

A PROMESSA DA CONVICÇÃO (JOÃO 16:5-11)

a respeito de Jesus. Enquanto eles fizessem isso, o próprio Espírito testificaria.

O Espírito Santo, no entanto, faria mais do que isso. Do mesmo modo que o fazendeiro, o Espírito agiria para preparar o solo no qual a semente do evangelho seria semeada. Ele aplainaria o coração com o arado da convicção. Com certeza, nem todo mundo reagiria. O coração de algumas pessoas continuaria duro e superficial e cheio de ervas daninhas. Outros, porém, apreciariam os esforços do Paracleto para "apunhalar o espírito bem acordado". Eles seriam convencidos, estariam quebrantados e arrependidos.

Essa promessa de um Espírito que convence disse aos discípulos que sua obra nunca seria inútil, suas palavras nunca voltaram vazias. Quem sabe levou um tempo para que os Doze compreendessem isso. Talvez somente depois, quando refletiram sobre tudo o que Jesus disse naquela noite fatídica, que eles perceberam o significado dessa promessa. Mesmo assim, o pensamento do Espírito, que agiu antes e depois para preparar o coração dos homens, deve ter sido uma fonte de grande consolo.

Eles sabiam que Jesus os tinha chamado para testemunhar, mas, naquela noite em especial, eles também estavam conscientes quanto às suas incapacidades. Eles podiam falar, mas não tinham o poder de convencer. Podiam contar a história, mas não podiam cativar o coração. Se o testemunho e as palavras consistissem em tudo o que os discípulos tinham à disposição, eles estariam condenados à inutilidade e ao fracasso. O mundo colocaria a mordaça neles e cortaria a língua do testemunho para silenciar a verdade que ele não queria ouvir.

Já que existe, porém, um Espírito que traz convicção agindo no mundo que lança no coração uma dor torturante, uma sensação de que o pecado é mortal, então o testemunho dos discípulos pode tocar corações cuja fome foi despertada; a verdade seria reconhecida, e a semente encontraria uma boa terra. De forma repentina e milagrosa, as palavras fracas passaram a ser palavras de vida, e os discípulos, caminhando de mãos dadas com o Espírito, passaram a ser o bom cheiro de Cristo, ministros do novo pacto, vasos de barro que carregavam o tesouro de Deus.

E O QUE DIZER DE NÓS?

Mais uma vez, estamos diante de uma promessa feita a *eles* que esperamos que seja aplicada a *nós*. Como foi maravilhoso para *eles* ouvir que o Espírito estaria preparando o mundo para receber o evangelho de forma ativa e agressiva. Como foi maravilhoso para *eles* (por exemplo) ver três mil ouvintes "com corações aflitos" (Atos 2:37) pela obra de convicção efetuada pelo Espírito.

Será, porém, que essa mesma promessa é para *nós*? Será que o Espírito ainda se move no mundo para preparar o coração das pessoas para a semente do evangelho? Será que existe razão para acreditar que pode ainda haver uma parceria entre as testemunhas modernas e um Espírito que ainda convence as pessoas?

Vamos esperar que sim, porque a obra de convicção do Espírito Santo é profundamente necessária nestes últimos dias. O mundo ainda ama a escuridão, ainda se atém à ilusão de que é bom, ainda pensa de maneiras distorcidas pelo pecado. Nós, os cristãos, batemos com a cabeça nas paredes do mundo todo dia. Como se transmite o evangelho para pessoas que estão tão apaixonadas por aquilo que é errado, tão cegas com a sua própria decadência, tão iludidas e tão enganadas? Se a tarefa é somente nossa, se na verdade ela "depende de nós", há bons motivos para nos desesperarmos.

Além disso, trata-se de algo mais pessoal do que um "mundo" conceitual. Cada um de nós está vinculado pelo amor a alguém cujo coração precisa ser quebrantado: um filho ou uma filha que se afastou da fé e da santidade, um cônjuge cujo coração está endurecido há meses, um amigo que não consegue admitir que precisa de um Salvador, pais que são orgulhosos demais para confessar seus pecados a Deus e se arrependerem. Nós os amamos e ansiamos por um despertamento espiritual na vida deles, mas sabemos que somos incapazes de trabalhar no coração deles da forma que eles necessitam. Somos extremamente limitados. Não possuímos esse tipo de poder. Precisamos de algo — ou de *alguém* — que faça por eles o que nós mesmos não podemos fazer.

A promessa que Jesus fez a respeito de um Espírito que convence — que trabalha ativamente nesse mundo tenebroso — deve ser uma boa notícia para nós. É na esperança de um Espírito que convence que eu abro o meu coração e a minha vida para o Paracleto, sem ligar para as incertezas e os riscos. Porque, já que esse Espírito está destinado a ser uma realidade para nós nos dias atuais, creio que ele faz a obra essencial de preparar quem nos ouve para o testemunho que somos chamados a dar: convencer o mundo do pecado; penetrando o coração das pessoas com a certeza de pecados mortais, para que um novo coração possa surgir um dia.

O que aprendemos sobre o Espírito Santo na quarta passagem do Paracleto:

- Se Jesus não partisse, o Paracleto não poderia vir.
- Jesus partiu para o nosso bem — isso aconteceu para que o Espírito pudesse vir.
- Quando Jesus voltou para o Pai, Ele enviou o Paracleto aos discípulos.
- No entanto, existe um sentido de que o Espírito também foi enviado ao mundo.
- A obra principal do Espírito no mundo é convencer o mundo do seu pecado.
- Essa convicção se refere à culpa do mundo por causa do pecado, da justiça e do juízo.

CAPÍTULO DOZE

A PROMESSA DA REVELAÇÃO (JOÃO 16:12-15)

Não é à toa que eles se sentiam como se estivessem se afogando. É que aconteceram coisas demais! Eram muitas palavras para digerir. A cabeça deles estava girando. As emoções estavam à flor da pele. Eles não aguentavam mais!

Isso já vinha acontecendo há meses. A tensão com os líderes de Jerusalém — hostis, zangados e conspiradores. O estresse causado pela morte de Lázaro, e depois o choque e o temor de vê-lo sair andando do sepulcro. As várias semanas se escondendo no deserto, enfrentando uma série de temores a caminho de Jerusalém. Jesus predizendo sua própria morte. Maria ungido o corpo de Jesus para o sepultamento. Entradas triunfais. Vozes vindas do céu.

Os discípulos estavam no limite bem antes de eles subirem os degraus para o Cenáculo e se sentarem para jantar, mas, ainda que estivessem bem descansados, só os acontecimentos daquela noite já os teriam levado para o limite de suas forças.

O Mestre estava inquieto e distraído. Lavou os pés dos discípulos diante do silêncio do constrangimento deles. Pedro veio com suas recusas orgulhosas e fúteis. Eles ouviram algumas palavras estranhas sobre traição, e Judas saiu de um modo mais estranho ainda. Jesus falou de morte e de órfãos. Pedro, tentando compensar a tolice de outra pessoa, proferiu palavras ainda mais insensatas: "Darei minha vida por ti". Jesus o repreendeu com tristeza, dizendo "Você me negará três vezes" e depois continuou a falar de despedida, valendo-se de enigmas e paradoxos. Jesus ainda falou do ódio do mundo e de um outro Companheiro que o substituiria.

Jesus percebeu no rosto dos discípulos que eles haviam chegado ao limite. Os olhares eram vazios, as expressões eram de cansaço, pareciam perdidos e enclausurados. Eles estavam exaustos: a energia tinha ido embora.

Embora não soubessem, esses homens ainda andariam quilômetros antes de dormir; o pior ainda estava por vir.

Mas Jesus sabia disso (João 16:12) e, em seguida, decidiu demonstrar misericórdia: "Tenho muito mais a dizer para vocês". Possivelmente Ele fez uma pausa, ou mesmo suspirou. Depois disse: "Mas é mais do que vocês podem aguentar agora". A reação foi de um aceno afirmativo com a cabeça e de alguma tentativa de sorriso.

UM ESPÍRITO QUE REVELA

Chegamos à quinta e última passagem do Paracleto. Jesus tinha algo mais a dizer sobre o Espírito Santo antes que Ele parasse de ensinar e começasse o seu caminho para a cruz. A ceia tinha terminado, as horas avançavam, e o Calvário começava a tornar uma realidade.

> [12] Tenho ainda muito que lhes dizer, mas vocês não o podem suportar agora. [13] Mas quando o Espírito da verdade vier, ele os guiará a toda a verdade. Não falará de si mesmo; falará apenas o que ouvir, e lhes anunciará o que está por vir. [14] Ele me glorificará, porque receberá do que é meu e o tornará conhecido a vocês. [15] Tudo o que pertence ao Pai é meu. Por isso eu disse que o Espírito receberá do que é meu e o tornará conhecido a vocês (João 16:12-15).

Jesus falou quatro vezes a respeito do Espírito Santo, contando a eles como o Espírito os ajudaria no futuro. Quando os discípulos temessem a ausência de Jesus, o Espírito representaria a presença de Jesus, disponível a eles para sempre (a primeira passagem do Paracleto). Quando eles estivessem confusos sobre como poderiam continuar a missão de Jesus sem Ele, o Espírito os ensinaria tudo que eles precisassem saber e fazer (a segunda passagem). Quando eles estivessem preocupados sobre como testemunhar para um mundo hostil, o próprio Espírito testemunharia sobre Jesus e lhes daria coragem para testemunhar (a terceira). Quando eles questionassem se suas vozes fracas poderiam causar impacto em um mundo de coração endurecido e morto pelo pecado, o Espírito executaria uma obra de convicção no coração dos homens, revelando o seu pecado e a sua necessidade de um Salvador (a quarta).

Na quinta vez que Jesus falou a respeito do Espírito, Ele fez isso no contexto de sua fadiga debilitante. Jesus sabia que tudo o que dizia a eles a essa altura entrava por um ouvido e saía pelo outro. Eles não aguentavam mais ouvir nada. Eles chegaram ao seu limite de aprendizado. O tempo se esgotou. Os soldados estavam quase chegando.

Ele, porém, ainda tinha tanto a falar aos discípulos, e eles ainda tinham tanto a entender! As palavras que Ele disse foram uma espécie de rendição, uma concessão em favor de seus discípulos limitados: "Tenho ainda muito a lhes dizer... mas vocês não o podem suportar... Deixarei o restante para o Paracleto".

Na última passagem do Paracleto, Jesus prometeu a seus discípulos um Espírito revelador, um Espírito que diria tudo o que Jesus queria dizer, ou diria, se os discípulos tivessem a capacidade de absorver o que ele dissesse. O Espírito Santo seria o guia deles para "toda a verdade". Ele diria aos discípulos "o que há de vir". O Espírito revelaria a eles "tudo o que diz respeito ao Pai". Ele lhes daria tudo o que Jesus possuía e o que gostaria que eles tivessem.[1] Além disso, Ele faria tudo isso de um modo que os discípulos — de acordo com suas limitações — pudessem "suportar".

A PROMESSA DA REVELAÇÃO (JOÃO 16:12-15)

Para sermos justos para com os apóstolos, parte da incapacidade deles para ouvir o que Jesus lhes disse naquela noite (e para entender boa parte do que Jesus ensinou durante o seu ministério) se devia a um problema de *contexto*. Uma das realidades difíceis que Jesus enfrentou enquanto estava aqui na terra era que tudo o que Ele disse e fez, tudo o que Ele ensinou, aconteceu *antes* da cruz, do túmulo e da glória da ressurreição. Jesus pregou a um mundo anterior à Páscoa. Como é que os seus discípulos poderiam entender muitos dos seus ensinos antes dos acontecimentos da Páscoa? Não é à toa que eles ignoraram que Ele disse: "Destruam esse templo e em três dias eu o levantarei"; eles ainda não tinham experimentado os horrores do Calvário e as alegrias do túmulo vazio. Como é que eles poderiam compreender as profundezas do amor de Deus pelo mundo antes que Jesus (a oferta do amor de Deus) tivesse sido "levantado"? Como eles poderiam acolher o sentido verdadeiro de morrer para si mesmo, do novo nascimento, ou das palavras "Eu sou a ressurreição e a vida", a não ser à luz do que estava para acontecer?

A cruz e a ressurreição ainda faziam parte do futuro deles, e até que eles soubessem "o restante da história", havia algumas ideias, algumas lições fundamentais que eles não conseguiam "captar", independentemente do tempo que Jesus investia ou do quanto Jesus era sincero no que dizia.

Boa parte da incapacidade deles para ouvir, no entanto, era uma questão de capacidade, e não de *contexto*. Embora tentassem, eles simplesmente não podiam acompanhar o *ritmo* da revelação de Jesus. Era muita coisa para absorver. Tudo vinha rápido demais! Além disso, mesmo com eles tentando, os discípulos simplesmente não possuíam a capacidade de alcançar a *profundidade* da revelação de Jesus. Ele falava de coisas profundas demais para eles. Na maior parte do tempo, eram coisas acima da compreensão deles.

Naquela noite, tanto o contexto quanto a capacidade conspiravam contra os discípulos. Eles *não sabiam* o restante da história. Eles não conseguiam acompanhar Jesus bombardeando tanto conhecimento em tão pouco tempo. Eles, portanto, chegaram ao limite. Eles estavam a ponto de explodir de tão cheios das palavras de Jesus. Eles não possuíam espaço suficiente para conter tudo o que Jesus lhes queria dar.

Sabendo disso, vendo isso estampado no rosto deles, Jesus fez uma concessão. "Tenho mais coisas a dizer, porém não falarei. Vamos esperar o Paracleto revelar tudo".

DO QUE SE TRATAM ESSAS "OUTRAS COISAS"?

A chave para entender essa quinta passagem do Paracleto reside na definição das outras coisas que Jesus queria contar a seus discípulos, o que "mais" o Paracleto traria ao ocupar o seu lugar.

Será que Jesus teria mais mandamentos para dar aos discípulos? ("Se você não fizer uma peregrinação para Belém, você não será salvo!") Será que havia algum segredo importante que Ele não encontrou o momento certo ou a ocasião para passar para eles? Será que esse tinha sido o momento em que Jesus planejou revelar a data da sua segunda vinda, mas os discípulos estavam cansados demais para ouvir? (Que pena!)

A maneira que algumas pessoas leem o restante dessa passagem traz à tona o que realmente eles estavam pensando — as palavras "Tenho ainda muito que lhes dizer" deve se referir a alguma instrução, ou a algum ensino, um grande segredo. Alguns leitores (que geralmente, por coincidência, também são pregadores e escritores) chegam a essa passagem e imediatamente pulam todas as cercas exegéticas, precipitando-se no caminho da suposição. Aparentemente, eles sentem uma necessidade compulsiva de preencher os espaços desse "muito" que Jesus tinha a dizer, mas não sentem o mesmo desejo para preencher essa lacuna de forma responsável.

"Mas Jesus não prometeu que o Espírito seria um guia para *toda a verdade*? Isso deve significar que aqueles que possuem o Espírito podem saber de tudo!" Em um salto exegético curto, as pessoas que entendem essas palavras desse modo elevam suas visões a respeito das

A PROMESSA DA REVELAÇÃO (JOÃO 16:12-15)

questões sociais, políticas, econômicas, raciais, dos conflitos entre as nações, e de milhares de outras questões para um patamar mais santo, mais preciso e mais autoritativo. Essas visões deixam de ser uma simples *opinião* e passam a ser *fatos* provenientes de um Espírito que orienta em *toda* a verdade. Será que é isso que Jesus quis dizer? Será que possuir o Espírito concede aos cristãos a resposta para todas as perguntas? Será que as opiniões de algum pastor (por exemplo) sobre alguma teoria científica ou alguma questão política tem mais chance de ser correta porque ele apela para o Espírito mais do que para a opinião de especialistas que não são o que se pode chamar de espirituais? Eu não penso dessa maneira.

"E Jesus não prometeu que o Espírito revelaria 'o que há de vir'? Essa deve ser uma referência a algum dom de profecia! Jesus está prometendo que, com o auxílio do Espírito Santo, nós podemos prever o futuro!" Será que isso é verdade? Será que o Espírito pode me dizer o que acontecerá no mercado de ações na semana que vem ou me dar visões dos acontecimentos do futuro ou me mostrar como serão os últimos dias? Será que ter o Espírito indica que eu posso ver o que vem depois da esquina do amanhã e saber "o que há de vir"?

Jesus não está falando nada disso! Essa promessa não passa de uma garantia: sejam quais forem os limites e as limitações de tempo ou o nível de tensão que os discípulos enfrentarem, sejam quais forem as imaturidades ou as feridas ou as incapacidades que os marcarem, sejam quais forem os cenáculos e as circunstâncias difíceis nas quais eles se encontrassem — as questões importantes que Jesus quer transmitir aos seus seguidores (a que Ele se referiu como "muito que lhes dizer") acabarão sendo ouvidas por causa do ministério contínuo do Espírito.

O "muito" que Jesus queria dizer não era nada de novo... nem se tratava de algum segredo que Ele ainda não tinha abordado. O "muito" nada mais era que aquilo que Jesus já havia dito aos Doze e às multidões, e até mesmo aos fariseus. Não havia nenhum mandamento extra, nem mais previsões, nem mais nada sobre o Pai, nem sobre a glória, nem sobre revelação alguma do Deus invisível.

169

O que Jesus queria dizer, o "muito" que Ele queria revelar, é, em primeiro lugar, em último lugar e sempre, a respeito do seu Pai. Jesus veio para revelar Deus, para que o Deus invisível fosse plenamente conhecido, para fazer brilhar a luz de Deus em um mundo de escuridão, para fazer com que Deus caminhe nesse mundo mais uma vez e seja reconhecido. "Esta é a vida eterna: que te conheçam, o único Deus verdadeiro, e a Jesus Cristo, a quem enviaste" (João 17:3).

Nenhum tema se aproxima mais do coração de João do que esse. Desde as palavras iniciais do seu Evangelho, e várias vezes no decorrer dele, João anuncia a verdade de que Jesus faz com que Deus se manifeste. Jesus é a Palavra que estava com Deus e que era Deus (1:1), e agora se manifesta ao mundo. Ele é a luz que brilha na escuridão (1:5), revelando, de acordo com a frase incisiva de Paulo, "a luz do conhecimento da glória de Deus na face de Cristo". Ele se fez carne para que pudéssemos ver a sua glória, a glória do próprio Deus (1:14).

"Ninguém jamais viu a Deus, mas o Deus Unigênito, que está junto do Pai, o tornou conhecido" (1:18). Jesus é o Filho de Deus (1:34), o Cordeiro de Deus (1:29), o Santo de Deus (6:69), o Dom de Deus (4:10), o pão de Deus (6:33); vinculado em todas as figuras de linguagem de João a Javé que o enviou. Ele é aquele que veio "do céu" (3:13) e "de cima" (3:31; 8:23) para testemunhar o que Ele viu e ouviu do seu Pai nos lugares celestiais (3:11, 32). Entristece Jesus haver pessoas que "nunca ouviram a sua voz nem viram a sua forma", mas esse não é o caso dele. Ele vê o pai (6:46) e o conhece (8:55; 10:15) e tornou-se carne para manifestar o Pai.

Na verdade, quando o mundo quer ver Deus, Jesus simplesmente aponta para si mesmo. É o próprio Jesus que melhor revela o Pai (um princípio que destacamos no capítulo 8). Não são nem seus ensinos, nem seus milagres, mas sua própria vida e o seu próprio caráter. Suas próprias prioridades e relacionamentos. Ao olharmos para Jesus, vemos a Deus (12:34). Conheça Jesus e então conhecerá Deus (8:19; 14:17).

No nível mais alto, Jesus não veio à terra para explicar Moisés, ou para estabelecer um código moral melhorado, ou para instituir uma nova religião. Ele não veio para pregar o Sermão do Monte, nem para curar o coxo, nem para caminhar com Mateus. No final das contas, Ele não veio nem mesmo para morrer na cruz.

Jesus veio para revelar o Pai. Tudo o mais não passava de facetas dessa missão prioritária, um meio para esse fim maior.

Agora que o seu tempo se esgotou, e que os discípulos chegaram no limite, Jesus transferiu essa obra essencial para o Paracleto. A responsabilidade de revelar o Pai agora foi atribuída ao Espírito. Caberia ao Espírito falar em nome de Jesus e glorificá-lo ao revelar tudo sobre Deus aos seus discípulos (é isso o que Jesus quer dizer com "a toda a verdade").[2] Caberia também ao Espírito receber tudo o que "há de vir" e explicá-lo para os discípulos a fim de demonstrar como Deus se revela nessas coisas.

O Espírito faria isso, conforme veremos, "recebendo aquilo que é meu e fazendo-os conhecer".[3]

A CORRENTE DA REVELAÇÃO

> Tenho ainda muito que lhes dizer, mas vocês não o podem suportar agora. Mas quando o Espírito da verdade vier, ele os guiará a toda a verdade. Não falará de si mesmo; falará apenas o que ouvir, e lhes anunciará o que está por vir. Ele me glorificará, porque receberá do que é meu e o tornará conhecido a vocês. Tudo o que pertence ao Pai é meu. Por isso eu disse que o Espírito receberá do que é meu e o tornará conhecido a vocês (João 16:12-15).

Nessa passagem, Jesus disse a seus discípulos a respeito de uma corrente de revelação: uma obra passada do Pai para o Filho, do Filho para o Espírito, do Espírito para os discípulos, e (de forma implícita) dos discípulos para o mundo.

Essa corrente começa com o Pai. O Pai tem muita coisa que "pertence" a Ele (16:15): quem Ele é de quem se trata; sua glória, seu caráter e sua santidade; sua beleza e seu poder; sua vontade para o mundo, e para a nossa vida, além do seu amor por nós. Aqui, quando Jesus falou sobre "tudo o que pertence ao Pai", Ele está se referindo a tudo o que está *contido* no Pai, tudo o que é *característico* do Pai, tudo o que pode ser *conhecido* sobre o Pai.

Jesus afirmou, nessa passagem incrível, que o Pai se derramou no Filho (16:15). Tudo o que o Pai é, toda a sua glória, toda a sua santidade e todo o seu amor, passou a ser do Filho. Tudo isso "pertence" a Jesus agora. Essa é a base, esse é o entendimento da obra reveladora de Deus, que permite que Jesus faça declarações como estas:

"Eu e o Pai somos um" (João 10:30).

"Se vocês realmente me conhecessem, conheceriam também o meu Pai" (João 14:7).

"Quem me vê, vê o Pai" (João 14:9).

"O Pai está em mim, e eu no Pai" (João 10:38; 14:10-11).

"Tudo o que tenho é teu, e tudo o que tens é meu" (João 17:10).

Por terem *crido* em Jesus quando Ele fez essas declarações, os apóstolos escreveriam:

"Pois foi do agrado de Deus que nele [Jesus] habitasse toda a plenitude" (Colossenses 1:19).

"Pois em Cristo habita corporalmente toda a plenitude da divindade" (Colossenses 2:9).

"O Filho é o resplendor da glória de Deus e a expressão exata do seu ser..." (Hebreus 1:3).

As palavras, a obra, a vontade, o caráter e a essência do Pai — tudo isso foi concedido ao Filho. Tudo isso está contido no Filho — o

A PROMESSA DA REVELAÇÃO (JOÃO 16:12-15)

segundo elo dessa corrente de revelação. "Tudo o que pertence ao Pai é meu".

Há mais. Essa revelação de Deus nunca teve o propósito de parar em Jesus — como se fosse um relâmpago de luz e de glória para um mundo de adoradores assistir. Jesus veio com o propósito específico de revelar Deus para o mundo, recebendo tudo o que lhe foi concedido pelo Pai e tornando-o conhecido à humanidade, derramando a plenitude de Deus dentro de homens e mulheres frágeis. Ele veio ao mundo para ser a luz do mundo e para revelar a glória do Pai (a própria premissa do evangelho de João — João 1:1-18). O mundo, porém, não pode suportar isso. Algumas pessoas — como os fariseus — viam Deus revelado em Jesus e o odiavam por isso. Outras pessoas — como a multidão — viram essa revelação, mas foram consumidas por coisas pequenas (por exemplo, pela fome). E alguns — como os apóstolos — viram essa revelação, a reconhecerem como tal, mas simplesmente não conseguiam acompanhá-la. Não eram ágeis o suficiente para absorver o fluxo da revelação. Não conseguiam aguentá-la, não porque resistiam a ela ou estavam distraídos com outras coisas, mas porque não passavam de seres humanos limitados, tentando abraçar uma revelação que era maior do que os seus braços poderiam alcançar.

Talvez uma metáfora ajude. Imagine, se puder, uma mala contendo tudo que pertence ao Pai: seu caráter, seus propósitos, suas esperanças para o mundo e sua vontade para nossa vida. Essa mala foi arrumada com cuidado pelo Pai. Tudo o que precisamos saber a respeito dele está dentro dela.

Deus passou essa mala para o Filho. O Filho é forte! Ele é capaz de carregar essa mala pesada e levar todo o seu conteúdo para o mundo. Além disso, o Filho é esperto! Basta um olhar dentro dela e Ele percebe tudo o que está lá dentro. Ele a conhece intimamente, em todos os seus detalhes. Na verdade, essa mala é Ele porque é justamente Ele que encarna tudo isso.

Jesus se fez carne para passar essa mala para seus discípulos — e prepará-los para o próximo elo nessa corrente de revelação. Ele queria abrir a mala e passar cada item que lhe foi concedido diante de seus próprios olhos. Ele acaba fazendo isso: nisso consiste o amor do Pai. Só que os Doze não eram tão fortes como o Filho: eles não conseguiam carregar o peso da glória de Deus. Eles também não são tão espertos quanto o Filho: o que Ele compreende em um instante, os discípulos levariam a vida inteira para aprender; o que Ele entendia de forma íntima, eles só conseguiam ver de forma embaçada e parcial.

Isso é demais para eles e os consumiu. Eles não passavam de dedais tentando carregar um tanque da verdade. Um bando de fracotes tentando levantar o peso do Mistério dos Séculos. O que Jesus revelou estava bem além de suas capacidades.[4]

Eles deixaram a mala cair.

Jesus, no entanto, não os repreendeu por serem desajeitados, nem os trocou por discípulos mais habilidosos. Ele teve misericórdia deles. "Tenho ainda muito que lhes dizer." É possível que nesse momento Ele tenha feito uma pausa, ou mesmo tenha suspirado. Depois disse: "Mas é mais do que vocês podem aguentar agora". Voltamos ao aceno afirmativo com a cabeça e à tentativa de sorriso.

MAIS UM ELO

Nessa quinta passagem do Paracleto, Jesus cria mais um elo na corrente da revelação — um elo que se encaixa entre Ele e os seus discípulos. Ele dá lugar a um Espírito que "receberá o que é meu" e revelará aos discípulos conforme as suas limitações.[5] "Mas quando o Espírito da verdade vier... Não falará de si mesmo; falará apenas o que ouvir... Ele me glorificará, porque receberá do que é meu e o tornará conhecido a vocês. Tudo o que pertence ao Pai é meu. Por isso eu disse que o Espírito receberá do que é meu e o tornará conhecido a vocês" (João 16:13-15).

Observe como Jesus foi cuidadoso ao apresentar esse Espírito como uma continuação de si mesmo e da sua obra de revelação. O Espírito Santo "falaria" aos discípulos do mesmo modo que Jesus havia falado com eles, mas o Espírito não seria uma voz independente, falando sobre o assunto que bem entendesse (v. 13). Em vez disso, Ele falaria somente o que é "verdade" e — em particular — somente a verdade que Ele recebe de Jesus.

Mais uma vez, temos a corrente da revelação: Jesus recebeu tudo o que o Pai lhe concedeu, tudo o que Ele queria derramar sobre os discípulos (até que ficou evidente que eles não podiam aguentar), e encarregou o Espírito Santo de comunicar a eles. O Espírito "ouviu" a verdade que está contida em Jesus (v. 13). O Espírito "recebeu" o que pertence a Jesus (v. 14,15). Por causa disso, o Espírito recebeu tudo que o Pai derramou em Jesus. Tudo isso que *é* do Pai, toda essa glória, santidade e amor, passou a ser do Filho, e agora, tudo que *é* do Filho passou a ser do Espírito Santo. Agora tudo "pertence" ao Espírito.

O Pai, o Filho e o Espírito Santo são os elos da corrente da revelação, mas ainda existe mais um. Como Jesus deixou claro nessa passagem, é responsabilidade do Espírito fazer pelos discípulos o que o próprio Jesus não podia fazer: revelar "tudo o que pertence ao Pai" aos discípulos de um modo que os seres humanos limitados podem suportar. Jesus prometeu que o Espírito guiaria os discípulos em toda a verdade, que o Espírito Santo daria a conhecer a eles tudo o que Ele recebeu de Jesus e tudo o que Jesus recebeu do Pai. Jesus disse isso duas vezes para que os Doze (em seu estado confuso) pudessem compreender. O Espírito revelaria Deus para eles de um modo que eles podiam "suportar".[6]

FACILITANDO A COMPREENSÃO DA REVELAÇÃO

Jesus tentou revelar Deus aos seus discípulos, mas precisou falar muita coisa de forma muito rápida. Os discípulos não puderam assimilar. Jesus queria que eles conhecessem o Pai. Ele se manifestou (a "plenitude da divindade em forma corporal" — Colossenses 2:9). Mas isso não foi o suficiente. A bem da verdade, era conhecimento demais. Eles precisavam de outra abordagem, algo que fosse *menos* difícil para eles. Eles precisavam de infusões vagarosas, firmes e coerentes do conhecimento de Deus que revelariam o que eles podiam aguentar, até onde podiam receber. Eles precisavam de uma revelação de Deus que não fosse pesada demais nem os deixassem perplexos. Eles precisavam de um meio de preencher as lacunas entre a grandeza de Deus e as suas pequenas capacidades.

Em parte, é isso que o Espírito faz para os discípulos — Ele controla o fluxo da revelação. Meros humanos não conseguem entender Deus de forma direta e com toda a intensidade. Aqueles que veem a face de Deus são fulminados. Até mesmo a glória de Deus brilha mais do que se pode suportar em alguns momentos. Os discípulos, da mesma forma que os Doze (discípulos como nós) precisam de uma revelação de Deus que seja entregue de forma lenta e gradual, em doses administráveis e com um aprofundamento suportável. Deus é um hidrante, derramando sua verdade em nós, mas nós somos como palha, só podemos absorver gotas, no máximo um pequeno gole.

É exatamente nessa hora que o Espírito entra em ação. Ele abaixa o volume, diminui a velocidade, adapta o fluxo de água de Deus para as nossas gotas. Ele revela Deus a nós: aquilo que podemos suportar, quando estamos prontos, quando somos capazes de recebê-la. Ele faz com que conheçamos o Pai sem destruir os nossos neurônios espirituais. Ele analisa o conhecimento de Deus de forma lenta, investindo o seu tempo conosco porque Ele tem todo o tempo possível. Quando os discípulos não conseguem mais "aguentar", o Espírito pode dar um tempo até que estejam prontos para outra lição. Quando nós não entendemos, o Espírito tentará nos ensinar de outra forma. Quando o pecado drena a vida e a capacidade dos discípulos de ouvir uma revelação mais completa de Deus, o Espírito fará sua obra de testemunho e de convicção, preparando o nosso coração mais uma vez para aprender mais de Deus.

A maior obra do Espírito Santo para revelar o Pai, no entanto, consiste mais em aumentar a nossa *capacidade* de entender a revelação do que propriamente diminuir o seu *ritmo*. Independentemente da lentidão ou do cuidado com o qual o Espírito derrama "tudo o que pertence

A PROMESSA DA REVELAÇÃO (JOÃO 16:12-15)

ao Pai" em nós, simples dedais nunca poderão conter os oceanos. As gotas e os goles podem ser ótimos no começo, mas, de forma definitiva, o Espírito quer que nós *cresçamos* para absorver mais a respeito de Deus.

Ele faz isso nos aprofundando, dragando nossos lugares rasos para que caiba mais de Deus em nós; nos dando maturidade, fazendo-nos crescer à imagem de Cristo. Ele faz isso ampliando o nosso coração, abrindo nossa mente e fortalecendo nossa vida. Ele nos dá olhos que veem mais longe, que passam a ver segundo a perspectiva de Deus. Ele vai ao nosso encontro — com toda a nossa pequenez — e nos faz mais fortes, melhores, mais verdadeiros, mais nobres, mais sábios, mais bondosos e mais profundos. Ele faz com que passemos de dedais para baldes, de baldes para tambores, de tambores para cisternas, de cisternas para lagos, de lagos para oceanos... sempre em ação ampliando os discípulos para que possam receber a glória de Deus.

Se não fosse pela promessa de Jesus e pela obra do Espírito, discípulos como Pedro e Paulo, como você e eu, nunca poderiam absorver a plenitude de Deus. Nós nos chatearíamos, ferveríamos de raiva antes de chegar perto disso. Não somos grandiosos o suficiente para conter "tudo o que pertence ao Pai", mas por causa dessa promessa e por causa da obra do Espírito, discípulos tão limitados como os Doze, ou tão limitados como nós, podem falar (face a face) sobre refletir "a glória do Senhor" e "ser transformados à sua imagem" (2Coríntios 3:18); ser "transformados pela renovação da nossa mente" (Romanos 12:2), ser "conformes à imagem do Filho de Deus" (Romanos 8:29); revestir-se "do novo homem que está sendo renovado em conhecimento à imagem do seu Criador" (Colossenses 3:10); "sejam cheios de toda a plenitude de Deus" (Efésios 3:19); chegar "à maturidade, atingindo a medida da plenitude de Cristo" (Efésios 4:13); crescer "em tudo naquele que é a cabeça, Cristo" (Efésios 4:15); e tornar-se "puros e irrepreensíveis, filhos de Deus inculpáveis no meio de uma geração corrompida e depravada, na qual vocês brilham como estrelas no universo, retendo firmemente a palavra da vida" (Filipenses 2:15,16).

Sem que o Espírito nos revele e nos faça amadurecer e crescer, essas noções não passam de conversas arrogantes ("Com a minha Bíblia e a minha autodisciplina, posso ser uma estrela brilhante!"). Quando, porém, contamos com sua presença, essas noções passam a ser os objetivos definitivos dos propósitos de Deus para a nossa vida. Ao receber tudo o que pertence ao Pai e nos dar a conhecer tudo isso, o Espírito revela Deus em toda a sua beleza e poder. Ao adaptar a grandeza de Deus à nossa compreensão limitada, o Espírito garante aos discípulos ouvirem tudo que lhes é possível, do modo que eles podem suportar. Além disso, enquanto Ele faz sua obra de revelação, o Espírito Santo também amadurece e aprofunda os seus discípulos, para que possamos ser grandes o suficiente para receber a plenitude de Deus.

E QUANTO A NÓS?

Pela última vez, eu e você somos confrontados com uma promessa feita aos discípulos originais a qual esperamos e oramos para que Deus a aplique a nós. Foi maravilhoso para os Doze ouvir que a obra de revelação de Deus ainda não tinha acabado, que Deus não pode ser detido pela sua fadiga, ou pela sua imaturidade, ou pela sua capacidade mínima enquanto se manifesta a eles. Foi maravilhoso para Jesus prometer a eles um Espírito que "recebe o que é meu e torna conhecido para vocês".

Mas será que essa mesma promessa é para *nós*? Será que ainda existe um Espírito que revela, que trabalha para desvendar o Pai para nós, para explicar o Pai com palavras simples, para fazer crescer em nós a capacidade de suportar a glória insuportável de Deus?

Temos que ter esperança disso. Porque quando discípulos pequenos encontram um Deus grande, alguém precisa ceder. Ou nós precisaremos crescer para abranger a plenitude de Deus ou Deus tem que diminuir para que possamos conectar o nosso cérebro e a nossa vida a Ele.

Na ausência de um Espírito revelador, vivo e poderoso, que nos dá a medida certa de Deus de modo que possamos suportar e amplia a nossa capacidade para absorver mais e mais de Deus, eu e você estaremos sozinhos, e, quando isso acontece, somos tentados a fazer o que outras pessoas no decorrer da história fizeram: reduzir Deus a algo mais de acordo com os nossos limites, algo que *nós* podemos administrar. Os fariseus fizeram isso, encontrando maneiras de honrar a Deus com os lábios, enquanto mantinham o coração a uma distância segura (ver Marcos 7:6). Nós fazemos isso também, trocando um encontro constante com um Deus soberano que não pode ser domesticado, nem diminuído, nem depreciado e que nunca fracassa em nos fazer sentir pequenos em comparação pela simples frequência à igreja e pelas boas obras.

A alternativa para isso é receber um Espírito de revelação que, por toda a nossa vida, nos dá o máximo de Deus que podemos aguentar.

Creio que ainda permanece no mundo um Espírito que está empenhado em nos orientar em toda a verdade, nos dando tudo o que "pertence ao Pai", revelando o "muito mais" que Jesus quer que saibamos quando estivermos prontos para receber. Creio que ainda existe um Espírito que não se conformará com os nossos entendimentos parciais nem com nossos pontos de vista refletidos em um espelho opaco ou com nossas abordagens imaturas das realidades espirituais. Creio que ainda existe um Espírito que nos ama demais para nos abandonar, que nos ajuda a crescer para que possamos entender mais, que nos leva do leite ao alimento sólido da vida com Deus. Creio que ainda existe um Espírito que nos mostra o Pai e, ao fazer isso, quebranta nosso coração de forma coerente e persistente, além de alegrar e ampliar a nossa vida.

É na esperança desse Espírito *revelador* que eu abro o meu coração e a minha vida ao Paracleto, independentemente das incertezas e dos riscos. Porque, já que esse Espírito está destinado a ser uma realidade para nós nos dias atuais, creio que Ele nos levará, em épocas boas e não tão boas, a um Deus bem maior do que qualquer um de nós já conheceu.

> **O que aprendemos sobre o Espírito Santo na quinta passagem do Paracleto:**
>
> - Jesus tem muito mais para ensinar os discípulos.
> - É mais do que os discípulos podem aguentar.
> - O "Espírito da verdade" logo chegaria.
> - Ele terminaria a obra da revelação que Jesus estava realizando, orientando os discípulos em "toda a verdade".
> - Sua revelação não seria original... ela viria do Pai e do Filho... uma extensão da sua revelação.
> - Ele diria aos discípulos "o que há de vir".
> - Em todo o processo, ele glorificaria a Jesus.

PARTE 3

O ESPÍRITO, VOCÊ E NÓS

Parabéns por ter chegado até aqui! Reconheço que você teve de trabalhar duro para chegar a esse ponto, mas o esforço era necessário e essencial. Não dá para chegar à *aplicação* sem uma base abrangente de *princípios*.

A Bíblia confirma a presença do Espírito em todas as ocasiões em que Deus se encontrou com seu povo no Antigo Testamento. Jesus — o Messias — revelou o Espírito Santo ao mundo de uma forma inédita. Depois, no Cenáculo, Ele prometeu aos seus discípulos uma experiência continua com o Espírito que seria eterna, poderosa e pessoal. Essa experiência com o Espírito seria necessária para a sobrevivência deles. O Paracleto seria a tábua de salvação, o sustento deles.

Até agora, na maior parte do tempo, a nossa atenção estava voltada para o passado. O que o Espírito fez *naquela época*? O que Jesus prometeu aos Doze naquela noite que se passou há muito tempo?

Agora chegou a hora de mudarmos o nosso foco. O que dizer das noites que vieram depois disso? E os discípulos que viriam? O que essas promessas significam para as outras épocas e para as outras pessoas? Se esse Espírito ainda se acha disponível para você e para mim, o que esse acesso significa? Como ele funciona? Que diferença tudo isso faz?

A Parte 3 equivale ao local em que praticamos toda a teoria.

No capítulo 13, nós finalmente respondemos à pergunta: "Será que essas promessas foram feitas para nós? É claro que sim! Além disso, nesse capítulo eu lhe dou boas razões para pensar assim.

O capítulo 14 faz a pergunta: "E agora?". Como o Espírito age como Paracleto nos dias de hoje, nos tempos modernos? Que diferença Ele faz em nossa vida? Como seu poder fortalece nosso testemunho?

Eu mostrarei como as promessas de Jesus no Discurso de Despedida se aplicam a nós e, em meio a tudo isso, pintarei um retrato do Espírito indispensável para a nossa vida.

O capítulo 15 sugere maneiras práticas pelas quais podemos convidar o Espírito Santo para ser uma parte maior e mais influente de nossa vida. Conversaremos nesse capítulo a respeito do desenvolvimento de uma consciência renovada da presença do Espírito Santo e uma prontidão sempre nova para experimentar o seu poder transformador. Eu descrevo "dez disciplinas para buscar o Espírito Santo" que ajudará você a buscar um relacionamento mais íntimo e tangível com o Espírito.

O capítulo 16 conta a história de duas igrejas que se encontram no Novo Testamento e traça um paralelo com a igreja atual. Alerta contra usar o Espírito para causar divisões no corpo de Cristo. Encoraja os cristãos, independentemente de qual tenha sido a sua experiência com o Espírito Santo, a manter seus olhos nos "melhores" dons que o Espírito oferece. Além disso, ele descreve as terríveis vulnerabilidades às quais qualquer igreja que não entende o Espírito se expõe.

O Espírito Santo é por nós, mas, como qualquer presente, tem de ser aceito e desfrutado. Posso lhe demonstrar que esse dom é real. Fica ao seu critério recebê-lo em sua vida.

CAPÍTULO TREZE

SERÁ QUE ESSAS PROMESSAS SÃO PARA NÓS?

Há um quê de tragédia quando ouvimos uma promessa e depois descobrimos que ela não se aplica a nós. Seja uma promessa tão trivial como uma promoção de vendas ("Desculpe, senhor, mas essa oferta só é válida para albaneses canhotos cujo nome começa com 'Z'") ou tão importante quanto seus votos de casamento ("Sei que prometi 'até que a morte nos separe', mas mudei de ideia"), sempre há decepção e muitas vezes as promessas com as quais você não pode contar podem até partir seu coração.

Às vezes, acho que é melhor não ouvir promessa alguma, nem saber sobre ela, do que ouvi-la e perceber que essa promessa não é para você. É melhor não saber que outra pessoa está recebendo algo melhor do que você porque recebeu uma promessa que não se aplica a você. É melhor não alimentar esperanças a respeito de alguma promessa para não a ver dissipar ao descobrir que a promessa está direcionada a você.

Aquilo que Jesus disse a respeito do Paracleto durante aquela noite longa deve ter parecido maravilhoso para os Doze. Eu e você já chegamos a ouvir de longe essas promessas enquanto lemos o Discurso de Despedida no Evangelho de João. Mas será que essas promessas são maravilhosas para nós? Será que elas foram feitas somente para os ouvidos apostólicos? Será que Jesus poderia estar indo além dos seus apóstolos para atingir um público maior, um público que abrange *todos* os cristãos de todas as épocas, um público do qual fazemos parte? Em caso afirmativo, será que realmente estamos interessados em experimentar o Espírito sobre o qual Jesus fala em João?

Deixe-me dar a você três razões pelas quais creio que essas promessas são para todos os discípulos, pelas quais estou convencido que elas falam sobre um agir do Espírito que é melhor e mais importante do que sinais e maravilhas, e pelas quais nós — como discípulos nos dias de hoje — precisamos urgentemente do tipo de Espírito que Jesus ofereceu aos apóstolos no Cenáculo.

1. João se concentrou bastante no Discurso de Despedida e no Paracleto que Jesus prometeu nessa passagem. O fato de que ele fez isso sugere que ele acreditava que Jesus disse algo, ofereceu algo de fato em sua conversa com os Doze que *todos* os discípulos precisavam ouvir e experimentar.
2. Eu e você não somos apóstolos, mas temos tanta coisa em comum com os Doze como *discípulos* que as promessas a respeito do Paracleto se encaixam em nossas necessidades do mesmo modo que nas deles. Se eles não conseguiam sobreviver nem ser eficazes sem o Paracleto, que esperanças nós temos?
3. Jesus prometeu que o Paracleto e a sua obra singular estariam "com vocês *para sempre*" (João 14:16). "*Para sempre*" não diz respeito somente à época dos apóstolos. Diz respeito a nós também. Se o Paracleto estaria "conosco para sempre", nós ainda temos acesso a Ele.

POR QUE FOI FEITO ESSE DISCURSO DE DESPEDIDA?

Não precisamos ser cientistas para entender o motivo pelo qual Jesus teve essa conversa final com os Doze. Eles precisavam dessas promessas, e precisavam delas desesperadamente para sobreviver aos dias difíceis que viriam.

Por que João, Entretanto, preservou esse discurso, de forma tão prolongada e com tantos detalhes, para um grupo de cristãos que viviam no final da era apostólica? Por que ele pensaria que essa conversa e essas promessas eram importantes o suficiente para relatá-las (praticamente palavra por palavra) para o benefício dos discípulos que não se encontravam naquele Cenáculo?

Essas perguntas são difíceis, mas elas não são simplesmente acadêmicas. Elas fazem parte da questão principal de como lemos esse discurso e do sentido pelo qual essas palavras foram ditas "para nós".

Creio que Jesus *fez* essas promessas porque seus discípulos precisavam delas, que João *transmitiu* essas promessas porque os seus leitores originais também precisavam delas e que o Espírito Santo *preservou* e *propagou* o Evangelho de João porque todos os cristãos posteriores igualmente precisariam dessas promessas.

Pense nisto: João não nos conta uma única parábola de Jesus nem registra o que Jesus disse no Sermão do Monte. Ele quase não fala sobre o nascimento de Jesus, sobre a Transfiguração ou mesmo sobre a instituição da Ceia do Senhor. Cinco dos doze apóstolos (inclusive Mateus e Tiago) nem mesmo são mencionados no Evangelho de João. João é muito seletivo a respeito do que coloca em sua história sobre Jesus. Se algum incidente ou acontecimento não promove seu propósito ao escrever, João sempre está bem-disposto para o descartar. Tudo que faz parte do seu evangelho está lá por algum motivo predeterminado.

Por outro lado, João passa uma boa parte do seu livro registrando as palavras do Discurso de Despedida. Na verdade, o Discurso de Despedida domina o evangelho de João. Ele dá mais espaço (de longe) a esse discurso do que a qualquer outro acontecimento do ministério de Jesus — mais espaço do que ele dedica a todos os sinais registrados, do que as conversas no templo e até mesmo do que os acontecimentos da cruz e da ressurreição.

Pense mais um pouco: o Evangelho de João possui 21 capítulos. Desses, sete capítulos (13—19) relatam os acontecimentos de um único dia. Quatro capítulos (13—16) registram os detalhes de uma única conversa. Praticamente um terço de todas as palavras que Jesus diz em todo o Evangelho de João estão registradas nesse discurso.

Mesmo depois de dizer tudo isso, eu, porém, ainda quero pedir que você observe os números. A julgar pela dedicação do evangelho de João a essa conversa, ele deve ter pensado que o Discurso de Despedida fosse o diálogo mais importante, que continha as palavras mais essenciais de todo o ministério de Jesus. Sua importância não se limita aos Doze discípulos originais, mas diz respeito a todos os cristãos que têm lido o que João escreveu e têm ouvido o que Jesus disse por todos esses anos que se passaram.

Não existe um tema mais importante nesse discurso do que o Paracleto e as promessas que Jesus fez a respeito dele. O Paracleto é o "eixo" do discurso, o núcleo daquilo a que Jesus sempre volta depois de passeios breves em outros assuntos. Desse modo, não é exagero dizer que, quando João faz tanto esforço para preservar o Discurso de Despedida, ele na verdade deseja preservar o que Jesus disse a respeito do Paracleto.

Precisamos perguntar a razão de tudo isso. A resposta é simplesmente que João acreditava que esse ensino sobre o Paracleto era importante para muito mais pessoas do que simplesmente para os Doze. Ele achava que os leitores do seu evangelho seriam incentivados e fortalecidos ao ouvir as promessas de Jesus. Ele achava que as promessas sobre o Espírito que habita em nós, que agiria de forma dinâmica e sobrenatural para moldar os discípulos para os propósitos de Deus, teriam importância para os que ouviram essa última conversa por meio do que ele escreveu.

A situação era grave na época em que João escreveu. Os cristãos para os quais ele se dirigiu com seu Evangelho não estavam muito bem. Eles estavam sofrendo, além de estar desanimados, sem muita certeza do futuro, e imaginavam a razão pela qual Jesus não tinha voltado ainda. Eles precisavam muito de palavras de encorajamento para prosseguir sua caminhada. João queria escrever um evangelho que, por um lado, seria um retrato fiel dos acontecimentos do ministério de Jesus, mas que, por outro, também seria importante e benéfico para os discípulos que leriam o que ele escreveu. Assim, João concentrou a segunda metade do seu Evangelho no Discurso de Despedida e nas suas promessas recorrentes sobre o Paracleto; em um Espírito que habitaria em nós e seria necessário para fortalecer o caráter dos discípulos e capacitá-los para o ministério; em um Espírito que concederia consolo, coragem e competência; em um Espírito que traria maturidade aos discípulos conforme a imagem de Cristo e os ajudaria a serem portadores da glória de Deus.

Essa é a primeira razão que apresento para sugerir que o Paracleto possui várias implicações para os discípulos que repercutem bem além dos limites do Cenáculo. João se esforçou em se concentrar no Paracleto que Jesus prometeu no Discurso de Despedida. O fato de que ele fez isso indica que ele acreditava que essas promessas a respeito do Paracleto eram tão pertinentes e tão necessárias para os discípulos que leem o seu evangelho quanto elas foram para os apóstolos sessenta anos antes. Isso dá a entender que o mesmo Espírito que sustentou os Doze quando Jesus partiu está disponível para dar apoio aos leitores de João, mesmo vivendo nesse distante século 21.

UM DENOMINADOR COMUM

Na maior parte do tempo, quando falamos sobre os apóstolos, temos a tendência de nos concentrarmos nas *diferenças* entre eles e todos os outros discípulos. Afinal de contas, eles estiveram com Jesus desde o início. Eles foram separados, escolhidos de forma especial, e receberam as chaves do reino. Todos eles tinham poderes milagrosos. Muitos deles escreveram livros inspirados. Jesus certamente disse coisas a eles que não eram importantes para os discípulos comuns como nós.

Isso é razoável. As diferenças entre os apóstolos e o restante de nós realmente existem. Eu aprecio e respeito esse fato.

No que diz respeito ao Discurso de Despedida, essas diferenças, no entanto, podem não ser tão importantes assim. Não são as diferenças entre os seus apóstolos e os discípulos comuns que motivam Jesus a falar sobre o Paracleto. Na verdade, o que leva Jesus a prometer o Paracleto são justamente as coisas que *todos* os discípulos têm em comum.

Jesus não fala com os apóstolos da maneira que ele fala nessa noite final porque eles o viram em carne e testemunharam seus milagres e ouviram sua voz com seus próprios ouvidos (o que representa uma diferença bem real entre nós e os apóstolos). Jesus não os oferece o Paracleto porque eles desfrutavam de sua *presença* constante. Ele os oferece o Paracleto justamente porque eles precisam continuar seu discipulado na sua *ausência*. Toda a ideia principal do Discurso de Despedida é que Jesus está se despedindo e eles precisam seguir em frente. Jesus está partindo, e eles não o podem seguir. Já que os discípulos devem superar a ausência de Jesus, eles precisam da presença do Paracleto.

Eles passariam o resto da vida engajados em sua missão com Jesus entronizado no céu, não com Ele andando ao lado deles na terra. Eles enfrentariam o mundo hostil e suportariam o seu ódio sem ter Jesus como proteção e escudo. Jesus falou com eles a respeito do Paracleto porque brevemente Ele morreria e eles teriam de achar uma maneira de seguir em frente sem Ele. Esse é o denominador comum entre nós e os Doze. Sabemos tudo a respeito de sermos discípulos *aqui* enquanto Jesus está *lá* no céu. Se existe algo que os discípulos possuem em comum — em qualquer lugar ou em qualquer época — é o anseio de que Jesus estivesse presente com eles, a ferida aberta da sua ausência.

Portanto, quando Jesus prometeu aos apóstolos um Paracleto cuja presença com eles seria sua própria presença contínua com eles, cuja habitação neles seria melhor do que ver Jesus em carne e osso, não devemos nos surpreender que os discípulos por toda a história observem e ouçam com atenção e admiração se essa oferta também pode ser para eles. Não são só os apóstolos que precisavam sentir a presença próxima de Jesus. Nós também precisamos dele, e se o Paracleto pôde trazer a presença de Jesus aos apóstolos, queremos que Ele faça isso conosco também.

Jesus também não falou aos apóstolos a respeito do Paracleto naquela última noite porque eles tinham recebido um chamado apostólico. Não era a sua posição nem a sua função que motivaram essas palavras sobre o Paracleto; era o fato de que o coração deles estava perturbado e de que eles estavam com medo. Os homens que Jesus abordou nesses capítulos não eram grandes, corajosos, nem apóstolos ousados, cheios de coragem espiritual e de sabedoria, impregnados de palavras inspiradas e poderes milagrosos. Jesus não está falando com gigantes iluminados se desdobrando para revolucionar o mundo.

Os homens que encontramos na mesa naquela noite nos impactam como simples mortais com os quais nos identificamos. Eles nos fazem lembrar de nós mesmos. Jesus fala com eles a respeito do Paracleto porque eles se sentem incapazes, inseguros e confusos. Eles não entendem nem sabem o que fazer. O coração deles está perturbado. Eles são tímidos, limitados e se sentem sozinhos. A missão e a vocação deixadas por Jesus são maiores que eles.

Eles não precisam do Paracleto porque são especiais, mas porque são extremamente comuns. Eles fracassariam terrivelmente como discípulos — ainda mais como apóstolos — se Jesus não deixasse alguém encarregado de ajudá-los a serem os homens que Ele precisa que eles sejam.

Novamente podemos nos identificar com isso. Nem eu nem você temos um chamado ou função apostólica. Nunca escrevemos um livro inspirado, mas compartilhamos dos medos e das ansiedades que os apóstolos sentiam, da sua insuficiência e da sua dúvida, da sua necessidade de transformação e de capacitação. Se existe alguma coisa que os discípulos de todas as épocas têm em comum, com certeza é o conhecimento seguro de que nenhum de nós é páreo para essa tarefa.

Portanto, quando Jesus prometeu aos Doze que alguém faria com que eles dessem conta de sua tarefa, não ficaríamos surpresos se os discípulos por todos os séculos levantassem os ouvidos e se chegassem mais perto e refletissem se essa promessa diz respeito a eles. Todos nós precisamos de um Paracleto que pode nos capacitar, nos ensinar e nos orientar, um denominador comum entre os apóstolos antigos e os discípulos de todas as épocas posteriores. Se os apóstolos, ao enfrentarem os novos desafios e as situações difíceis, não davam um passo sem a orientação do Paracleto, como podemos ousar fazer isso?

Essa é a segunda razão que apresento para sugerir que o Paracleto traz consequências para a vida dos discípulos que vão bem longe das quatro paredes do Cenáculo. A princípio, são as mesmas coisas que temos em comum com apóstolos que leva Jesus a falar sobre o Paracleto. Sentimos falta do nosso Mestre — assim como eles estavam prestes a sentir. Assim como eles se sentiam naquela noite, nós também nos sentimos sozinhos, inadequados e pequenos. Se o Paracleto foi o remédio de Jesus para o que os Doze sofriam, com certeza o Paracleto também é a cura para o que nos faz sofrer.

PARA SEMPRE

"Eu pedirei ao Pai, e ele lhes dará outro Conselheiro para estar com vocês para sempre — o Espírito da verdade [...]" (João 14:16-17).

O que Jesus quis dizer quando disse "para sempre"? Por toda a vida dos discípulos? Até os dons milagrosos serem extintos? Até o momento em que o Novo Testamento terminar de ser escrito? Por tempo suficiente para que pudéssemos descobrir como viver a fé sozinhos?

A expressão grega "para sempre" que João usa é mais que uma mera expressão e literalmente quer dizer "por todas as eras" (*eis ton aiona*). João a emprega doze vezes, e em cada caso ele claramente quer dizer "para sempre", como no restante do tempo, por toda a eternidade, para sempre e sempre.

Aqueles que bebem a "água viva" nunca terão sede *por todas as eras* — sempre, em todo tempo (João 4:14). Aqueles que comem o "pão vivo" viverão *por todas as eras* — eternamente, sem limites (6:51, 58). Aqueles que obedecem à Palavra de Deus nunca morrerão *por todas as eras* — a morte não os pode ferir em tempo algum (6:51, 52).

SERÁ QUE ESSAS PROMESSAS SÃO PARA NÓS?

Quando Jesus promete um Paracleto que estará presente por todas as eras, isso exclui qualquer limite de tempo ou prazo de validade. Ele não está prometendo nada para os próximos trinta ou quarenta anos, ou só até quando os apóstolos morressem ou quando o Novo Testamento terminasse de ser escrito. Ele não está sugerindo um Paracleto ou um Espírito que finalmente seria superado quando um Espírito ou Paracleto operador de sinais estivesse em plena atividade. Jesus promete um Espírito eterno, que permanecerá *por todas as eras*. Essa é a terceira razão que apresento para sugerir que o Paracleto permanece no nosso mundo para tocar as vidas dos discípulos bem depois dos acontecimentos do Cenáculo. Ele é um Espírito "eterno", cuja presença não se restringe a certas pessoas ou a determinadas situações ou épocas específicas. Ele faz uma obra que não se limita a funções especiais ou necessidades temporárias. Ele é um Espírito que nos foi enviado *por todas as eras* e nunca deixará de agir, nem se afastará, ele nunca nos abandonará enquanto os propósitos de Deus reinarem.

Já que o Paracleto permanece, já que sua obra essencial continua, isso significa que as promessas que Jesus fez naquela última noite ainda são válidas. Isso significa que o Paracleto é para nós. Toda essa presença e esse consolo são para nós também, bem como a sua orientação e seus ensinos prometidos. Também são para nós a coragem de falar e a parceria em convencer as pessoas. Isso sem falar do amadurecimento constante para absorver toda essa plenitude.

João nos fala sobre esse Espírito porque ele quer que os discípulos experimentem a mesma Presença prometida aos Doze. Os discípulos de todas as épocas recebem esse Espírito porque precisamos demais dele. Além disso, Jesus usa a expressão "para sempre" porque Ele quer que saibamos que, juntamente com todos os discípulos, temos acesso ao mesmo Espírito enviado aos apóstolos *por todas as eras*.

CAPÍTULO CATORZE

O ESPÍRITO NA NOSSA EXPERIÊNCIA

No capítulo anterior, perguntamos se a promessa do Espírito Santo é para nós e respondemos a essa questão de forma afirmativa e vigorosa. Neste capítulo, perguntamos o que o Espírito Santo faz em nossa vida, pelos discípulos modernos, por pessoas como eu e você.

Para chegar a essa questão, permita-me voltar à estranha declaração que Jesus fez aos Doze naquela última noite: "Porque [...] é para o bem de vocês que eu vou. Se eu não for, o Conselheiro não virá para vocês; mas se eu for, eu o enviarei" (João 16:6-7). Ou, como a Nova Almeida Atualizada traduz: "É *melhor para vocês que eu vá*".

Sem dúvida, os apóstolos passaram por maus momentos acreditando que alguma coisa poderia ser melhor do que Jesus. Era difícil acreditar no que Jesus lhes disse: "é para o bem de vocês que eu vou"; mas, conforme vimos no capítulo 11, o Paracleto ofereceu mais a eles, e poderia fazer mais habitando neles e no mundo do que Jesus poderia fazer. Jesus estava (como sempre) falando a verdade, toda a verdade e nada além da verdade.

Já que a promessa do Paracleto nunca foi dada somente aos apóstolos, já que foi feita para todos os discípulos que seguiram a Jesus posteriormente, precisamos considerar, portanto, que essa "despedida" também foi *para o nosso bem*.

É claro que achamos isso tão inacreditável quanto eles acharam. Será que é melhor não andar nem falar com Jesus? Ou mesmo não ver o seu rosto nem ouvir sua voz? Não há ninguém entre nós que nunca quis viver na época de Jesus, vê-lo com os nossos próprios olhos, ouvir com os nossos próprios ouvidos. Temos certeza de que se tivéssemos o privilégio de estar com Jesus fisicamente, nossa fé seria mais forte, nossa vida seria mais direita e nosso discipulado seria mais robusto.

No fundo, não acreditamos que é melhor para nós estarmos com o Paracleto do que com o Jesus de carne e osso. Um bom número de discípulos trocaria uma vida com o Espírito Santo por três anos aos pés de Jesus de Nazaré. Além disso, faríamos essa troca com a mais profunda certeza de que estaríamos fazendo o melhor negócio, espiritualmente falando. Faríamos a troca, apesar de isso ir completamente contra ao que Jesus fala a esse respeito. Faríamos essa troca por Jesus, mesmo sabendo que Jesus passou por dores e problemas infinitos para trazer a presença do Espírito a nós em seu lugar.[1]

Ele diz que é melhor para nós estarmos com o Espírito porque com o Espírito ficamos mais próximos dele, porque somos mais capacitados com o Espírito e porque ficamos mais competentes e confiantes para a obra do reino por causa do Espírito. Jesus estava disposto a deixar a carne para que os discípulos pudessem ser abençoados pela obra do Espírito. Jesus se despediu e partiu para que eu e você pudéssemos ter um encontro significativo com o Espírito. Nós, por outro lado, daríamos férias para o Espírito para passarmos alguns poucos momentos tangíveis com Jesus.

O que isso diz a respeito de nós? O que isso diz a respeito da nossa confiança no nosso mestre, quanto à nossa disposição de aceitar sua palavra? E o que isso diz a respeito da nossa experiência atual com o Espírito — que nós o trocaríamos de uma forma tão casual por alguns dias ao pé dos montes da Galileia?

Já que a promessa do Paracleto é para nós, a certeza de que "é melhor para você que eu esteja me despedindo" é para nós também, e a razão pela qual isso é bom é exatamente a mesma que foi para o bem dos apóstolos: somente quanto Jesus saiu de cena, o Espírito teve a chance de vir, e somente quando o Espírito veio é que os discípulos puderam experimentar algo melhor que Jesus, algo que verdadeiramente foi *para o nosso bem*.

A PROMESSA DA PRESENÇA

Nas cinco passagens do Paracleto, Jesus prometeu que o Espírito Santo faria obras específicas na vida dos discípulos e no mundo. Então, como essas promessas funcionariam em nós... e por nós?

Em primeiro lugar, Jesus prometeu que o Paracleto possibilitaria uma experiência contínua da presença do nosso Senhor.

Já faz tempo que Jesus partiu. Eu e você nunca vimos o rosto dele, nem ouvimos a sua voz, nem sentimos sua mão sobre os nossos ombros. É difícil, na ausência dessas coisas, sentir o quanto Ele nos ama, como ele se agrada conosco, como ele nos observa bem de perto, e como ele está alinhado com as nossas feridas e com as nossas necessidades. É difícil ter um relacionamento significativo com um homem invisível.

Na verdade, a coisa mais fácil a fazer com essa realidade "de não estar mais no corpo" é interpretar esse silêncio como um afastamento ou como um desinteresse, ou (mesmo) como uma crítica. A coisa mais fácil é sentir a distância e imaginar se Jesus está nos vendo, se Ele se importa conosco ou se já desistiu de nós.

O Espírito, no entanto, faz-nos sentir a presença de Deus mais uma vez (João 14:16-23). Isso não quer dizer que veremos seu rosto físico ou ouviremos sua voz real. Isso indica que o Paracleto elimina a distância entre o Jesus que partiu e os seus discípulos que ficaram, de modo que possamos sentir o relacionamento íntimo que o seu rosto e a sua voz transmitiam.

Lembre-se de que os escritores do Novo Testamento estavam lidando com pessoas que, do mesmo modo que nós, nunca tinham visto o Jesus terreno. Essas pessoas precisavam conhecer Jesus e sentir sua presença. Jesus ofereceu aos Doze o mesmo que Paulo, Lucas e João ofereceram aos cristãos primitivos: o Espírito Santo. Paulo, por exemplo, não contou mais histórias a respeito de Jesus para preencher as lacunas e ajudarem os seus leitores a se sentirem mais próximos do Mestre. Ele lhes ofereceu o Espírito, confiante de que uma experiência cativante de Jesus seria possível por meio do ministério do Espírito.

Portanto, ele escreveu sobre o Espírito Santo derramando "o amor de Cristo" no coração dos que creem (Romanos 5:5; 15:30; Efésios 3:16-18); colocando um selo sobre os cristãos para que eles possam ter confiança da sua salvação e no amor do Senhor que a possibilitou (Efésios 1:13; 2Coríntios 1:22); fazendo com que os discípulos saibam que Jesus está vivo e que sempre está trabalhando para o bem deles (Romanos 1:4; 8:27, 34). Paulo e os outros escritores do Novo Testamento acreditavam que seria o Espírito que ajudaria os leitores a experimentar a pessoa, o afeto e a atenção de Jesus. Seria o Espírito que mostraria que Jesus estava neles e que eles estavam em Jesus (João 14:20; 1João 3:24; 4:14). Seria o Espírito que garantiria que eles são — de fato — filhos e filhas amados, discípulos valorizados (Gálatas 4:6). Esses escritores tinham a confiança de que a comunhão com o Espírito ajudaria os convertidos a se sentirem unidos com Cristo e consolados pelo seu amor (Filipenses 2:1); que o Espírito que há muito tempo ressuscitou Jesus do túmulo continuaria a ressuscitar Jesus, trazendo o crucificado de volta à vida — várias vezes — para cada um deles (e nos tempos que viriam) e para cada um de nós.

Essa obra do Espírito continua na minha e na sua vida. Creio que é o Espírito quem sopra nova vida nas histórias bem conhecidas do evangelho, permitindo assim que Jesus viva novamente para mim. Acredito que ouço a voz de Jesus novamente nas palavras sábias de um irmão ou no perdão da minha esposa — pessoas a quem o Espírito guia e por meio das quais Ele fala. É o Espírito quem me permite ver Jesus vivo em um entardecer, em uma cerimônia de casamento, em uma criança e na igreja.

Essa capacidade do Espírito, no entanto, de nos fazer sentir a presença de Jesus envolve mais do que isso. O Espírito toca minhas emoções e me dá confiança no amor e na aprovação de Jesus. Ele também toca meu senso de identidade e me convence da minha obediência a Jesus e da minha posição segura diante de Deus. O Espírito me lembra de que Jesus anda comigo por todo o meu dia, que Ele está ao meu lado enquanto outros me criticam (ou me elogiam) e que Ele conhece profundamente a minha motivação, as minhas dificuldades e o meu esforço. Minha comunhão com o Espírito me garante que eu sou um com Jesus, um discípulo verdadeiro, um seguidor que Ele ama e valoriza.

De manhã, quando acordo, digo o seguinte: "Bom dia, Senhor", porque o Espírito Santo me leva a dizê-las. Quando escovo os dentes, peço para Jesus ficar perto de mim durante o dia porque o Espírito coloca esse pensamento no meu coração e na minha mente. Sinto-me envergonhado de Jesus ouvir minha reação brusca quando me fecham no trânsito porque o Espírito me faz lembrar de que o Senhor está me ouvindo. Peço a Jesus para me dar palavras de conforto para uma família que perdeu um ente querido, palavras de sabedoria para um casal que está dividido, palavras de testemunho para uma pessoa que está com dúvidas — porque o Espírito me diz de forma suave constantemente que eu não estou sozinho, que Jesus se senta do meu lado enquanto eu me sento com essas pessoas. Não acesso alguns sites na Internet nem assisto a alguns canais de televisão do hotel, não porque esteja acima dessas tentações carnais, mas porque o Espírito me cativa com pensamentos de Jesus vendo por meio dos meus olhos. Escuto silenciosamente alguém me partir o coração com sua crítica brutal porque o Espírito me ajuda a perceber que Jesus ouve o que eles estão dizendo; Ele sabe a verdade a respeito de mim e o que não é verdade; Ele sabe o que está no coração deles e o que está no meu. Eu entro com confiança em congregações em pé de guerra porque o Espírito me garante que Jesus vai comigo. Eu abro meu coração partido mais uma vez porque o Espírito me convence de que Jesus me fortalece e me protege. Junto os pedacinhos e tento novamente, encontro a coragem de me arriscar mais uma vez, porque eu sei que o Jesus gracioso, paciente e poderoso vive em mim, nunca me deixará e sempre me ajudará. Eu sei porque o Espírito me diz isso.

Além disso, quando eu, por fim, vou me deitar de noite, faço a oração de gratidão: "Eu quero Jesus. Ainda que eu tivesse tudo na vida, eu ainda quero Jesus". Às vezes, francamente, essas palavras são um pouco mais que um lembrete para mim — do que eu prezo e do que espero. Às vezes, elas são um pedido desesperado ao Pai para administrar bem minhas prioridades. Na maior parte do tempo, porém, trata-se de uma simples oração ao Espírito, que faz a presença de Jesus dentro de mim crescer em importância, mais do que qualquer coisa que o mundo vislumbrasse me oferecer.

A PROMESSA DO ENSINO

Em seguida, Ele prometeu que o Paracleto "ensinará todas as coisas e lhes fará lembrar tudo o que eu lhes disse" (João 14:26). Ele fez essa promessa no contexto de transmitir sua missão para nós. Agora passamos à linha de frente da obra do reino, mas existe tanta coisa que não entendemos, somos inadequados para essa tarefa de tantas maneiras!

Como continuaremos a missão de Jesus no mundo do século 21? Qual é a reação fiel ao materialismo desenfreado da nossa época? O que dizer dos desafios da Internet? O que devemos fazer com uma forma de cristianismo moderno tão acomodado à cultura que as questões sobre o divórcio, os rachas denominacionais, as divisões raciais e os estilos de vida extravagantes são comuns e aceitos como algo normal? Será que Deus se agrada de uma "direita cristã" que parece mais interessada em criar blocos de eleitores e assinar petições do que encontrar novas maneiras de ganhar o mundo com uma vida moldada pela cruz? E os dilemas levantados pela tecnologia médica e pela bioética? Qual é a reação adequada do discípulo à fome mundial (trazido a nossas salas de estar em um horror em alta definição) ou à Revolução Islâmica ou ao Império Americano?

Nunca tivemos a chance de colocar essas questões para Jesus. Nunca nos sentamos na encosta do monte, olhando primeiramente para os nossos recursos escassos e depois para uma multidão de oportunidades, e perguntamos para Jesus: "Mas o que é isso diante de uma grande multidão?".

É difícil, na ausência de orientações específicas e ensinos direcionados, saber o que Jesus pensa sobre esses desafios contemporâneos, o que Ele acha que devemos fazer a respeito deles, como Ele quer que os discípulos lidem consigo mesmos diante desses desafios. É difícil discernir a vontade de um Mestre ausente.

O Paracleto nos capacita para a nossa missão. Ele nos ensina tudo o que precisamos saber para executar a obra que Jesus deixou para nós, não somente sobre as coisas que nunca mudam (adultério, ódio, inveja), mas sobre as questões que colocam desafios novos, com suas repercussões próprias, diante dos seguidores de Jesus.

Foi a orientação do Espírito Santo que capacitou a igreja do século 1 a prosseguir em meio às questões práticas que a assolavam constantemente. O que uma igreja judaica devia fazer com os gentios que queriam fazer parte do evangelho? Que problemas trariam quando algum escravo fizesse parte da mesma congregação local do seu senhor? Como os discípulos deviam lidar com questões relativas à idolatria, e à comida sacrificada aos ídolos, e à função central que os templos pagãos possuíam em uma cultura como a de Corinto? Qual era a posição adequada no que diz respeito a pagar os impostos e prestar honra a um governo dedicado a perseguir e exterminar os seguidores do Caminho? Já que Jesus não voltou tão rápido como os cristãos primitivos imaginaram, será que eles deviam continuar a trabalhar para sustentar a si mesmos e a suas famílias? Será que eles deveriam se casar? Qual seria a condição dos cristãos que morressem enquanto Jesus não voltasse?

Jesus, em seu ministério terreno, disse pouco ou não disse nada a respeito dessas questões. Na verdade, algumas coisas que Ele disse pareciam contrárias à orientação final do Espírito (p. ex., "Eu fui enviado apenas às ovelhas perdidas de Israel" — Mateus 15:24). Mesmo assim, em todos esses caminhos e em muitos outros, o Paracleto providenciou instruções práticas para a igreja primitiva e lhes demonstrou o sentido mais profundo e as implicações mais amplas de tudo o que Jesus ensinou.

Ele faz o mesmo conosco. Ainda que Jesus nunca tenha falado sobre roupas de grife nem sobre drogas de grife, isso não quer dizer que Ele não tenha nenhuma "vontade" a respeito dessas coisas. Ele continua a instruir sua igreja sobre como ser fiel em um contexto moderno que é bem diferente do mundo de Jerusalém ou de Roma.

É o Espírito Santo quem me ensina o que pensar e sentir a respeito dos muçulmanos fanáticos ou sobre as crises econômicas, ou mesmo sobre a parte carente da nossa cidade. É o Espírito quem me mostra como equilibrar essas questões e onde elas se encaixam nas prioridades do reino. Ou, pelo menos, se eu pedisse ao Espírito, Ele *poderia* me mostrar essas coisas. Com que frequência nós — como discípulos individualmente e como comunidades de fé — colocamos alguma pergunta específica sobre alguma questão contemporânea diante do Espírito Santo... e depois esperamos pelo Espírito e ouvimos a sua orientação... para depois implementar a resposta do Espírito com confiança e vigor?

Ouvir o Espírito desse modo indica que nem sempre estou alinhado com as posições conservadoras atuais ou com o pensamento cristão convencional. Usar as prioridades do Espírito me faz chegar a uma "conclusão" diferente da Constituição ou das políticas fiscais ou dos princípios da engenharia social. Já que eu sou um aluno bem limitado das coisas espirituais, isso também indica que várias posições que defendia com tanta certeza se transformaram com o tempo... ficaram mais detalhadas... ficaram (conforme acredito) mais parecidas com Cristo. Acho que, por causa da obra ensinadora do Espírito, eu sempre conheço mais hoje do que ontem. Passei a ver coisas que eu não enxergava antes. Tenho noção de uma visão mais ampla, uma prioridade mais alta. O que antes parecia tão ameaçador para o Reino (como, por exemplo, a pauta homossexual) cede o lugar para coisas — geralmente relacionadas a mim mesmo — ainda mais ameaçadoras para o Reino (por exemplo, a minha tendência a ver as pessoas como abstrações em vez de indivíduos; ou minha preferência a jogar pedras em vez de amar os outros de modo sacrificial, tendo como exemplo a cruz de Cristo).

O Espírito nos ensina "todas as coisas"; Ele nos faz lembrar (e nos ilumina) praticamente sobre tudo o que Jesus disse e nos mostra como passar pelo pântano das questões que continuam a assolar seu povo. Além disso, devido ao fato de Ele fazer isso "para sempre" e por todos os discípulos, podemos ouvir uma voz forte o bastante para transpassar a nossa surdez teimosa e nos convencer novamente sobre os assuntos que importam para Deus.

A PROMESSA DO TESTEMUNHO

Jesus também prometeu que o Paracleto seria uma testemunha da verdade e um parceiro ativo no testemunho dos discípulos "para sempre". "Quando vier o Paracleto... ele testemunhará a meu respeito. E vocês também testemunharão..." (João 15:26-27).

Do mesmo modo que os primeiros discípulos, eu e você fomos chamados para testemunhar. Entendemos que o "ide" de Jesus é para todos os discípulos que o seguem. Não podemos fugir à tarefa de testemunhar, mesmo que isso nos cause medo.

Entretanto, acabamos fugindo dela. Talvez não exista uma desobediência mais característica da igreja moderna que o silêncio evangelístico. A nossa laringite crônica com relação à fé é amplamente lamentada e largamente ignorada. Temos medo de um mundo que não quer ouvir o nosso testemunho. Não nos sentimos equipados o suficiente para testemunhar em um mundo que parece bem mais sofisticado do que no passado. Suspeito que, além disso, sentimos vergonha de nossa vida que faz tantas concessões que não dão respaldo a nossas palavras.

Já que não conseguimos falar nada direito, decidimos que é melhor não dizer nada.

O ESPÍRITO NA NOSSA EXPERIÊNCIA

Que bom que não vivemos na época do Novo Testamento! O mundo nunca teria ouvido nenhuma palavra de testemunho da nossa parte. É bem verdade que o nosso mundo moderno pode ser hostil à mensagem cristã, mas pelo menos não nos jogam aos leões famintos! Além disso, não estamos sempre "preparados para responder a qualquer que nos pedir a razão da esperança que há em nós", mas ainda somos mais preparados agora do que aqueles cristãos primitivos que eram "homens iletrados e comuns" (Atos 4:13). Além disso, podemos até não ser modelos de vida cristã poderosa, mas sabemos bastante sobre os apóstolos — a sua teimosia, o seu orgulho, a sua ambição — para acreditar que era a vida de excelente qualidade deles que dava valor e poder ao seu testemunho.

Mas ainda assim eles conseguiram ser luz do mundo, revolucionando-o com a ousadia e a persistência do seu testemunho, enquanto escondemos nossa luz debaixo do primeiro jarro que aparece.

A diferença entre o testemunho deles e o nosso não se justifica pelos mundos diferentes em que vivemos, ou pela disparidade de conhecimento com que levamos à tarefa do testemunho, ou pela discrepância em nossa vida. A diferença é que o testemunho deles era inspirado pelo Espírito Santo enquanto, com uma maior frequência, falta essa inspiração ao nosso. Eles criam que o Espírito estava ocupado em testemunhar sobre a verdade de Jesus a um mundo perdido, reconhecendo sua mão em ação com o etíope, com Saulo, com Cornélio e com a igreja de Antioquia. Além disso, eles entendiam que, ao testemunharem, seria pela sabedoria do Espírito Santo, pelas palavras inspiradas por Ele e pelo seu poder encorajador.

Esse mesmo Espírito está em ação testemunhando para o nosso mundo hoje. Ele faz isso por meio da pá do arqueólogo, da declaração de fé do jogador de futebol, das últimas descobertas da ciência, das duras realidades dos problemas e das doenças no cotidiano de cada um, e dos livros dos autores mais improváveis. Ele faz isso de milhares de maneiras para milhões de pessoas todos os dias. Ele equivale à voz teimosa, constante e incansável falando de Jesus mesmo em mundo tão decaído como o nosso... ou, por que não dizer *especialmente* em um mundo tão decaído como o nosso?

O fato de que não ouvimos sua voz que testemunha nem reconhecemos sua obra de testemunhar tem mais a ver conosco do que com Ele. Ele mostra que, nas circunstâncias em que os cristãos primitivos imediatamente veriam o Espírito Santo e reconheceriam a sua obra, continuamos indiferentes, sem noção, insensíveis à atividade do Espírito. Não basta a nós somente abrir os olhos e "ver que os campos estão maduros para a colheita" (João 4:35). Precisamos de olhos para ver que o Espírito já está trabalhando duro nesses campos.

Além disso, o Espírito está pronto, disposto e interessado em fazer pelo nosso testemunho o que Ele fez pelo deles: tornar-nos corajosos ao falar de Cristo, dar-nos palavras para dizer e sabedoria no modo que as dizemos, conceder-nos a clareza para ver quem está pronto para ouvir e qual é o momento certo. Ele está disposto a ser nosso parceiro nesse testemunho.

Não estamos sozinhos — não é somente a nossa voz que dá testemunho da luz. Além do mais, não ficaremos sozinhos — quando chegar a hora de falar, o Espírito Santo estará conosco, superando nossos medos e incertezas. Sua voz falará conosco, dentro de nós e por meio da nossa voz, melhorando o nosso testemunho tímido com o poder da voz pela qual o mundo veio a existir.

A PROMESSA DE CONVENCER

Jesus também prometeu que o Paracleto "convenceria o mundo do pecado" (João 16:8). Estar disposto a falar a verdade sobre si mesmo é certamente uma das exigências mais difíceis para ser um seguidor de Jesus.

Com a mesma certeza, porém, ela é uma das mais necessárias. O passo inicial em qualquer programa de doze passos é "admitir que somos vulneráveis... que a nossa vida perdeu o controle": a recuperação só começa com a verdade sobre nós mesmos. O primeiro passo do discipulado é nos "arrependermos": temos de reconhecer as más notícias sobre nós mesmos antes de chegar às boas-novas. Quando Jesus ensina que o primeiro passo para Deus é ser "pobre de espírito", Ele está dizendo que é absolutamente necessário negar a nós mesmos.

Admitir as faltas, arrepender-se e negar a si mesmo são, no entanto, iniciativas um tanto difíceis que exigem a ajuda de Deus. Deixe-me dar um exemplo.

Ceta vez, conheci uma pessoa que tinha orgulho de sua história triste. Sua infidelidade era sempre culpa dos outros. A esposa atual não passava de um monstro irritante. O trabalho era estressante. Ninguém o valorizava de verdade. Por anos ele tinha negado, minimizado e defendido a si mesmo e o que ele fazia. Ele e a sua ex-mulher não falavam há anos. Seus filhos não queriam nem saber dele. Seus amigos procuravam manter contato, mas ele exigia como condição de amizade que eles aprovassem o que ele fazia — algo impossível de ser feito.

Ele estava sozinho, um verdadeiro castelo de solidão entrincheirado contra qualquer acusação de responsabilidade pessoal.

No passar dos anos, ele fazia uma visita ao meu escritório para conversarmos, oferecendo-se para tomarmos um café na Starbucks. Nas suas primeiras visitas, ele tentou se explicar, desejando a minha bênção. Houve um longo período durante o qual ele usou o nosso tempo juntos para ter pena de si mesmo e reclamar sobre a situação terrível de sua vida. Nas conversas posteriores, ele cismou de resolver o problema do afastamento entre ele e seus filhos.

Lembro-me muito bem do dia em que ele bateu na minha porta com as mãos abanando e olhos marejados. Ele se sentou no meu sofá e, pela primeira vez, confessou seus próprios pecados em vez dos erros dos outros. Ele reconheceu o que tinha feito, como tinha magoado as pessoas a quem amava e como ele estava provando as cinzas amargas da vida que ele mesmo tinha queimado até que não restasse nada.

Foi um momento lindo, o primeiro passo de uma longa caminhada de volta para si mesmo, para os seus filhos e para Deus.

Eu até mesmo já esqueci *o que* levou esse homem a esse lugar de arrependimento, a gota d'água que o forçou a cair em si, mas eu tenho certeza de *quem* o levou até lá.

Existe uma virada na vida das pessoas que somente acontece pelo poder do Espírito Santo. É o ponto em que elas "entendem", quando elas enxergam a si mesmas e o que elas fizeram com uma clareza repentina, quando suas defesas e justificações caem por terra debaixo de um turbilhão de convicção. Existe um lugar onde as pessoas podem finalmente contar a verdade sobre si mesmas sem mudar de assunto nem dar desculpas, e só o Espírito Santo pode levar as pessoas a esse lugar.

O tempo não ajuda em nada. As consequências terríveis do erro não levam a isso. Pilhas de provas de erros pessoais não parecem fazer a mínima diferença. Já tentei levar vários tipos de pessoas ao arrependimento: maridos que traem as esposas, esposas coléricas, crianças rebeldes, membros de igreja arrogantes, senhores de setenta anos cheios de amargura, pessoas que bebem ou comem demais, ou mesmo pessoas gananciosas. Já confrontei, tentei convencer e fiz apelos, até intimidei e chorei, e acabei aprendendo esta difícil lição: as pessoas não conseguem ver a verdade sobre si mesmo até o momento em que estão prontas para isso; e só quem pode dar essa preparação é o Espírito de Deus.

É o Espírito Santo quem leva as pessoas ao chiqueiro da parábola do Filho Pródigo e ao momento precioso de autoconhecimento. É Ele quem leva as pessoas a cair de joelhos. É Ele quem segura o espelho divino para que pessoas possam encarar a vida decaída que levam e depois concede a elas coragem de olhar para elas por mais tempo e com mais atenção.

Somente o Espírito é quem convence as pessoas do pecado. Somente o Espírito é quem concede a coragem necessária para confessar e confrontar o pecado, e somente Ele pode levar as pessoas àquela virada onde elas "caem em si" e confessam: "Pai, pequei contra o céu e contra ti".

Jesus promete, nessa quarta passagem do Paracleto, que a obra de convicção do Espírito Santo sempre será necessária e continuará para sempre. Vemos o Espírito Santo trabalhando dessa forma em Jerusalém, em Corinto e na Galácia, e, se nós tão-somente abrirmos os nossos olhos para isso, poderemos ver o Espírito fazendo essa mesma obra nas pessoas ao nosso redor — preparando corações com o arado da convicção para que o mundo esteja pronto para a semente do evangelho.

A PROMESSA DA REVELAÇÃO

Por fim, Jesus disse: "Tudo o que pertence ao Pai é meu. Por isso eu disse que o Paracleto receberá do que é meu e o tornará conhecido a vocês" (João 16:15). Jesus veio para revelar o Pai, mas teve que passar esse trabalho para o Paracleto porque os discípulos não tinham como absorver essa revelação. Eles não possuíam essa capacidade. O tempo era bem curto, a história estava longe do final, e eles não tinham como assimilar muita coisa. Jesus, portanto, ofereceu-lhes o Paracleto que faria por eles o que não dava para Ele fazer: ter todo o tempo do mundo, dividir a revelação em porções administráveis e conectá-los com o Pai em um ritmo que eles poderiam suportar.

O resultado do ministério de revelação do Espírito na vida dos apóstolos e dos primeiros cristãos foi um conhecimento cada vez mais profundo de Deus, uma maior transformação no caráter e uma maturidade crescente no Senhor.

Tomemos como exemplo a cruz.

Foi o Espírito Santo quem revelou aos primeiros cristãos que a cruz não era o que eles temiam. Eles pensavam que a cruz fosse somente morte e derrota. Eles achavam que a cruz era o fim — para Jesus e para eles mesmos. Veio, no entanto, a ressurreição, e o ensino paciente do Espírito de que isso era exatamente o que os profetas tinham predito o tempo todo, que a cruz fazia parte do plano de Deus, que Jesus era o sacrifício expiatório em favor do mundo pecador.

Por outro lado, havia mais a se saber a respeito da cruz. A cruz *revelou Jesus*: a profundidade do seu amor por nós, o tamanho da sua obediência ao Pai, a sua confiança no amor que entrega a si mesmo por nós como um antídoto contra o poder do pecado. Além disso a cruz revelou o Pai: o seu ódio pelo pecado, o seu amor pelo mundo, o quanto ele se desdobra para nos trazer de volta para si mesmo. Na cruz, encontramos um Deus generoso de uma misericórdia insondável e uma graça infinita. Foi o Espírito Santo quem revelou todas essas coisas para os primeiros cristãos; de forma bem lenta para que eles pudessem absorvê-las.

No dia de Pentecostes (a julgar pelo sermão que foi pregado nesse dia), Pedro e o restante do grupo só tinham praticamente o conhecimento que acabei de dizer: sobre a morte, a ressurreição, os propósitos de Deus e o crucificado como Senhor e Cristo (Atos 2:14-39).

Entretanto, o Espírito ainda não tinha terminado de explicar a cruz para esses crentes. Na época das primeiras cartas de Paulo, a cruz que pertencia somente a Jesus tinha passado a ser uma cruz que todos os que creem carregam. Ela já era o símbolo e o exemplo do estilo de vida altruísta, sacrificial e submisso que define os discípulos de Jesus. As qualidades como a humildade, o serviço e a morte para si mesmo passaram a ser as virtudes dominantes na vida da igreja — com certeza, elas eram extraídas dos ensinos de Jesus, mas se baseavam no exemplo da sua morte.

Nem mesmo isso esgotou o que o Espírito tinha a revelar sobre a cruz. As cartas posteriores de Paulo interpretaram a dinâmica central da vida de Jesus (a cruz e a ressurreição, a morte e a nova vida) e aplicaram às suas igrejas de maneiras inovadoras e profundas. A essa altura o que definia a vida moldada pela cruz não se resumia a um estilo de vida de serviço. Tratava-se de um altruísmo agressivo e espiritual que somente as pessoas maduras poderiam demonstrar. Os conceitos como honrar uns aos outros (Romanos 14), limitar as liberdades pessoais em favor de um irmão (1Coríntios 8), exercer os dons "para o bem comum" (1Coríntios 12) e sofrer como um ato redentor (toda a carta de 2Coríntios) passou a ser a percussão que Paulo executou com um vigor e uma frequência cada vez maior. Cada um desses passos equivalia a uma ampliação da mensagem básica da cruz. Cada um deles equivalia a uma aplicação mais profunda da atitude de Jesus moldada pela cruz para a vida e para os relacionamentos dos seus seguidores. Além disso, cada um deles dependia do Espírito Santo — em sua função reveladora e ensinadora — para explicar com detalhes todo o significado da cruz ("tudo o que pertencia ao Pai") para discípulos que nunca seriam sábios o suficiente ou bons o suficiente para descobrir a respeito da cruz por si mesmos.

Estou convencido de que o Espírito está empenhado em explicar o sentido da cruz para uma nova geração de discípulos nos dias de hoje, mas não se limita a explicar sobre isso. Esse mesmo tipo de revelação acontece quando as pessoas leem a Bíblia, quando conversam em pequenos grupos e em seminários, quando conversam sobre as coisas de Deus tomando café: em ocasiões como essas, o Espírito Santo nos ajuda a compreender a natureza de Deus, a mente de Cristo, as prioridades do reino e os contornos do mundo espiritual. O desafio de aprofundar os discípulos, de amadurecê-los, de fazê-los crescer "à imagem de Cristo", ampliando sua capacidade de conhecer a Deus e viver como Ele — essas são as obras necessárias e características do Espírito na igreja e nos discípulos em nosso tempo.

Lamentamos o flagelo da imaturidade na igreja de hoje, o câncer do egoísmo, mas será necessário algo mais forte do que os pequenos grupos de estudo bíblico para matar essas doenças. Lamentamos também a superficialidade espiritual do nosso povo, mas o que temos a oferecer a eles são palavras como: "Ore mais, leia mais, esforce-se mais, faça amizades cristãs". Nossas igrejas passaram a ser refúgios para pessoas com muitos anos no Senhor e pouco da cruz em sua vida. Desistimos de esperar algo melhor. Não exigimos um padrão mais alto nem de nós mesmos nem dos outros porque não temos certeza se existe algum poder capaz de erguer nossa vida a níveis mais altos. Estamos presos com pessoas que estão estagnadas.

O Espírito, no entanto, ainda está presente entre nós, fazendo sua obra de revelação, criando discípulos que *conhecem* mais de Deus, *absorvem mais* de Deus e *se parecem* mais com Deus. O que o Espírito fez com Pedro e Paulo também pode ser feito nos dias de hoje. Tudo o que o Espírito queria fazer entre os coríntios, Ele ainda quer operar em nós. Tanto antes quanto agora, a transformação continua sendo uma obra essencial que somente o Espírito Santo pode realizar.

CONCLUSÃO

Esse é o Paracleto que Jesus disponibilizou para seus discípulos há dois mil anos. O Paracleto que tem sustentado a igreja por todos os séculos desde aquela época é o Paracleto que foi prometido para nós, basta somente o recebermos em nosso coração e em nossa vida.

Sou muito a favor de ler a Bíblia e de ir à igreja e amar os irmãos. Quero incentivá-lo a orar, cantar e participar da Ceia do Senhor. Essas atividades são maravilhosas, edificantes e estimulantes. Equivalem a "meios de graça" pelos quais participamos da vida abundante de Deus.

Não confunda, porém, essas coisas com o que Jesus nos oferece *em seu lugar*. Não pense em nenhum momento que essas eram as coisas que Jesus quis dizer como sendo "melhores para nós" quando Ele partiu. O propósito da igreja nunca foi de substituir o Emanuel: Deus conosco. As Escrituras nunca foram imaginadas como sendo "melhores" para nós do que um relacionamento contínuo com o nosso Senhor. As instruções (e a nossa obediência a elas) não substituem o dom vivo, capacitador, constante e ministrador que habita em nós e que Jesus tinha em mente para todos os discípulos enquanto se preparava para deixar esse mundo e retornar para o Pai.

Portanto, ore e estude a Palavra, dê esmolas aos pobres, jejue e tenha compromisso com uma família eclesiástica, faça parte de um ministério!

Não imagine, porém, que essas sejam as coisas que nos capacitam a sobreviver e prosperar como discípulos nesta época. Elas não existem para isso nem nunca tiveram esse propósito. Jesus tinha algo maior do que isso preparado para nós! Já que somos seus discípulos, somos muito mais do que as crenças que cultivamos, do que a igreja que frequentamos e do que as boas obras que fazemos. Somos mais do que as passagens bíblicas que memorizamos ou do que as horas que passamos em oração, ou mesmo do que o código moral que adotamos para nossa vida.

Somos pessoas em quem o Espírito Santo habita. Somos templos que abrigam o Paracleto. Somos filhos e filhas do Deus Altíssimo, selados com a garantia do Espírito em nosso coração. Somos ministros de uma nova aliança, capacitados pelo Espírito que vivifica. Somos aqueles que entendem as coisas profundas de Deus porque temos o Espírito dentro de nós. Somos aqueles que estão sendo transformados à semelhança de Cristo — de "glória em glória" — por causa do Espírito Santo dentro de nós.

Você pode até se definir pela igreja que você frequenta, pelo tipo de culto que você presta, ou pelo que você acredita sobre isso ou aquilo, ou por quem são os seus amigos cristãos, mas Jesus nos define de forma diferente. Ele nos define de uma maneira que é verdadeiramente "boa" para nós. Ele nos define como o povo no qual o Espírito Santo fez a sua casa.

E porque (para Jesus) esse é o fato fundamental de nossa vida como discípulos, é essencial (para nós como discípulos) tornar esse fato fundamental em nosso coração e em nossa vida. Não podemos definir nosso discipulado como algo menor e ignorar a verdade única que é a essência do discipulado. O "Espírito em nós" supera todos os outros aspectos denominacionais, doutrinários ou de estilo de vida. Desde que o Espírito esteja à sua disposição, mesmo que tudo o mais que você tenha se constitua em fraquezas, não há como ser derrotado.

O "Espírito em você" se reveste de toda essa importância. Conforme Paulo escreve: "Se alguém não tem o Espírito de Cristo, não pertence a Cristo" (Romanos 8:9).

É esse Espírito que veio "para o nosso bem", aquele que é melhor para nós que o próprio Jesus. Esse é o dom que Deus nos concedeu ao partir para nos ajudar a brilhar como discípulos. Essa é a Presença Auxiliadora que vive em nós e opera por meio de nós para sempre.

Ele será o nosso Companheiro constante, nosso Capacitador poderoso, nosso Consolador e Incentivador, nosso Parceiro sempre presente, e nosso Guia em toda a verdade. Ele combaterá nossa solidão com o amor e a alegria. Ele compensará nossas incapacidades com paz e confiança. Ele pode afastar nossos medos nos incentivando a sermos fiéis no testemunho e amáveis com as nossas palavras. Ele nos ajuda a acreditar que nós ainda fazemos a diferença nos concedendo a coragem para sermos pacientes e a sabedoria para sermos bondosos. Ele nos guiará em direção à maturidade mediante uma bondade cada vez mais profunda e rumo ao autocontrole.

Ele cumprirá as promessas de Jesus derramando seu fruto em nossa vida.

O fato de Jesus ter partido e do Espírito Santo ter vindo realmente foi para o nosso bem.

CAPÍTULO QUINZE

DEZ DISCIPLINAS PARA BUSCAR O ESPÍRITO SANTO

Existe um mundo de diferença entre ter uma certidão de casamento e ser casado. A certidão lhe dá uma *permissão* para se casar, uma validação oficial para o casamento. Ela permite que o casamento aconteça.

Ter uma certidão, no entanto, não *garante* que o casamento acontecerá; nem que será *bom*. O casamento exige mais do que ter permissão para se fazer a cerimônia ou assinar o seu nome na linha pontilhada. É necessário amor, trabalho duro e tempo para que haja um casamento. É necessário desenvolver alguns hábitos, aprender algumas habilidades. É preciso *disciplina* para se chegar a um casamento bom, amoroso e íntimo.

Do mesmo modo, existe um mundo de diferença entre receber o dom do Espírito Santo e desfrutar do poder e dos benefícios da vida no Espírito. Todo aquele que vem para a fé em Jesus Cristo e entrega sua vida a Ele no arrependimento e no batismo recebe o dom do Espírito. "Pedro respondeu: 'Arrependam-se, e cada um de vocês seja batizado em nome de Jesus Cristo, para perdão dos seus pecados, e receberão o dom do Espírito Santo. Pois a promessa é para vocês, para os seus filhos e para todos os que estão longe, para todos quantos o Senhor, o nosso Deus chamar'" (Atos 2:38-39).

O "dom" pertence a todos os que creem. A "promessa" é para todos os que creem. Nós "recebemos" esse dom do Espírito quando entregamos nossa vida a Cristo. Uma declaração pública e formal da fé em Cristo, porém, não *garante* que alguém ande no poder e na sabedoria do Espírito. A vida no Espírito exige mais do que *receber* o dom que foi prometido. É preciso ter fé e se esforçar muito para desenvolver um relacionamento vibrante com o Espírito de Deus. É necessário disciplina para cultivar um caminhar bom, amável e íntimo com o Espírito Santo.

Trago aqui para você pensar dez sugestões para dar mais lugar ao Espírito Santo, ou, em outras palavras, dez "disciplinas" para buscá-lo. Para o leitor que gosta mais da parte prática, essa é a parte que fazemos todo o trabalho penoso de estudar a teoria sobre o Espírito Santo valer a pena. Para aqueles que preferem ficar com a teoria, é a parte onde é necessário enfrentar o desafio de colocar a teoria em prática. De qualquer modo, este livro não ficará completo sem aplicar os princípios que estudamos para a nossa vida diária.

Enquanto você lê esse capítulo, não desanime nem comece a pensar: "Que negócio pesado!". Deixe-me confessar que estou traçando uma pauta para uma vida toda. Você não precisa chegar a nada disso hoje. Não estou pedindo para que você domine todas essas disciplinas na semana que vem. Não estou sugerindo que só pensemos ou só vivamos isso o tempo todo.

O que estou tentando fazer é mostrar uma nova maneira de se olhar para o discipulado. Gostaria que você considerasse a possibilidade de que — por trás de toda a frequência à igreja, das reuniões doutrinárias e das leituras da Bíblia — existe uma pauta superior, outra dimensão, uma obra de edificação da vida que se desenvolve. Quero que você entre na esfera do Espírito e experimente sua vida a partir dessa perspectiva. Depois disso, espero lhe dar alguma orientação prática sobre dar lugar ao Espírito Santo na sua vida e transformar sua perspectiva para sempre.

1. Peça ao Espírito Santo

O relacionamento com o Espírito Santo começa com um convite. "Se vocês, apesar de serem maus, sabem dar boas coisas aos seus filhos, quanto mais o Pai que está no céu dará o Espírito Santo a quem o pedir!" (Lucas 11:13).

Com certeza, há momentos nas Escrituras em que o Espírito desce sem que se peça ou se espere, como sobre pessoas como Cornélio. É fato também que o Espírito pode fazer o que quiser, quando quiser e com quem quiser, mas, do mesmo modo que em boa parte de nossa interação com Deus, o Espírito respeita e se atenta à nossa vontade e ao nosso pensamento. Assim como Jesus não vem atropelando a nossa vida, exigindo fé e obediência fazendo ameaças, o Espírito também não se imporá sobre nós, entrando para morar em um lugar para o qual não foi convidado. Ele quer um parceiro, não um fantoche.

Por isso, o Espírito espera que nós o convidemos para entrar em nossa vida. Podemos fazer isso pelo batismo (um pedido, não somente para receber o perdão dos pecados, mas também para receber o "dom do Espírito Santo" — Atos 2:38). Podemos fazer isso também por meio da oração (do mesmo modo que Pedro e João oraram pelos cristãos samaritanos para que eles "pudessem receber o Espírito Santo" — Atos 8:15). Acredito pessoalmente que devemos fazer esse pedido sempre que participamos da Santa Ceia — convidando o Espírito Santo para habitar em nós por meio do pão e do vinho.

O Espírito Santo tem tanta vontade de colaborar conosco, que não exige que esse convite seja "correto". Não se atenha a certas palavras ou a certos rituais. Não é preciso ficar de pé com uma perna só nem mexer na barriga com a mão esquerda enquanto bate na cabeça com a mão direita para convencer o Espírito Santo da sua sinceridade. Somente peça com palavras simples e sinceras:

> *Pai, creio que enviaste o Espírito Santo — o Paracleto — para ser meu Companheiro e Consolador. Creio que o teu Filho quer que eu tenha um relacionamento próximo e eterno com o Espírito. Por isso, eu abro meu coração e a minha vida a Ele. Peço-te que me dês o dom que prometeste. Confio em teu Espírito porque eu te conheço. Ele é tudo que conheço e amo a respeito de Jesus, meu Senhor. Permite que teu Espírito faça sua obra transformadora em mim. Faz-me o discípulo que tu, o teu Filho, e o Espírito Santo querem que eu seja.*

Depois de pedir, porém, é importante confiar que Deus — o seu bom Pai — lhe dará o dom que você pediu.

> Se vocês não souberem lidar com a situação por falta de sabedoria, orem ao Pai. É com muita alegria que ele os ajudará! Vocês serão atendidos, e não serão ignorados quando pedirem ajuda. Tenham toda coragem ao pedir e acreditem de verdade, sem pensar duas vezes. Os que duvidam quando oram são como as ondas do mar, levadas pelo vento. Não pensem que essa gente conseguirá receber alguma coisa do Senhor, pois nunca tomam uma atitude e sempre duvidam de tudo (Tiago 1:5-8 — A Mensagem).

Tenho receio de que muitos dos dons de Deus são questionados, como a salvação, o perdão dos pecados, a reconciliação, a nossa posição como filhos e filhas… e especialmente a habitação do Espírito Santo em nossa vida. Podemos chamar esse questionamento de "humildade", ou mesmo de "insegurança espiritual", mas a Bíblia chama isso de "falta de fé".

Portanto, quando você pede a Deus o seu Espírito prometido, faça-o com a confiança de que Ele quer concedê-lo a você, acreditando que Ele fará o que você pediu, confiando que seu Pai cumprirá a promessa dele. Peça a Deus e depois creia que Ele a entregará, creia que Ele já a entregou.

2. Seja um aluno do Espírito Santo

"Quis Deus dar a conhecer [...] a gloriosa riqueza deste mistério, que é Cristo em vocês" (Colossenses 1:27).

Infelizmente ainda temos muito a aprender sobre o Espírito. Algumas igrejas não falam muito sobre Ele, não pregam nem ensinam sobre quem Ele é e porque Ele é tão importante para o discipulado nos dias de hoje. Mesmo naquelas igrejas em que o Espírito consiste em um assunto de atenção constante, o Paracleto que encontramos no Discurso de Despedida no evangelho de João raramente é discutido.

Mesmo as pessoas dentre nós que já andaram com Jesus por muito tempo precisam voltar para a escola no que se relaciona ao Espírito Santo. Embora pedir ao Pai para nos conceder o Espírito seja um bom começo, essa atitude não passa disso — um bom começo. Agora precisamos dedicar a nós mesmos a sermos alunos do Espírito Santo, buscando conhecer este Paracleto que prometeu ser nosso Companheiro e Ajudador sempre presente.

> *Pai, eu já convidei o teu Espírito para entrar na minha vida. Agora preciso conhecê-lo. Quero aprender sobre quem Ele é, sobre o que Ele faz e sobre como Ele age. Ensina-me sobre o teu Espírito! Deixa que Ele me mostre o que eu tenho a capacidade de ver. Deixa-me entender seus títulos e a sua natureza. Ensina-me os seus caminhos e a sua obra. Deixa que Ele seja o meu Companheiro em palavras e obras. Deixa-me caminhar com Ele de forma íntima, do mesmo modo que também quero andar juntamente contigo e com teu Filho.*

O processo de aprendizado começa com o retorno às Escrituras e o reencontro com o Espírito Santo nas páginas do Livro Sagrado.

Reserve um tempo para se dedicar aos estudos sobre o Espírito que apresentei nesse livro (os capítulos da Parte 1 e os apêndices incluídos no final). Contemple o Espírito na vida de Moisés, de Davi e de Paulo. Memorize o Discurso de Despedida. Inicie uma imersão do capítulo 8 de Romanos. Medite sobre o segundo capítulo de 1Coríntios ("ninguém conhece os pensamentos de Deus, exceto o Espírito de Deus"). Aprenda o que realmente está sendo dito sobre o Espírito no capítulo 12 desse mesmo livro, e sobre o estilo de vida amável que Paulo classifica (no capítulo 13) como o "caminho mais excelente" do Espírito. Examine a lista do "fruto do Espírito" e meça a si mesmo nesse padrão (Gálatas 5:22-23 — precisa de ajuda para chegar a esse padrão?). Detenha-se sobre a oração de Paulo pelos efésios (3:14-21) e observe tanto a função central desempenhada pelo Espírito como a oração de Paulo, que fala de perto com nossas esperanças mais sublimes. Existe muita coisa que a Bíblia diz sobre o Espírito Santo que raramente ouvimos. Portanto, passe a ouvi-las agora e aprenda com elas.

O que começa como um estudo pessoal será aperfeiçoado por uma discussão sobre o assunto. Convide alguns amigos para tomar café em uma boa cafeteria uma manhã por semana por alguns meses para conversar sobre o Espírito Santo nas Escrituras, no plano de Deus e na vida de cada um. Orem juntos para que Deus lhes dê sabedoria enquanto buscam conhecê-lo melhor.

3. Desenvolva os olhos do Espírito

"Assim, fixamos os olhos, não naquilo que se vê, mas no que não se vê, pois o que se vê é transitório, mas o que não se vê é eterno" (2Coríntios 4:18).

Muitos de nós não vemos o Espírito em ação dentro de nós e em nosso mundo. Nós nos concentramos somente "naquilo que se vê" e no que é "transitório". Enquanto isso, toda uma esfera "que não se vê" se abre ao nosso redor, uma esfera sobre a qual geralmente permanecemos sem ter ideia da sua existência.

Se eu e você somos incapazes de perceber o Espírito em ação dentro de nós e ao nosso redor, isso com certeza se deve ao fato da nossa cegueira em relação ao Espírito, em vez de qualquer inércia da parte do Espírito. Como o pobre homem de Betesda, ou nós não vemos nada ou — no máximo — não podemos entender o que vemos (Marcos 8:22-26). São necessários vários toques da mão do Mestre antes de nossa visão espiritual ser restaurada... antes de vermos com uma maior clareza.

Portanto, peça a Deus para tocar seus olhos e abrir seu coração para que você possa ver a ação do Espírito. Peça a Ele hoje, amanhã e depois de amanhã. Clame e não permita que ninguém o cale.

> *Pai, perdoa minha cegueira acerca do teu Espírito. Cura-me para que possa ver. É verdade que houve tempos em que eu tinha certeza de que via tudo claramente e, por essa razão, continuei cego. Agora, porém, sei que preciso do teu toque curador, abrindo meus olhos cegos, meus ouvidos surdos e o meu coração fechado. Concede-me a capacidade de ver o teu Espírito, ó Pai, e — em compensação — eu te darei a minha total atenção.*

Para que servem olhos curados se não puderem focar as coisas celestiais? Francamente, parte da nossa cegueira ao Espírito não se trata da nossa incapacidade, mas da nossa falta de atenção. Passamos pela vida com os nossos olhos espirituais fechados. Não esperamos ter algum encontro significativo com o Espírito Santo. Não vemos porque não olhamos com atenção.

Precisamos de novas disciplinas que nos permitam "fixar nossos olhos naquilo que não se vê", com a palavra de ação consistindo em "fixar" dando a entender: "atar", "grudar", "foco habitual", "atenção firme". Fique atento ao Espírito em ação nas manchetes da manhã, nos acontecimentos do seu dia, nas pessoas que você encontra, nos momentos de necessidade ou de crise. Ore para que Deus não somente cure sua cegueira espiritual, mas trate seu Transtorno de Déficit de Atenção Espiritual (TDAE).

4. Construa um vocabulário do Espírito

"Delas também falamos, não com palavras ensinadas pela sabedoria humana, mas com palavras ensinadas pelo Espírito, interpretando verdades espirituais para os que são espirituais" (1Coríntios 2:13).

Uma das coisas que mais admiro em meus irmãos e irmãs carismáticos é o seu interesse e a sua eloquência em testemunhar sobre a obra do Espírito em sua vida. Eles não só veem as marcas do Espírito em todo lugar, como também falam sobre o Espírito com grande facilidade e alegria. "O Espírito me convenceu"; "Não tive a permissão do Espírito"; "Tenho buscado a sabedoria do Espírito a respeito disso".

Aqueles que não possuem a mesma herança religiosa geralmente não possuem o vocabulário para falar dessa maneira a respeito do Espírito Santo. Mesmo se encontrássemos coragem para fazer isso, não teríamos as palavras para falar. A fala sobre o Espírito Santo pode parecer uma língua estranha para nós. Gaguejamos e temos dificuldade para nos exprimir. As expressões do Espírito soam esquisitas na nossa boca. Preferimos falar sobre a Bíblia ou sobre a igreja.

> *Pai, eu confesso que "tenho a língua pesada" no que se refere às questões do Espírito. Por favor toque minha língua — do mesmo modo que fizeste com o homem mudo — para que eu possa "falar claramente" sobre a obra do Espírito dentro de mim. Perdoa-me por entender tão pouco e conversar menos ainda sobre as verdades espirituais com palavras espirituais. Quero que a minha fala honre ao Espírito Santo e seja um testemunho constante de sua graça, bondade e poder.*

Portanto, aprenda a usar os nomes do Espírito em oração e nas conversas. Ouça as expressões utilizadas nas Escrituras ("viver segundo o Espírito; "coloque na mente o que o Espírito deseja"; "a mente controlada pelo Espírito é vida e paz"; "somos guiados pelo Espírito de Deus"; "o Espírito nos ajuda nas fraquezas"; "o Espírito intercede por nós"; "o fruto do Espírito é amor, alegria, paz" etc.; somos "salvos" e "santificados" e "selados" pelo Espírito) e permita que essas expressões idiomáticas do Espírito moldem suas próprias rotinas de oração e comunicação. Fique confortável falando sobre o Espírito, dando a Ele o devido crédito, reconhecendo a obra dele em sua vida, na sua igreja e no mundo.

Aviso: antes que possa ser ouvida, a nossa fala sobre o Espírito precisa ser *autêntica*. Temos permissão para falar a linguagem do Espírito somente quando andamos no Espírito. Já vi pessoas que tinham esse linguajar, mas não possuíam nenhum testemunho de vida. Nesse caso, esse tipo de fala é hipócrita e desonesta. É melhor não dizer nada e deixar que as pessoas pensem que você é um tolo espiritual do que abrir sua boca de forma enganosa e tirar todas as dúvidas a respeito disso.

5. Viva no Espírito

"Se vivemos pelo Espírito, andemos também pelo Espírito" (Gálatas 5:25).

É muito bom aceitar que o Espírito Santo vive em nós, mas outra coisa é entender que *nós também vivemos no Espírito*. Existe um sentido no qual o Espírito "se alinha" conosco ministrando a nossas feridas particulares, reconhecendo os nossos limites individuais e conhecendo nossas forças e fraquezas, mas também há um sentido de que nós nos "alinhamos" com o Espírito, aprendendo sobre a sua vontade e nos adaptando aos seus caminhos.

Paulo chega a essa ideia com expressões como: "viver segundo o Espírito" e ser "controlado pelo Espírito", "alinhar o passo com o Espírito" e ser "guiado pelo Espírito". Ele acredita que os cristãos habitam um ambiente espiritual no qual eles "falam pelo Espírito", "adoram pelo Espírito", "oram no Espírito", "amam no Espírito" e dão o "fruto do Espírito".

Todos os lugares para onde vamos, tudo o que fazemos, toda a ação para a qual nos dedicamos — segundo Paulo — estão dentro de um ambiente do Espírito de Deus. Nós vivemos, respiramos e habitamos a esfera do Espírito.

É claro que João (no Discurso de Despedida) está chegando à mesma ideia. O Paracleto é nosso Companheiro, Mestre, Capacitador, Parceiro e Guia. Ele é a nossa nova realidade. Vivemos nossa vida para Ele. O Espírito vive em nós e, por causa disso, temos que viver nele de modo concsiente e fiel.

Essa é a nova perspectiva que molda a vida dos discípulos. Saímos do mundo de Adão e entramos na esfera do Espírito quando confiamos em Jesus. Agora andamos no novo caminho, de acordo com as novas realidades da presença do Espírito.

"Viver no Espírito" indica que o Espírito estabelece a pauta para nossa vida, molda nossas prioridades, decide nossas ações e atitudes. Significa que a orientação do Espírito toma a prioridade sobre a nossa zona de conforto e sobre as nossas preferências. Também significa que temos de nos esforçar para estar em harmonia com o ritmo do Espírito e ter a coragem para andar na direção do Espírito. Não pense por nenhum momento que isso será prazeroso. Isso vai romper seus limites, vai pressionar e frustrar você. Levará você a lugares aonde você não quer ir, a uma velocidade que incomoda... se é que estamos dispostos a nos alinharmos com Ele.

> *Pai Santo, tu prometeste que o Paracleto viverá em mim e andará comigo por todas as estradas e caminhos secundários da minha vida. Ensina-me que eu também vivo nele e ando com Ele. Deixa-me dedicar minha vida ao controle do Espírito e à sua orientação. Ajuda-me a viver nos caminhos do Espírito, segundo a sabedoria e o poder do Espírito Santo. Deixa-me alinhar-me ao Espírito, enquanto Ele anda ao meu lado como meu Companheiro e Guia.*

6. Ore "no Espírito"

"Edifiquem-se, porém, amados, na santíssima fé que vocês têm, orando no Espírito Santo" (Judas v. 20).

Será que você acha difícil orar? Você acha que suas orações estão ficando mecânicas e superficiais? Você ora sem muita convicção de que suas orações são ouvidas e respondidas? Você sempre tem dificuldade para saber o que orar ou como orar ou mesmo duvida do seu "direito" de incomodar Deus com suas orações?

Eu sugiro que a alternativa para as orações mornas é orar "no Espírito". Percebo que algumas pessoas acreditam que "orar no Espírito Santo" se refere a uma experiência de êxtase para os cristãos do século 1, uma prática de oração na qual os discípulos eram "levados ao terceiro céu" (2Coríntios 12:2) e falavam em línguas de oração (1Coríntios 14:14-15).

É mais provável, no entanto, que a exortação de Judas para "orar no Espírito" (Judas v. 20, e da instrução semelhante de Paulo — Efésios 6:18) tinha pouco a ver com êxtase e muito a ver com mentalidade. "Orar no Espírito" tem o significado mais provável de orar com o Espírito, no contexto do Espírito, com confiança no Espírito, por meio da atuação do Espírito e por causa do Espírito que habita no coração. Judas diz: "Ore e faça isso bem voltado para o Espírito".

> *Pai, tu me deste o Paracleto para permanecer ao meu lado. Lembra-me de que não estou sozinho quando oro a ti, que o teu Espírito dá poder e coragem a minhas orações. Ajuda-me também a confiar que o teu Espírito falará por mim, que Ele gemerá e intercederá em meu favor. Ensina-me a orar no Espírito, com o Espírito e por meio do Espírito... a orar porque o Espírito está no meu coração e na minha mente.*

Orar "no Espírito" transformaria de forma radical o modo que oramos, nossa dependência da oração e nossos motivos de oração. Permitiria que orássemos com o conhecimento confiante de que o Espírito está em nós e nos dá acesso ao Pai (Efésio 2:18). Esse tipo de oração nos relembraria constantemente que o Espírito está nos ajudando a orar, intercedendo por nós, traduzindo nossos gemidos em gemidos dele, os quais o Pai entende (Romanos 8:22-27). Poderíamos orar para que o Espírito nos fortaleça emocionalmente, em nosso homem interior, com paz, alegria, esperança, confiança e amor (João 14:27; Efésios 3:16; Romanos 8:6; 14:17; 15:13; 1Tessalonicenses 1:6). Poderíamos orar para que o Espírito nos capacite para um ministério eficaz e para executar a missão que Jesus nos concedeu para fazer (1Coríntios 12). Poderíamos orar para que o Espírito nos aprofunde e nos amadureça, fazendo-nos mais parecidos com Cristo (Romanos 8:29; 2Coríntios 3:18; Colossenses 3:10).

7. Descubra os seus dons espirituais

"O dom espiritual é dado a cada um de nós para que possamos ajudar um ao outro" (1Coríntios 12:7 — NLT).

Você sabe qual é o seu dom?

Existem (pelo menos) duas listas de dons espirituais dentro das Escrituras: Romanos 12:6-8 e 1Coríntios 12:8-11. Leia essas listas e veja se você consegue se encontrar nelas. Você pode ter mais do que um desses dons que estão na lista — que bom para você! Mas você tem *pelo menos* um. Isso faz parte do plano de Deus para você.

Então, qual é o seu dom espiritual?

> *Pai, por favor, dá-me a sabedoria para discernir qual é o meu dom verdadeiro e a coragem para usá-lo de forma altruísta a serviço do teu reino. Perdoa-me quando escondi o teu dom e o afastei do Corpo. Tu, mediante o teu Espírito, capacitaste-me a fazer a diferença para o teu povo e para o mundo. Convence-me, pelo teu Espírito, da necessidade de usar meu dom para a tua glória.*

Você pode não se sentir confortável com a relação de dons que Paulo escreveu para os coríntios: mensagens de sabedoria e conhecimento, fé sobrenatural, cura, poderes milagrosos, profecia, discernimento de espíritos, línguas estranhas, interpretação de línguas estranhas (1Coríntios 12:8-11). Isso é natural. Leia Romanos e encontre o seu dom lá: serviço, ensino, incentivo, generosidade, liderança e prática da misericórdia (Romanos 12:6—8). Qual dom que Deus lhe concedeu "para o bem comum"?

O que realmente importa não é em qual lista o seu dom aparece. O que é importante nem mesmo é o dom em particular que você recebeu. De modo algum. O importante é que você *identificou* o dom que Deus lhe confiou e está usando esse dom para a glória dele.

Segundo Paulo (ver 1Coríntios 12), a igreja que você frequenta nunca será o corpo lindo, saudável e poderoso que Deus quer que ela seja sem que você faça a sua parte. Quando o dom concedido "para o bem comum" não é exercido, o corpo de Cristo é prejudicado. A igreja começa a mancar, a sentir falta de ar e se enfraquecer quando lhe faltam peças e funções importantes. Você ficará constantemente inseguro ("A igreja não precisa de *mim*" — 12:15) ou se sentirá constantemente importante em si mesmo (A igreja não precisa de *vocês*" — 12:21). Você *não* será uma parte conectada ao corpo, vivendo o propósito de Deus para a sua vida no contexto da igreja.

Mesmo com toda a importância que esse assunto merece, muitos de nós não tem a mínima ideia sobre nossos próprios dons, nem qualquer entendimento sobre a função importante que desempenhamos no corpo de Cristo, nem mesmo uma participação ativa na vida e nos ministérios das nossas igrejas. O Espírito nos concedeu um dom — exatamente o dom que Ele quis que tivéssemos, o dom que nossa igreja precisa — e (bem frequentemente) acabamos enterrando esse dom.

8. Discirna o Espírito Santo nas outras pessoas

"Irmãos, escolham entre vocês sete homens de bom testemunho, cheios do Espírito e de sabedoria. Passaremos a eles essa tarefa e nos dedicaremos à oração e ao ministério da palavra" (Atos 6:3-4).

Realmente é preciso ser cheio do Espírito para reconhecer outra pessoa na mesma condição.

Em quem o Espírito Santo habita? Quem está revestido desse Espírito? Quem demonstra o fruto do Espírito de tal modo que, claramente, ele ou ela tem andado "um caminho longo de obediência" no Espírito? Em quais dos seus amigos ou conhecidos (que já tiveram um encontro transformador com o Espírito e que tenha promovido a edificação do caráter deles) você pode confiar?

Perguntas como essas parecem confusas até que você reflita sobre o quanto de nossa interação com os outros cristãos se baseia em suposições a respeito da motivação, da maturidade espiritual, da sabedoria, dos compromissos, dos valores e das prioridades em comum. Ver o Espírito nas outras pessoas, ou saber que Ele está presente e em ação na vida de alguém, ajuda-nos a cultivar a confiança uns nos outros. Quando não conseguimos ver esse Espírito em algumas pessoas, ou quando o vemos somente de forma parcial, ajuda-nos a identificar as pessoas a quem não podemos dar muito crédito espiritual — pelo menos por enquanto.

Discernir o Espírito nas outras pessoas parece uma coisa vaga — até mesmo preconceituosa! — até quando reconhecemos o quanto o nosso discipulado se baseia nas decisões que fazemos a respeito de quem consideramos sábios, as pessoas das quais buscamos conselho ou ensino, sobre quem damos permissão para moldar nosso pensamento, ou a quem recorremos em momentos de crise, ou quem escolhemos como líderes, mentores e amigos cristãos. Você já fez uma má escolha? Já ficou bastante decepcionado, foi extremamente magoado por alguém a quem você via como exemplo de espiritualidade?

A nossa tendência é basear essas decisões sobre relacionamentos *em alguma coisa*. Podemos nos basear na personalidade da pessoa, na sua capacidade de convencer, na afinidade, na história em comum, no comportamento, na vida pública da pessoa, nas crenças que essa pessoa afirma ter, no sucesso financeiro e assim por diante. A Bíblia sugere que pode haver outra forma de fazer essas escolhas e tomar decisões com relações a outras pessoas. Uma atitude válida é pedir auxílio ao Espírito Santo para ajudar você a discernir a presença dele nas pessoas. Outra é olhar para as pessoas com olhos espirituais em vez de olhos carnais, e tomar decisões com base no discernimento espiritual, em vez de considerar aspectos mais superficiais.

> Amados, não creiam em qualquer espírito, mas examinem os espíritos para ver se eles procedem de Deus, porque muitos falsos profetas têm saído pelo mundo. Vocês podem reconhecer o Espírito de Deus deste modo: todo espírito que confessa que Jesus Cristo veio em carne procede de Deus; mas todo espírito que não confessa a Jesus não procede de Deus. Esse é o espírito do anticristo, acerca do qual vocês ouviram que está vindo, e agora já está no mundo (1João 4:1-3).

A maneira que João se refere à questão é interessante: "Examinem os espíritos". Por que não dar a seus leitores uma lista de verificação doutrinária e dizer a eles para "testar as posições"?[1] Por que não dar a eles uma lista de verificação ética e dizer a eles para "testar a vida"?[2] João faz tudo isso em sua carta, mas ele faz algo mais. Ele diz a esses cristãos para "examinar os espíritos" — mostrando que é mais importante o discernimento espiritual do que avaliar crenças em particular ou estilos de vida específicos ou a moralidade; ele quer saber se a pessoa tem o Espírito de Deus ou não.

Na verdade, os primeiros cristãos faziam esse "teste" o tempo todo. Por exemplo, os apóstolos pediram à igreja de Jerusalém para escolher entre eles "sete homens de bom testemunho, cheios do Espírito e de sabedoria" (Atos 6:3ss) para receber responsabilidades dentro da família da igreja, e a igreja não reagiu com perguntas sobre o significado da expressão "cheios do Espírito", mas com nomeações específicas. Quando os apóstolos precisaram enviar um representante a Antioquia para verificar as notícias da primeira igreja gentia, eles escolheram Barnabé — o homem certo para a missão porque "ele era um homem bom, *cheio do Espírito Santo* e de fé" (Atos 11:24).

A igreja primitiva não deu responsabilidades ou cargos de liderança a pessoas nas quais não conseguiam perceber o Espírito Santo em ação. É fácil entender a razão. Somente as pessoas "cheias do Espírito" tinham a capacidade de entender a atividade essencial do Reino de Deus. A pessoa que não tivesse esse Espírito não seria capaz de aceitar "as coisas que vêm do Espírito de Deus, pois lhe são loucura; e não

227

é capaz de entendê-las, porque elas são discernidas espiritualmente" (1Coríntios 2:14).

> Pai, dá-me os olhos do Espírito. Ajuda-me a ver o mundo, as outras pessoas e a mim mesmo como o Senhor. Ensina-me a reconhecer o teu Espírito em meus irmãos e irmãs, para discernir se o Espírito está queimando dentro deles ou só fumegando. Dá-me compaixão e paciência com aqueles que não conhecem o teu Espírito tão bem como eu. Dá-me humildade e respeito por aqueles que conhecem o teu Espírito melhor. Concede-me o dom do discernimento, de modo que eu possa saber a quem orientar e a quem seguir.

9. Pense de forma trinitária

"A graça do Senhor Jesus Cristo, o amor de Deus e a comunhão do Espírito Santo sejam com todos vocês" (2Coríntios 13:14).

A palavra "Trindade" não se encontra nas Escrituras nem nos lábios de Jesus e de seus apóstolos. Entretanto, isso não quer dizer que a Bíblia não "pensa de forma trinitária". Na verdade, nas páginas das Escrituras, o Pai, o Filho e o Espírito Santo estão ligados constantemente. Embora esse não seja o lugar para documentar essa declaração (isso foi feito de forma exaustiva por outras pessoas), eu realmente sugiro que a ideia da "Trindade" é básica nas Escrituras, apesar de a palavra nunca ser usada. Não conseguimos entender Jesus, o Espírito ou (nesse aspecto) o Pai sem recorrer à ideia de que Deus é um em três pessoas.

Deus é um. O Pai, o Filho e o Espírito Santo são um. O Pai é Deus, o Filho é Deus e o Espírito Santo é Deus. Jesus foi Deus encarnado. O Espírito é Deus em nós. Um Deus em três pessoas. Um Deus em três expressões. A trindade abençoada.

É claro que eu percebo que algumas pessoas acham esse conceito incompreensível. Para eles, a "trindade" é mais do que um mistério; é uma conversa fiada, um absurdo. Outros estão simplesmente impacientes com a ideia: isso não somente é incompreensível, mas também é inconsequente. Quem se importa com isso? Toda essa discussão não passa de cisma teológica. Todo esse debate é "muito barulho por nada".

Mas no centro da ideia trinitária está uma noção que fica no núcleo da nossa fé. Jesus não era simplesmente um homem bom e sábio, ou um homem capacitado de forma única para nos falar sobre Deus. Jesus era o próprio Deus, Deus feito carne, Deus conosco (Emanuel!). Jesus não é simplesmente alguém a quem admiramos; Ele é alguém a quem *adoramos* — "nele habita corporalmente toda a plenitude da divindade" (Colossenses 2:9); aquele que revela Deus ao mundo porque ele *era* Deus (João 1:1, 18).

A lista de pessoas que tentaram criar uma divisão entre a essência de Deus e a essência de Jesus é longa e lamentável. Se tirarmos a deidade de Jesus, tiraremos o princípio central do cristianismo. Se rebaixarmos Jesus a qualquer posição que não seja Deus, toda a estrutura da fé — a revelação, a salvação e a santificação — cai por terra.

Para os nossos propósitos, no entanto, o que é vital observar é o que essa ideia trinitária diz a respeito do Espírito Santo. O Espírito Santo não é somente um agente de Deus, ou uma ferramenta que Deus usou para entusiasmar os discípulos primitivos e inspirar os escritos do Novo Testamento. Ele não se trata somente de uma boa influência e de uma presença útil. Ele é o próprio Deus, Deus em outra forma, Deus *em* nós. O Espírito não é alguém a quem admiramos (ou, pior, algo que admiramos); Ele é alguém a quem *adoramos* — a plenitude de Deus na forma que habita em nós; aquele que continua a revelar Deus ao mundo porque Ele é Deus (João 16:12-15).

A lista de pessoas que tentaram separar a essência de Deus da essência do Espírito também é longa e igualmente lamentável. Se tirarmos a divindade do Espírito, tiramos o poder central do cristianismo. Se rebaixarmos o Espírito a qualquer posição que não seja Deus, as ideias sobre habitação no homem, transformação, revelação e vida eterna no aqui e agora perdem o sentido.

É a reflexão a respeito da ideia da "Trindade" que nos ajuda a entender que o Espírito em você equivale a Cristo vivendo dentro de você — a presença de Cristo, dos ensinos de Cristo, da plenitude de Cristo e da mente de Cristo. O Espírito em você equivale a Deus habitando em você — concedendo as palavras, o poder, a vontade e a presença de Deus. O Espírito em você equivale à vida eterna: ainda não é céu, mas o que faz do céu "o céu" — a presença de Deus, a vida de Deus, a vida *com* Deus.

> *Pai, eu sei que tudo que pertence a ti foi dado a teu Filho. Também sei que tudo o que Jesus tinha, Ele concedeu ao Espírito Santo. Além disso, agora eu sei que tudo o que o Senhor confiou ao Espírito Santo está sendo derramado em mim. Sou muito pequeno para conter tudo isso. Sou fraco, cego e tão limitado. Deixa que teu Espírito me mostre a plenitude do teu Filho e a tua glória. Eu te louvo e te adoro e entrego minha vida graciosamente a ti. Eu oro isso em nome do Pai, do Filho e do Espírito Santo.*

10. Seja uma testemunha do Espírito

"Nós somos testemunhas destas coisas, bem como o Espírito Santo, que Deus concedeu aos que lhe obedecem" (Atos 5:32)

Jesus transformou o mundo com onze homens porque Ele era capaz de convencê-los, não somente a acreditar, mas também a testemunhar. Agradeço a você por estar lendo este livro. Espero que ele faça uma diferença em sua vida. Mas, para que essa mensagem sobre o Espírito Santo crie raízes e cresça, você precisa fazer mais do que consentir acenando com a cabeça e encontrar algum benefício pessoal. Você tem de testificar.

É bom "ouvir e acreditar", melhor ainda é "ouvir, crer e aplicar", mas o que é melhor do que tudo é "ouvir, crer, aplicar e testemunhar".

> *Pai, obrigado por revelar a si mesmo, a tua vontade e o teu Espírito Santo a mim. Estou interessado em receber mais. Dá-me a coragem para compartilhar essas boas-novas com os outros. Dá-me a sabedoria para compartilhar de modo eficaz. Além disso, concede-me a compaixão para amar as pessoas*

seja qual for a reação delas, estando elas prontas ou não. Prepara o coração daqueles que eu amo para ouvir meu testemunho da habitação do Espírito em nós. Confio que tu possas abrir os ouvidos, determinar o tempo, e ungir minhas conversas. Que cada um de meus esforços seja para tua glória e para o bem do teu povo!

"Testemunhar" ajudará você a entender melhor o Espírito por si mesmo. Também o encorajará a andar no Espírito de forma mais plena e mais profunda. "Testemunhar também convidará as pessoas que você ama a uma experiência espiritual mais rica do que eles conhecem. Se as ideias expressas nessas páginas impactaram você, peço que as compartilhe com outras pessoas.

CAPÍTULO DEZESSEIS

UM CONTO DE DUAS IGREJAS

Vamos viajar de volta no tempo para visitar duas igrejas que hoje não existem mais, mas que aqueles que possuem contato com as igrejas atuais conhecem de forma surpreendente.

A primeira igreja era localizada na Ásia Menor, na cidade de Laodiceia. Paulo a conhecia, embora não tivesse inaugurado essa congregação nem nunca a tivesse visitado pessoalmente (Colossenses 2:1). Ele, no entanto, tinha ouvido falar sobre a igreja nessa cidade rica que desfrutava de um bom trabalho manufatureiro e escreveu uma carta para ela (que não chegou até nós). Sabemos a respeito dessa carta porque Paulo fez menção a ela em outra carta que ele escreveu — à igreja de Colossos: "Depois que esta carta for lida entre vocês, façam que também seja lida na igreja dos laodicenses, e que vocês igualmente leiam a carta de Laodiceia" (Colossenses 4:16).

Não sabemos o que Paulo escreveu para a igreja de Laodiceia, mas sabemos, de fato, o que ele escreveu aos colossenses e podemos supor que os cristãos em Laodiceia (com base na instrução de que se lesse a carta aos colossenses naquela cidade) conheciam os ensinos de Paulo. Em particular, eles sabiam a respeito do Espírito. Eles tinham ouvido Paulo recomendando os colossenses pelo seu "amor no Espírito" (1:8) e devem ter experimentado um amor no Espírito parecido entre eles. Eles leram a respeito de Paulo orando a Deus para encher os colossenses com "toda sabedoria e entendimento espiritual" (1:9), e devem ter tido conhecimento de que ele estava fazendo orações parecidas por eles. Além disso, eles teriam entendido o que Paulo quis dizer quando incentivou os colossenses a deixar que a palavra de Cristo habitasse "ricamente" neles e cantassem "cânticos espirituais" (3:16), duas atividades que só seriam possíveis pela presença ativa do Espírito Santo. Os laodicenses, baseados no evangelho essencial que os apóstolos pregavam em todos os lugares que sua obra missionária os levasse, também devem ter se pautado pela pessoa e pela obra do Espírito. Até o ponto que as palavras de Paulo aos colossenses se aplicassem aos cristãos de Laodiceia, houve uma época em que andar no Espírito tinha algum significado para a igreja daquele lugar.

Depois de um salto de trinta anos, voltamos a entrar em contato com essa igreja quando João escreve o seu Apocalipse. Nesse livro, ele se dirige às "sete igrejas da província da Ásia" (Apocalipse 1:4) — e acontece que uma delas é justamente a igreja de Laodiceia. Infelizmente, a igreja está com problemas na época em que João escreve:

> Conheço as suas obras, sei que você não é frio nem quente. Melhor seria que você fosse frio ou quente! Assim, porque você é morno, nem frio nem quente, estou a ponto de vomitá-lo da minha boca. Você diz: Estou rico, adquiri riquezas e não preciso de nada. Não reconhece, porém, que é miserável, digno de compaixão, pobre, cego e que está nu. Dou-lhe este aconselho: Compre de mim ouro refinado no fogo e você se tornará rico; compre roupas brancas e vista-se para cobrir a sua vergonhosa nudez; e compre colírio para ungir os seus olhos e poder enxergar. Repreendo e disciplino aqueles que eu amo. Por isso, seja diligente e arrependa-se (Apocalipse 3:15-19).

Essa igreja tinha crescido de forma acomodada, confortável e contente consigo mesma. A riqueza a tinha inchado com autoconfiança e dissipado a necessidade de Deus. João acusou esses cristãos de serem pobres, cegos e nus. A julgar por sua condição espiritual arruinada, não parece ter havido muita ação do Espírito em Laodiceia. A igreja não parecia ter dado muito fruto. Não havia muita evidência de fogo naquele lugar. Aparentemente, os laodicenses acharam uma maneira de viver como igreja sem a presença ativa e transformadora do Espírito.

Isso é bem parecido com muitas igrejas que eu conheço nos dias de hoje.

A segunda igreja que devemos observar estava situada na Grécia, na cidade de Corinto. Paulo também a conhecia. Na verdade, ela começou por sua iniciativa missionária (Atos 18) e ele passou muitos meses com essas pessoas. Ele escreveu pelo menos quatro cartas para os cristãos em Corinto (das quais somente duas — 1 e 2Coríntios — chegaram até nós). Ele amava esses cristãos como seus próprios filhos espirituais (2Coríntios 6:11-13).

Acima de todas as outras igrejas sobre as quais lemos no Novo Testamento, a igreja de Corinto foi agraciada com os dons espirituais. Se você quisesse uma igreja modelo de poderes milagrosos e de manifestações sobrenaturais do Espírito, era só olhar para essa igreja. Ela possuía dons de línguas e profecia, de cura e revelações... na verdade, esses cristãos tinham de tudo.

Mesmo assim, Paulo não os considerava "espirituais" (1Coríntios 3:1). Ele os chamava de "carnais" e de "meninos em Cristo". Ele lamenta que, mesmo com todos aqueles dons, eles só poderiam digerir "leite espiritual, não comida sólida" (1Coríntios 3:2). Ele olha além das evidências de seus poderes para examinar as evidências da vida deles e vê poucos sinais da obra do Espírito em suas facções, brigas, orgulho, imoralidade e impaciência com a cruz.

Aparentemente, essa era uma igreja que experimentava o suficiente do Espírito Santo para operar milagres, mas não dava lugar suficiente ao Espírito para serem transformados à imagem de Cristo. Eles tinham o poder para curar, mas não possuíam o poder para serem transformados, amadurecerem e amarem de forma altruísta.

Trata-se de duas igrejas diferentes. Duas experiências radicalmente diferentes do Espírito. Uma igreja ignorava o Espírito Santo, e a outra celebrava de forma interessada os dons do Espírito Santo, mas em nenhuma delas estava sendo executada a obra do Espírito de uma forma verdadeira. As duas eram cheias de membros que não eram espirituais, e que eram imaturos, equivocados e desorientados. As duas igrejas, apesar de suas diferenças ao experimentarem o Espírito, acabaram chegando a uma situação parecida, ambas não eram espirituais.

Ser uma igreja que não tem o Espírito é uma coisa terrível, mas igualmente terrível (e perigoso) é ser uma igreja que fica aquém da pauta maior do Espírito e abafa a melhor obra que o Espírito Santo quer fazer na vida dos discípulos. Eu não gostaria de ir à igreja em Laodiceia, mas também não queria frequentar a igreja com os coríntios.

Mas a grande verdade é que muitos de nós aprecia tudo isso.

SEM OPÇÃO

Tenho visto igrejas conduzidas sem a presença do Espírito de Deus, e trata-se de um ambiente feio e árido. Esse tipo de igreja não pode ser o que Deus quer porque é fraca, confia em si mesma, está presa a tradições e tem medo do futuro. Ela se concentra em normas e rituais, está obcecada por aquilo que é visto como correto, mas não possui a força transformadora responsável pela produção da imagem de Deus e pela promoção do Reino de Deus. Ela equivale a um tubo de lava — com uma casca fria e superficial formada por um fogo que uma vez correu bem quente e de forma ampla.

Também já vi igrejas sendo conduzidas pelo Espírito de forma bem tênue (ou pelo menos por aquilo que geralmente é confundido com o Espírito Santo), e trata-se de uma visão assustadora e instável. Esse tipo de igreja que só dá atenção a sinais e maravilhas também não é o que Deus quer. Ela é visceral, está abandonada e não se importa nem com o passado nem com o futuro. Não tem a mínima paciência com a Bíblia, suspeita de qualquer autoridade que não seja os cochichos pessoais do

Espírito, tem fome daquilo que é sensacional e — de modo estranho — destituído da força transformadora que promove a santidade e um relacionamento maduro com Cristo. Trata-se de um rio cheio, uma torrente que transborda em todos os seus canais, um dilúvio que varre a razão, o autocontrole e acaba expulsando o próprio evangelho.

Tenho visto igrejas que se parecem com a antiga Laodiceia — complacente, acomodada, confortável — sem expectativa de que o Espírito a pudesse invadir e fazer algo novo na atualidade. Também tenho visto igrejas que se parecem com Corinto — muitas línguas, bastante conversa sobre o Espírito Santo, mas pouca compreensão sobre a cruz ou sobre o chamado para a maturidade ou para as prioridades verdadeiras do Espírito. Esses dois tipos de igreja não valem o nome que tem e não estão capacitadas para conduzir as obras essenciais do Reino de Deus.

Muitos cristãos comprometidos — discípulos como eu e você — encontram-se presos entre a rocha da igreja indiferente quanto ao Espírito e o lugar difícil da igreja obcecada por sinais. Não temos interesse em praticar uma fé que ignora o Espírito Santo e não incentiva uma presença viva e ativa dentro de nós. Muito menos estamos dispostos a nos entregar a uma vida que se restringe a milagres. Ansiamos convidar o Espírito para a nossa vida e para a nossa igreja, mas esse convite não é feito para que possamos experimentar uma vertigem de dons. Em vez disso, ansiamos experimentar uma transformação sobrenatural que se dirige aos pecadores decaídos e os faz crescer rumo à "plenitude de Cristo" (Efésios 4:13). Temos necessidade do Espírito; temos fome do Espírito; estamos dispostos a buscar o Espírito "sem se limitar às páginas da Bíblia". Suspeitamos que existe um relacionamento com o Espírito Santo mais profundo do que tudo que já experimentamos e estamos bem certos de que não descobriremos isso sem dar lugar a Ele. Entretanto, também não estamos dispostos a ficar à beira de um precipício espiritual e dar um salto cego para algo desconhecido e sensacional.

Não queremos que Cristo olhe para a nossa caminhada espiritual e nos acuse de sermos mornos — nem frios nem quentes. Mas também não queremos que Cristo nos acuse de não sermos espirituais, de sermos perpetuamente imaturos, e não possuirmos os melhores dons do Espírito — ainda que tenhamos a capacidade de falar a língua dos homens e dos anjos (1Coríntios 13:1).

Queremos o Espírito, mas não de qualquer maneira. Não queremos o Espírito às custas das Escrituras, ou do abandono da razão, ou da perda do evangelho essencial. Queremos o Espírito, mas não *qualquer* Espírito, queremos um Espírito *com discernimento*... um Espírito *testado*... um Espírito *confiável*.

Será que existe um Espírito para cristãos como nós? Um Espírito que, por um lado, seja real e tangível, pessoal e poderoso, e que, por outro lado, evite o beco sem saída do sensacionalismo e da arrogância? Alguém que produza um fruto espiritual verdadeiro, sem esforços repetitivos de desenvolvimento pessoal nem distrações com sinais?

A CORRENTE CHEIA DE CANAIS

O assunto do Espírito Santo é difícil para muitos de nós. Na verdade, isso tem sido um assunto difícil para a maioria das pessoas na maioria das épocas, começando com as tentativas dedicadas de Paulo de falar sobre o Espírito Santo para os coríntios, chegando até as reflexões modernas sobre a possibilidade e o modo pelo qual o Espírito Santo opera em nossa vida hoje em dia.

Para começar, vamos reconhecer que o relacionamento entre a igreja e o Espírito equivale a uma corrente com vários canais. Para alguns, a experiência do Espírito corre de maneira plena, poderosa e pública. Para outros, a experiência é mais restrita e pessoal. Para outros tantos, a experiência é mínima, como um conta-gotas. Devemos reconhecer que essa experiência diferente do Espírito têm sido um fato da vida cristã desde o começo. Quando lemos o Novo Testamento, encontramos igrejas que eram ricamente carismáticas e cheias de milagres: línguas, profecias, curas, revelações — algumas igrejas pareciam experimentar o místico e o milagroso de modo rotineiro.

A julgar pelas cartas de Paulo, no entanto, esse não era o caso de todas as igrejas do século 1. Os cristãos de Roma, por exemplo, tinham bastante noção do Espírito e da necessidade de serem "guiados pelo Espírito de Deus" (Romanos 8:14), mas não há nenhuma indicação na carta de Paulo de que os milagres eram comuns naquela igreja. Não se menciona línguas, nem curas, nem nenhuma sabedoria especial. Não há nenhuma indicação de cultos carismáticos. Os romanos eram certamente controlados pelo Espírito Santo (Romanos 8:6), habitados pelo Espírito (Romanos 8:9), auxiliados pelo Espírito (Romanos 8:26), recebiam paz, alegria e esperança no Espírito (Romanos 14:17; 15:13), mas não há evidências de espetáculos carismáticos em Roma. Na verdade, uma comparação rápida entre a lista de "dons" experimentados na igreja de Roma e na igreja de Corinto deixa clara a diferença na experiência do Espírito Santo que elas tinham.

Lista de Paulo dos "dons" em Corinto (1Coríntios 12)	Lista de Paulo dos "dons" em Roma (Romanos 12)
• Palavra de sabedoria	• Profecia
• Palavra de conhecimento	• Serviço
• Fé	• Ensino
• Cura	• Encorajamento
• Milagres	• Generosidade
• Profecia	• Liderança
• Discernimento de espíritos	• Misericórdia
• Variedade de línguas	
• Interpretação de línguas	

Em Corinto, os dons listados em grande parte são sobrenaturais. Em Roma, eles parecem bem comuns.

Ainda em outras igrejas do Novo Testamento — novamente julgando a partir das cartas que foram escritas a elas — percebe-se uma experiência do Espírito sutil e moderada. Quase não se menciona o Espírito Santo nas cartas de Paulo aos Filipenses, a Timóteo, a Tito, ou nas epístolas de Pedro. Quando Ele é mencionado, as referências são feitas tanto ao passado (sobre aquilo que o Espírito fez por meio dos profetas ou no ministério de Jesus) ou são vagas (por exemplo, "o Espírito da glória, o Espírito de Deus repousa sobre vocês" — 1Pedro 4:14). Tiago nem mesmo menciona o Espírito em sua carta.

O testemunho do Novo Testamento, portanto, parece sugerir que nem todas as igrejas experimentaram o Espírito do mesmo modo ou no mesmo nível. O relacionamento entre a igreja e o Espírito tem sido uma corrente cheia de canais desde o princípio.

Percebemos a mesma coisa nos dois mil anos da história da igreja desde o século 1 até o nosso: houve movimentos radicalmente carismáticos; outros destacavam a unidade, a santidade e a certeza como os dons verdadeiros do Espírito Santo; e ainda outros onde o Espírito Santo não desempenhou nenhum papel óbvio nem de destaque.

É claro que essa mesma corrente cheia de canais é demonstrada pela variedade de experiências do Espírito desfrutada pelos vários ramos do povo de Deus nos dias de hoje: no turbilhão do pentecostalismo, no fluir transformador dos wesleyanos ou dos nazarenos, ou nas gotas que consistem na experiência comum de muitos cristãos tradicionais.

A DIVISÃO

É óbvio que o problema com a diversidade é que ela leva à divisão. Existem sempre aqueles que medem os outros cristãos pelo padrão da sua própria experiência. Se o caminhar no Espírito de um cristão não é idêntico ao do outro, deve haver algo que infelizmente está faltando (ou que está perigosamente exagerado) na vida desse cristão diante de Deus.

Por esse motivo, o assunto do Espírito Santo tem provocado divisões por toda a longa história da igreja e continua a fazer isso nos dias de hoje. A unidade e a paz deveriam ser o dom do Espírito para o Corpo (Efésios 4:3), mas infelizmente, toda vez que se fala a respeito do Espírito Santo, essas qualidades são as primeiras a serem sacrificadas no debate.

Existe um grande segmento da igreja hoje (a corrente do "conta-gotas") que considera com grande suspeita aqueles cuja experiência do Espírito pertence à variedade do turbilhão. Eles questionam a legitimidade dessa experiência, a verdade dos relatos a respeito da obra poderosa do Espírito Santo e a facilidade que os irmãos cujo caminhar no Espírito é diferente do nosso possuem em crer em alguma coisa. Ninguém escapa dessas questões. Afinal de contas, temos o mandamento de "examinar os espíritos" (1João 4:1). "Pois aparecerão falsos cristos e falsos profetas que realizarão grandes sinais e maravilhas para, se possível, enganar até os eleitos" (Mateus 24:24).

Trata-se somente de um pequeno passo fazer essas perguntas para causar algo mais danoso para a causa de Cristo: duvidar do caráter e do chamado dos companheiros cristãos, por exemplo, ou descartar segmentos do corpo de Cristo dizendo de forma bem seca: "Eu não preciso de vocês" (1Coríntios 12:21).

Infelizmente, as pessoas que não são carismáticas não estão sozinhas em condenar aqueles cujas experiências do Espírito não são idênticas às suas. Aqueles que celebram o Espírito Santo e os seus dons geralmente consideram irmãos e irmãs que não possuem dons milagrosos com a mesma suspeita. É claro que é um pecado mortal extinguir o Espírito Santo ou blasfemar contra Ele. Na verdade, se é isso que os irmãos não carismáticos estão fazendo, os cristãos que possuem dons carismáticos estão certos em suspeitar.

Mas será que a ausência de dons milagrosos (como o de línguas) provam que o Espírito está sendo extinto ou impedido? Alguns carismáticos pensam assim. Existe toda uma corrente de pentecostalismo que duvidaria da salvação de qualquer pessoa que não falasse em línguas. Nunca se importam se os "maiores" dons do Espírito são evidentes em sua vida — o fruto do caráter no Espírito, uma vida de amor altruísta, a prática da santidade. Se essas pessoas não experimentam o Espírito do modo que "nós" o experimentamos, eles simplesmente não servem espiritualmente. Como é irônico que o próprio Espírito que quer produzir humildade e gentileza em meio ao povo de Deus possa se tornar, de forma tão frequente, em uma desculpa para o orgulho e o preconceito.

As duas correntes da fé cristã precisam retornar ao ensino básico de Paulo acerca do Espírito — o capítulo 12 de 1Coríntios. Existe um só corpo, embora existam muitos tipos de dons diferentes (v. 4-6). Cada membro do corpo possui exatamente a manifestação e a proporção que Deus quer (v. 7-11). Essa diversidade de dons e de experiências nunca pode destruir a unidade... de fato, ela incrementa a unidade quando é apreciada de modo correto (v. 12ss). São vários dons para suprir as várias necessidades da igreja. Muitos graus de intensidade segundo os quais esses dons são experimentados (de forma fraca ou forte, madura ou imatura, honrosa ou menos honrosa, apresentável ou menos apresentável — v. 21ss). O corpo, porém, continua sendo um só, e cada um de nós pertence a ele (v. 27).

Se levarmos a sério essas exortações aos coríntios (falando nisso, essas exortações foram dadas em um contexto que lida exatamente com a questão da ampla variedade e da diversidade dons espirituais), temos que reconhecer que Deus concedeu "vários tipos de dons... visando ao bem comum" (1Coríntios 12:4ss). No final das contas, descartar as pessoas cuja experiência do Espírito é diferente da nossa não se trata de uma crítica dos companheiros cristãos, mas da sabedoria de Deus que fez crescer o corpo dessa forma.

DEIXANDO DE ENTENDER O PROPÓSITO DO ESPÍRITO

Boa parte das nossas disputas sobre o Espírito perde totalmente a razão. Parecemos discutir, quando se aborda o tema do Espírito Santo, sobre questões que são periféricas e inconsequentes enquanto ignoramos completamente as questões espirituais importantes que estão em risco.

Por exemplo, aqueles dentre nós que acreditam que as manifestações milagrosas do Espírito cessaram com a era apostólica (ou, pelo menos, não fazem mais parte da vida dos discípulos na atualidade) estão decididos a desmistificar a contemporaneidade do dom de línguas ou do dom de cura. Construímos toda uma teologia no esforço de provar que a possibilidade e a nossa necessidade dos dons milagrosos não existem mais.

Enquanto construímos, no entanto, nossas muralhas racionais contra qualquer ataque do sobrenatural, parecemos ignorar uma verdade radicalmente importante: não existe outra maneira pela qual o Espírito pode agir sobre nós e sobre o nosso mundo *senão* mediante os milagres e o sobrenatural. Então, e se duvidarmos de dons como a profecia e os dons milagrosos? A questão mais ampla é: acreditamos em um Espírito que habita em nós, que transforma o coração e nos ensina sobre a vida, além de nos capacitar para o ministério e nos fazer crescer até a plenitude de Cristo? Se for esse o caso, então, por definição, acreditamos em um Espírito que trabalha fora da física mundana, opera por meio de leis diferentes e não está restrito ao "normal" e ao "natural". Como podemos falar de um Espírito vivendo em nós *sem* falar no que é extraordinário? Como podemos declarar um Espírito que nos consola, nos guia, nos amadurece, nos aprofunda e transforma pecadores em santos *sem* falar nos processos e nas práticas que são "sobrenaturais"?

O Espírito Santo morando em nós é um milagre. O Espírito Santo como nosso Paracleto é uma maravilha! O Espírito como o nosso "selo" e "garantia" é um sinal milagroso. Quando o Espírito Santo nos transforma, nos moldando conforme à vontade de Deus, nos reformulando conforme a imagem de Cristo, isso é uma maravilha do poder sobrenatural de Deus tão grande (ou mesmo maior) do que palavras estranhas nos nossos lábios ou a energia de cura em nossas mãos.

Nossa melhor atitude é esperar e orar pelo Espírito sobrenatural, capaz de operar maravilhas e atos que inspiram temor. Qualquer Espírito menor do que esse nos relega a nossos poderes insignificantes e nossos desenvolvimentos próprios insuficientes. Quando olho honestamente para o meu próprio coração, sei que preciso de um milagre, daqueles bem grande, nada menos que um milagre. Nesse contexto mais amplo, é difícil para mim me animar muito com a questão sobre se o Espírito ainda cura o corpo ou inspira falar novas línguas. Se o Espírito tem o poder milagroso para fazer o que é necessário no meu coração e na minha mente, Ele pode fazer o que quiser com minha língua ou com minhas mãos.

Por outro lado, aqueles de nós que acreditam em uma experiência de milagres sobrenaturais no presente parecem errar no ponto principal do Espírito. Assim como os nossos irmãos não carismáticos, estamos igualmente interessados em construir sistemas teológicos completos e levantar muros razoáveis — só que fazemos isso *para defender* os sinais e as maravilhas.

Depois de fazer isso, no entanto, geralmente esgotamos nosso tempo e nossa energia defendendo, celebrando e refletindo sobre os sinais e as maravilhas *errados*.... os piores sinais e maravilhas... ou sinais e maravilhas que impressionam, mas que não transformam necessariamente. Isso me lembra de Sansão, que era capacitado pelo Espírito para quebrar amarras, mas não para domar suas próprias paixões;[1] além de Saul, que foi capacitado para profetizar pelo Espírito, mas era incapaz de simplesmente obedecer a Deus;[2] de Judas, que podia expulsar demônios, mas não conseguia controlar o demônio em seu próprio coração.[3]

Qual foi a diferença que os milagres fizeram na igreja de Corinto? A experiência dos milagres naquele lugar não passou de um obstáculo para a melhor obra do Espírito, porque não ajudou em nada. Seu enfoque nos sinais e maravilhas, nos dons menores das línguas e da cura não levaram a um relacionamento mais profundo com Deus. Qual é a diferença que a experiência dos milagres faz em muitas igrejas hoje em dia, onde a carnalidade, o orgulho, as facções e a ignorância parecem ser mais uma regra do que a exceção? A última coisa que algumas das nossas igrejas precisam é somente uma manifestação repentina do Espírito em vez de um trabalhar mais substancial dele. Podemos muito bem caminharmos sem mais um exemplo de falar em línguas ou de cura divina no próximo domingo. O que não podemos prescindir, o que não podemos dispensar é uma experiência constante e palpável do poder transformador do Espírito em ação para transformar nosso coração e moldar nossa mente.

Do mesmo modo que os não carismáticos entre nós deveriam esperar e orar por um Espírito de um tipo sobrenatural, capaz de sinais e atos que inspiram reverência, os carismáticos entre nós deveriam esperar por um Espírito que tem mais a oferecer do que experiências fora do corpo ou sinais sensacionais e impressionantes. Nós todos precisamos de um Espírito poderoso, trabalhando de forma milagrosa em nossa vida. Nós todos, porém, também precisamos de um Espírito que tenha liberdade para fazer sua maior obra em nós: transformar-nos conforme a imagem de Cristo, capacitando-nos com a plenitude de nosso Senhor.

É isso que me anima sobre o Paracleto que encontramos no Evangelho de João. Aqui encontramos um Espírito vivo e ativo. Esse é um Espírito de vigor e vivacidade impressionantes, um Espírito que opera maravilhas em nosso mundo e em nossa vida decaídos. Esse é um Espírito cuja própria essência é milagrosa e cuja obra maior exige seus maiores milagre. No coração do Paracleto de Jesus, encontra-se um Espírito do tipo sobrenatural, exatamente o tipo de Espírito que precisamos para nos libertar do peso impossível de querer mudar a nós mesmos.

Mas esse também é um Espírito cujos poderes milagrosos são colocados em uso a serviço das prioridades do reino. Aqui no Discurso de Despedida, Jesus fala de um Paracleto que sabe qual é a sua função: que é capacitar, encorajar e dar maturidade. Esse é um Espírito dedicado ao desenvolvimento do discipulado, dedicado a transformar o coração e a vida, sem se distrair com alguma obra menor ou secundária. Esse é um Espírito que conforta e incentiva, ensina e testifica, convence e transforma, e — para todo o sempre — revela a nós toda a glória de Deus. Jesus não diz nada sobre esse Espírito relacionado à nossa saúde física ou à nossa capacidade de operar sinais milagrosos. Em vez disso, Ele fala do foco desse Espírito no caráter, no testemunho, na perseverança e na maturidade. Estou convencido de que Ele não fala dessa maneira porque a parte física, financeira e milagrosa não são de nenhum interesse para Ele ou para o Paracleto, mas esses aspectos com certeza não se constituem no principal interesse do Espírito. Existe outra obra, a obra do Reino, a ser feita na vida dos discípulos e é essa obra maior que Jesus escolhe abordar no Discurso de Despedida.

ENTENDENDO O ESPÍRITO DE FORMA CORRETA

Embora conversar sobre o Espírito Santo seja difícil para nós e para nossas igrejas, precisamos muito de uma discussão sobre o Espírito. Qualquer assunto que envolva a unidade entre nossas congregações, a transformação da nossa vida, a credibilidade do nosso testemunho e a profundidade do nosso relacionamento com Deus é, de fato, um assunto que o povo de Deus precisa sempre conversar por muito tempo e de forma amável.

É importante que entendamos o Espírito de forma correta, compreendamos o seu ministério e apreciemos sua obra no mundo e em nossa vida. Existe um perigo grande, e uma grande vulnerabilidade, sempre que a igreja entende o Espírito de modo equivocado.

Do mesmo modo que a antiga Laodiceia, é possível que a igreja moderna deixe de dar lugar ao Espírito e ignore sua obra necessária em nossa vida. Quando isso acontece, pode-se prever os resultados por sua experiência triste: complacência, contentamento consigo mesmo e concessões que se restringem às coisas que trazem conforto. Temos sofrido com uma espécie de mornidão que nos atola na apatia e nos leva a uma vida apática. Nenhum fruto do Espírito cresce em nossa vida, nenhum fogo do Espírito acende a chama do nosso coração. Somente uma dormência espiritual que remediamos com doses constantes de prioridades colocadas de forma totalmente errada e com a negação da nossa situação espiritual verdadeira. Já estive nesse "pântano da desconfiança" e nunca mais quero viver nele.

Por outro lado, do mesmo modo que a antiga Corinto, é bem possível que a igreja moderna confunda os dons espirituais com a espiritualidade. A obsessão por sinais e maravilhas, o foco nas obras *externas* do Espírito, induz da mesma forma uma cegueira para a melhor e mais verdadeira obra do Espírito em nossa vida. Se isso acontece conosco, os resultados podem ser previstos observando o que acontece com essas pessoas: orgulho, prioridades invertidas, facções, carnalidade. Nós nos encontramos afligidos com uma imaturidade debilitante que nos mantém "mundanos" e nos atola naquilo que é sensual e egoísta. Não se pode dar carne, só leite. Não há nenhuma transformação à imagem de Cristo, somente uma camada cristã cobrindo um núcleo que não é transformado. Já conheci igrejas assim e já vi cristãos assim. Já fui um cristão assim e nunca mais quero volta a sê-lo.

Se não entendermos o Espírito de forma correta — em um extremo ou no outro — o Espírito não poderá executar sua obra verdadeira em nossa vida ou em nossas comunidades de fé. Se não compreendermos o Espírito, estamos nos condenando junto com nossas igrejas a uma imaturidade perpétua, a uma debilitante ausência de espiritualidade e a uma vida que não é trabalhada pelas obras maiores e mais poderosas do Espírito. Se não entendermos essa obra, o preço será medido pelo desperdício da nossa vida, pelas almas perdidas e pelas igrejas destruídas.

UM MEIO-TERMO

Entre a fome do Espírito e o excesso do Espírito há um Espírito para o restante de nós.

Nesse meio-termo entre nenhum Espírito e somente o Espírito reside um Espírito para o restante de nós.

Em algum lugar entre a tradição sem vida e uma ladeira escorregadia, entre o abafamento e a desordem, entre sentar-se sobre nossas mãos e rolar pelo corredor, existe um Espírito para o restante de nós.

Em algum lugar entre a mente sem o Espírito e o Espírito sem a mente existe um Espírito que o restante de nós pode apreciar e experimentar. Entre a anemia da vida sem o Espírito e a febre de possuí-lo sem transformação existe um lugar onde encontramos o Espírito e andamos no Espírito de forma tangível e confiável.

Em algum lugar entre a terra seca de um Espírito que não é descoberto e o pântano sem trilhas de entrega ao Espírito reside essa corrente satisfatória da qual bebemos e na qual somos reavivados. Entre a liturgia mecânica e o caos rebelde, entre a catedral fria e a tenda de avivamento superaquecida, entre o racionalismo rígido e o emocionalismo sem compromisso, entre conjugar os verbos gregos e balbuciar em línguas estranhas existe um território onde a mente e o coração encontram sua casa comum e nós encontramos o Espírito em toda a sua presença capacitadora, transformadora, que convence e concede a verdade.

Quero encontrar esse lugar. Esse lugar que equivale a um "meio-termo". Esse lugar Deus reservou para o "restante de nós". Acho que você deseja esse lugar também. Quero convidar você para me acompanhar nessa jornada.

APÊNDICES

APÊNDICE **A**

REFERÊNCIAS AO ESPÍRITO NO ANTIGO TESTAMENTO

Gênesis 1:2 Era a terra sem forma e vazia; trevas cobriam a face do abismo, e o Espírito de Deus se movia sobre a face das águas.

Gênesis 6:3 Então disse o Senhor: "Por causa da perversidade do homem, meu Espírito não contenderá com ele para sempre; e ele só viverá cento e vinte anos".

Gênesis 41:38 Por isso o faraó lhes perguntou: "Será que vamos achar alguém como este homem, em quem está o espírito divino?".

Êxodo 31:3 e o enchi do Espírito de Deus, dando-lhes destreza, habilidade e plena capacidade artística.

Êxodo 35:31 e o encheu do Espírito de Deus, dando-lhe destreza, habilidade e plena capacidade artística, [...].

Números 11:17 Eu descerei e falarei com você; e tirarei do Espírito que está sobre você e o porei sobre eles. Eles o ajudarão na árdua responsabilidade de conduzir o povo, de modo que você não tenha que assumir tudo sozinho.

Números 11:25 O Senhor desceu na nuvem e lhe falou, e tirou do Espírito que estava sobre ele e o pôs sobre as setenta autoridades.

Quando o Espírito veio sobre eles, profetizaram, mas depois nunca mais tornaram a fazê-lo.

Números 11:26 Entretanto, dois homens, chamados Eldade e Medade, tinham ficado no acampamento. Ambos estavam na lista das autoridades, mas não tinham ido para a Tenda. O Espírito também veio sobre eles, e profetizaram no acampamento.

Números 11:29 Mas Moisés respondeu: "Você está com ciúmes por mim? Quem dera todo o povo do Senhor fosse profeta e que o Senhor pusesse o seu Espírito sobre eles!".

Números 24:2 Então viu Israel acampado, tribo por tribo; e o Espírito de Deus veio sobre ele, [...].

Números 27:18 Então o Senhor disse a Moisés: "Chame Josué, filho de Num, homem em quem está o Espírito, e imponha as mãos sobre ele.

Deuteronômio 34:9 Ora, Josué, filho de Num, estava cheio do Espírito de sabedoria, porque Moisés tinha imposto as suas mãos sobre ele. De modo que os israelitas lhe obedeceram e fizeram o que o Senhor tinha ordenado a Moisés.

Juízes 3:10 O Espírito do Senhor veio sobre ele, de modo que liderou Israel e foi à guerra. O Senhor entregou Cuchã-Risataim, rei de Arã, nas mãos de Otoniel, que prevaleceu contra ele.

Juízes 6:34 Então o Espírito do Senhor apoderou-se de Gideão, e ele, com toque de trombeta, convocou os abiezritas para segui-lo.

Juízes 11:29 Então o Espírito do Senhor se apossou de Jefté. Este atravessou Gileade e Manassés, passou por Mispá de Gileade, e daí avançou contra os amonitas.

Juízes 13:25 e o Espírito do Senhor começou a agir nele quando ele se achava em Maané-Dã, entre Zorá e Estaol.

Juízes 14:6 O Espírito do Senhor apossou-se de Sansão, e ele, sem nada nas mãos, rasgou o leão como se fosse um cabrito. Mas não contou nem ao pai nem à mãe o que fizera.

Juízes 14:19 Então o Espírito do Senhor apossou-se de Sansão. Ele desceu a Ascalom, matou trinta homens, pegou as suas roupas e as deu aos que tinham explicado o enigma. Depois, enfurecido, foi para a casa do seu pai.

Juízes 15:14 Quando ia chegando a Leí, os filisteus foram ao encontro dele aos gritos. Mas o Espírito do Senhor apossou-se dele. As cordas em seus braços se tornaram como fibra de linho queimada, e os laços caíram das suas mãos.

1Samuel 10:6 O Espírito do Senhor se apossará de você, e com eles você profetizará em transe, e será um novo homem.

1Samuel 10:10 Chegando em Gibeá, um grupo de profetas o encontrou; o Espírito de Deus se apossou dele, e ele profetizou em transe no meio deles.

1Samuel 11:6 Quando Saul ouviu isso, o Espírito de Deus apoderou-se dele, e ele ficou furioso.

1Samuel 16:13 Samuel então apanhou o chifre cheio de óleo e o ungiu na presença de seus irmãos, e a partir daquele dia o Espírito do Senhor apoderou-se de Davi. E Samuel voltou para Ramá.

1Samuel 19:20 Então Saul enviou alguns homens para capturá-lo. Todavia, quando viram um grupo de profetas profetizando, dirigidos por Samuel, o Espírito de Deus apoderou-se dos mensageiros de Saul e eles também entraram em transe profético.

1Samuel 19:23 Então Saul foi para lá. Entretanto, o Espírito de Deus apoderou-se dele; e ele foi pelo caminho em transe profético, até chegar a Naiote.

2Samuel 23:2 "O Espírito do Senhor falou por meu intermédio; sua palavra esteve em minha língua.

1Reis 18:12 Não sei para onde o Espírito do Senhor poderá levar-te quando eu te deixar. Se eu for dizer a Acabe e ele não te encontrar, ele me matará. E eu, que sou teu servo, tenho adorado o Senhor desde a minha juventude.

2Reis 2:15 Quando os discípulos dos profetas, vindos de Jericó, viram isso, disseram: "O espírito profético de Elias repousa sobre Eliseu". Então foram ao seu encontro, prostraram-se diante dele e disseram:

2Reis 2:16 "Olha, nós, teus servos, temos cinquenta homens fortes. Deixa-os sair à procura do teu mestre. Talvez o Espírito do Senhor o tenha levado e deixado em algum monte ou em algum vale". Respondeu Eliseu: "Não mandem ninguém".

1Crônicas 12:18 Então o Espírito veio sobre Amasai, chefe do pelotão dos trinta, e ele disse: "Somos teus, ó Davi! Estamos contigo, ó filho de Jessé! Paz, paz seja contigo, e aos teus aliados, pois o teu Deus te ajudará". Davi os recebeu e os nomeou chefes de seus grupos de ataque.

1Crônicas 28:12 Entregou-lhe também as plantas de tudo o que o Espírito havia posto em seu coração acerca dos pátios do templo do Senhor e de todas as salas ao redor, para os depósitos dos tesouros do templo de Deus e para os depósitos das dádivas sagradas.

2Crônicas 15:1 O Espírito de Deus veio sobre Azarias, filho de Odede.

2Crônicas 20:14 Então o Espírito do Senhor veio sobre Jaaziel, filho de Zacarias, neto de Benaia, bisneto de Jeiel e trineto de Matanias, levita e descendente de Asafe, no meio da assembleia.

2Crônicas 24:20 Então o Espírito de Deus apoderou-se de Zacarias, filho do sacerdote Joiada. Ele se colocou diante do povo e disse: "Isto é o que Deus diz: 'Por que vocês desobedecem aos mandamentos do Senhor? Vocês não prosperarão. Já que abandonaram o Senhor, ele os abandonará'".

Neemias 9:20 Deste o teu bom Espírito para instruí-los. Não retiveste o teu maná que os alimentava, e deste-lhes água para matar a sede.

Neemias 9:30 E durante muitos anos foste paciente com eles. Mediante o teu Espírito os advertiste por meio de teus profetas. Contudo, não te deram atenção, de modo que os entregaste nas mãos dos povos vizinhos.

Jó 32:8 Mas é o espírito dentro do homem que lhe dá entendimento, o sopro do Todo-poderoso.

Jó 32:18 pois não me faltam palavras, e dentro de mim o espírito me impulsiona.

Jó 33:4 O Espírito de Deus me fez; o sopro do Todo-poderoso me dá vida.

REFERÊNCIAS AO ESPÍRITO NO ANTIGO TESTAMENTO

Jó 34:14 Se fosse intenção dele, e de fato retirasse o seu espírito e o seu sopro, [...].

Salmos 51:11 Não me expulses da tua presença, nem tires de mim o teu Santo Espírito.

Salmos 104:30 Quando sopras o teu fôlego, eles são criados, e renovas a face da terra.

Salmos 106:33 rebelaram-se contra o Espírito de Deus, e Moisés falou sem refletir.

Salmos 139:7 Para onde poderia eu escapar do teu Espírito? Para onde poderia fugir da tua presença?

Salmos 143:10 Ensina-me a fazer a tua vontade, pois tu és o meu Deus; que o teu bondoso Espírito me conduza por terreno plano.

Isaías 11:2 O Espírito do Senhor repousará sobre ele, o Espírito que dá sabedoria e entendimento, o Espírito que traz conselho e poder, o Espírito que dá conhecimento e temor do Senhor.

Isaías 30:1 "Ai dos filhos obstinados", declara o Senhor, "que executam planos que não são meus, fazem acordo sem minha aprovação, para ajuntar pecado sobre pecado, [...]".

Isaías 32:15 até que sobre nós o Espírito seja derramado do alto, e o deserto se transforme em campo fértil, e o campo fértil pareça uma floresta.

Isaías 34:16 Procurem no livro do Senhor e leiam: Nenhum deles estará faltando; nenhum estará sem o seu par. Pois foi a sua boca que deu a ordem, e o seu Espírito os ajuntará.

Isaías 42:1 "Eis o meu servo, a quem sustento, o meu escolhido, em quem tenho prazer. Porei nele o meu Espírito, e ele trará justiça às nações. [...]".

Isaías 44:3 Pois derramarei água na terra sedenta, e torrentes na terra seca; derramarei meu Espírito sobre sua prole, e minha bênção sobre seus descendentes.

Isaías 48:16 "Aproximem-se de mim e escutem isto: 'Desde o primeiro anúncio não falei secretamente; na hora em que acontecer, estarei ali.' E agora o Soberano Senhor me enviou, com seu Espírito."

Isaías 59:21 "Quanto a mim, esta é a minha aliança com eles", diz o Senhor. "O meu Espírito que está em você e as minhas palavras que pus em sua boca não se afastarão dela, nem da boca dos seus filhos e dos descendentes deles, desde agora e para sempre", diz o Senhor.

Isaías 61:1 O Espírito do Soberano Senhor está sobre mim porque o Senhor ungiu-me para levar boas notícias aos pobres. Enviou-me para cuidar dos que estão com o coração quebrantado, anunciar liberdade aos cativos e libertação das trevas aos prisioneiros, [...].

Isaías 63:10 Apesar disso, eles se revoltaram e entristeceram o seu Espírito Santo. Por isso ele se tornou inimigo deles e lutou pessoalmente contra eles.

Isaías 63:11 Então o seu povo recordou o passado, o tempo de Moisés e seu povo: onde está aquele que os fez passar através do mar, com o pastor do seu rebanho? Onde está aquele que entre eles pôs o seu Espírito Santo,

Isaías 63:14 como o gado que desce à planície, foi-lhes dado descanso pelo Espírito do Senhor. Foi assim que guiaste o teu povo para fazer para ti um nome glorioso.

Ezequiel 2:2 Enquanto ele falava, o Espírito entrou em mim e me pôs de pé, e ouvi aquele que me falava.

Ezequiel 3:12 Depois o Espírito elevou-me, e ouvi esta estrondosa aclamação: "Que a glória do Senhor seja louvada em sua habitação!".

Ezequiel 3:14 Então o Espírito elevou-me e tirou-me de lá, com o meu espírito cheio de amargura e de ira, e com a forte mão do Senhor sobre mim.

Ezequiel 3:24 mas o Espírito entrou em mim e me pôs de pé. Ele me disse: "Vá para casa, e tranque-se.[...]".

Ezequiel 8:3 Ele estendeu o que parecia um braço e pegou-me pelo cabelo. O Espírito levantou-me entre a terra e o céu e, em visões de Deus, ele me levou a Jerusalém, à entrada da porta do norte do pátio interno, onde estava colocado o ídolo que desperta o zelo de Deus.

Ezequiel 11:1 Então o Espírito me ergueu e me levou para a porta do templo do Senhor, que dá para o oriente. Ali, à entrada da porta,

REFERÊNCIAS AO ESPÍRITO NO ANTIGO TESTAMENTO

havia vinte e cinco homens, e vi entre eles Jazanias, filho de Azur, e Pelatias, filho de Benaia, líderes do povo.

Ezequiel 11:5 Então o Espírito do Senhor veio sobre mim, e mandou-me dizer: "Assim diz o Senhor: É isso que vocês estão dizendo, ó nação de Israel, mas eu sei em que vocês estão pensando.

Ezequiel 11:19 Darei a eles um coração não dividido e porei um novo espírito dentro deles; retirarei deles o coração de pedra e lhes darei um coração de carne.

Ezequiel 11:24 Então o Espírito ergueu-me e levou-me aos que estavam exilados na Babilônia, na visão dada pelo Espírito de Deus. Findou-se então a visão que eu estava tendo, [...].

Ezequiel 18:31 Livrem-se de todos os males que vocês cometeram, e busquem um coração novo e um espírito novo. Por que deveriam morrer, ó nação de Israel?

Ezequiel 36:26 Darei a vocês um coração novo e porei um espírito novo em vocês; tirarei de vocês o coração de pedra e lhes darei um coração de carne.

Ezequiel 36:27 Porei o meu Espírito em vocês e os levarei a agirem segundo os meus decretos e a obedecerem fielmente às minhas leis.

Ezequiel 37:1 A mão do Senhor estava sobre mim, e por seu Espírito ele me levou a um vale cheio de ossos.

Ezequiel 37:14 Porei o meu Espírito em vocês, e vocês viverão, e eu os estabelecerei em sua própria terra. Então vocês saberão que eu, o Senhor, falei, e o fiz seus companheiros, palavra do Senhor.

Ezequiel 39:29 Não mais esconderei deles o rosto, pois derramarei o meu Espírito sobre a nação de Israel, palavra do Soberano Senhor.

Ezequiel 43:5 Então o Espírito pôs-me de pé e levou-me para dentro do pátio interno, e a glória do Senhor encheu o templo.

Daniel 4:9 Eu disse: "Beltessazar, chefe dos magos, sei que o espírito dos santos deuses está em você, e que nenhum mistério é difícil demais para você. Vou contar-lhe o meu sonho; interprete-o para mim. [...]".

Daniel 4:18 "Esse é o sonho que eu, o rei Nabucodonosor, tive. Agora, Beltessazar, diga-me o significado do sonho, pois nenhum dos sábios do meu reino consegue interpretá-lo para mim, exceto você, pois o espírito dos santos deuses está em você."

Daniel 5:11 Existe um homem em teu reino que possui o espírito dos santos deuses. Na época do teu predecessor verificou-se que ele tinha percepção, inteligência e sabedoria como a dos deuses. O rei Nabucodonosor, teu predecessor, sim, teu predecessor, o rei, o nomeou chefe dos magos, dos encantadores, dos astrólogos e dos adivinhos.

Daniel 5:14 Soube que o espírito dos deuses está em você e que você possui percepção, inteligência e uma sabedoria fora do comum.

Joel 2:28 "E, depois disso, derramarei do meu Espírito sobre todos os povos. Os seus filhos e as suas filhas profetizarão, os velhos terão sonhos, os jovens terão visões.

Joel 2:29 Até sobre os servos e as servas derramarei do meu Espírito naqueles dias.

Miqueias 2:7 é isto que está sendo falado: "O Espírito do Senhor perdeu a paciência? É assim que ele age?" "As minhas palavras não fazem bem àquele cujos caminhos são retos? [...]."

Miqueias 3:8 Mas, quanto a mim, graças ao poder do Espírito do Senhor, estou cheio de força e de justiça, para declarar a Jacó a sua transgressão, e a Israel o seu pecado.

Ageu 2:5 Esta é a aliança que fiz com vocês quando vocês saíram do Egito: "Meu espírito está entre vocês. Não tenham medo".

Zacarias 4:6 "Esta é a palavra do Senhor para Zorobabel: 'Não por força nem por violência, mas pelo meu Espírito', diz o Senhor dos Exércitos."

Zacarias 6:8 Então ele me chamou e disse: "Veja, os que foram para a terra do norte deram repouso ao meu Espírito naquela terra".

Zacarias 7:12 Endureceram o coração para não ouvirem a Lei e as palavras que o Senhor dos Exércitos tinha falado pelo seu Espírito por meio dos antigos profetas. Por isso o Senhor dos Exércitos irou-se muito.

APÊNDICE B

REFERÊNCIAS AO "ESPÍRITO" NOS EVANGELHOS SINÓTICOS

Mateus 1:18 Foi assim o nascimento de Jesus Cristo: Maria, sua mãe, estava prometida em casamento a José, mas, antes que se unissem, achou-se grávida pelo Espírito Santo.

Mateus 1:20 Mas, depois de ter pensado nisso, apareceu-lhe um anjo do Senhor em sonho e disse: "José, filho de Davi, não tema receber Maria como sua esposa, pois o que nela foi gerado procede do Espírito Santo".

Mateus 3:11 "Eu os batizo com água para arrependimento. Mas depois de mim vem alguém mais poderoso do que eu, tanto que não sou digno nem de levar as suas sandálias. Ele os batizará com o Espírito Santo e com fogo."

Mateus 3:16 Assim que Jesus foi batizado, saiu da água. Naquele momento os céus se abriram, e ele viu o Espírito de Deus descendo como pomba e pousando sobre ele.

Mateus 4:1 Então Jesus foi levado pelo Espírito ao deserto, para ser tentado pelo diabo.

Mateus 10:1 Chamando seus doze discípulos, deu-lhes autoridade para expulsar espíritos imundos e curar todas as doenças e enfermidades.

Mateus 10:20 pois não serão vocês que estarão falando, mas o Espírito do Pai de vocês falará por intermédio de vocês.

Mateus 12:18 "Eis o meu servo, a quem escolhi, o meu amado, em quem tenho prazer. Porei sobre ele o meu Espírito, e ele anunciará justiça às nações.

Mateus 12:28 Mas se é pelo Espírito de Deus que eu expulso demônios, então chegou a vocês o Reino de Deus.

Mateus 12:31 Por esse motivo eu lhes digo: todo pecado e blasfêmia serão perdoados aos homens, mas a blasfêmia contra o Espírito não será perdoada.

Mateus 12:32 Todo aquele que disser uma palavra contra o Filho do homem será perdoado, mas quem falar contra o Espírito Santo não será perdoado, nem nesta era nem na era que há de vir.

Mateus 22:43 Ele lhes disse: "Então, como é que Davi, falando pelo Espírito, o chama 'Senhor'? Pois ele afirma: [...]".

Mateus 28:19 Portanto, vão e façam discípulos de todas as nações, batizando-os em nome do Pai e do Filho e do Espírito Santo,

Marcos 1:8 "Eu os batizo com água, mas ele os batizará com o Espírito Santo".

Marcos 1:10 Assim que saiu da água, Jesus viu os céus se abrindo, e o Espírito descendo como pomba sobre ele.

Marcos 1:12 Logo após, o Espírito o impeliu para o deserto.

Marcos 3:29 "mas quem blasfemar contra o Espírito Santo nunca terá perdão: é culpado de pecado eterno."

Marcos 12:36 O próprio Davi, falando pelo Espírito Santo, disse: "O Senhor disse ao meu Senhor: Senta-te à minha direita até que eu ponha os teus inimigos debaixo de teus pés".

Marcos 13:11 Sempre que forem presos e levados a julgamento, não fiquem preocupados com o que vão dizer. Digam tão-somente o que lhes for dado naquela hora, pois não serão vocês que estarão falando, mas o Espírito Santo.

REFERÊNCIAS AO "ESPÍRITO" NOS EVANGELHOS SINÓTICOS

Lucas 1:15 pois será grande aos olhos do Senhor. Ele nunca tomará vinho nem bebida fermentada, e será cheio do Espírito Santo desde antes do seu nascimento.

Lucas 1:35 O anjo respondeu: "O Espírito Santo virá sobre você, e o poder do Altíssimo a cobrirá com a sua sombra. Assim, aquele que há de nascer será chamado santo, Filho de Deus.

Lucas 1:41 Quando Isabel ouviu a saudação de Maria, o bebê agitou-se em seu ventre, e Isabel ficou cheia do Espírito Santo.

Lucas 1:67 Seu pai, Zacarias, foi cheio do Espírito Santo e profetizou: [...].

Lucas 2:25 Havia em Jerusalém um homem chamado Simeão, que era justo e piedoso, e que esperava a consolação de Israel; e o Espírito Santo estava sobre ele.

Lucas 2:26 Fora-lhe revelado pelo Espírito Santo que ele não morreria antes de ver o Cristo do Senhor.

Lucas 2:27 Movido pelo Espírito, ele foi ao templo. Quando os pais trouxeram o menino Jesus para lhe fazer conforme requeria o costume da lei, [...].

Lucas 3:16 João respondeu a todos: "Eu os batizo com água. Mas virá alguém mais poderoso do que eu, tanto que não sou digno nem de curvar-me e desamarrar as correias das suas sandálias. Ele os batizará com o Espírito Santo e com fogo.

Lucas 3:22 e o Espírito Santo desceu sobre ele em forma corpórea, como pomba. Então veio do céu uma voz: "Tu és o meu Filho amado; em ti me agrado".

Lucas 4:1 Jesus, cheio do Espírito Santo, voltou do Jordão e foi levado pelo Espírito ao deserto,

Lucas 4:14 Jesus voltou para a Galileia no poder do Espírito, e por toda aquela região se espalhou a sua fama.

Lucas 4:18 "O Espírito do Senhor está sobre mim, porque ele me ungiu para pregar boas-novas aos pobres. Ele me enviou para proclamar liberdade aos presos e recuperação da vista aos cegos, para libertar os oprimidos.

Lucas 10:21 Naquela hora Jesus, exultando no Espírito Santo, disse: "Eu te louvo, Pai, Senhor do céu e da terra, porque escondeste estas coisas dos sábios e cultos e as revelaste aos pequeninos. Sim, Pai, pois assim foi do teu agrado".

Lucas 11:13 "Se vocês, apesar de serem maus, sabem dar boas coisas aos seus filhos, quanto mais o Pai que está no céu dará o Espírito Santo a quem o pedir!"

Lucas 12:10 Todo aquele que disser uma palavra contra o Filho do homem será perdoado, mas quem blasfemar contra o Espírito Santo não será perdoado.

Lucas 12:12 "pois naquela hora o Espírito Santo lhes ensinará o que devem dizer".

APÊNDICE **C**

REFERÊNCIAS AO ESPÍRITO EM ATOS DOS APÓSTOLOS

Atos 1:2 até o dia em que foi elevado ao céu, depois de ter dado instruções por meio do Espírito Santo aos apóstolos que havia escolhido.

Atos 1:5 "Pois João batizou com água, mas dentro de poucos dias vocês serão batizados com o Espírito Santo."

Atos 1:8 "Mas receberão poder quando o Espírito Santo descer sobre vocês, e serão minhas testemunhas em Jerusalém, em toda a Judeia e Samaria, e até os confins da terra."

Atos 1:16 e disse: "Irmãos, era necessário que se cumprisse a Escritura que o Espírito Santo predisse por boca de Davi, a respeito de Judas, que serviu de guia aos que prenderam Jesus."

Atos 2:4 Todos ficaram cheios do Espírito Santo e começaram a falar noutras línguas, conforme o Espírito os capacitava.

Atos 2:17 "Nos últimos dias, diz Deus, derramarei do meu Espírito sobre todos os povos. Os seus filhos e as suas filhas profetizarão, os jovens terão visões, os velhos terão sonhos."

Atos 2:18 Sobre os meus servos e as minhas servas derramarei do meu Espírito naqueles dias, e eles profetizarão.

Atos 2:33 Exaltado à direita de Deus, ele recebeu do Pai o Espírito Santo prometido e derramou o que vocês agora veem e ouvem.

Atos 2:38 Pedro respondeu: "Arrependam-se, e cada um de vocês seja batizado em nome de Jesus Cristo, para perdão dos seus pecados, e receberão o dom do Espírito Santo".

Atos 4:8 Então Pedro, cheio do Espírito Santo, disse-lhes: "Autoridades e líderes do povo! [...]".

Atos 4:25 Tu falaste pelo Espírito Santo por boca do teu servo, nosso pai Davi: 'Por que se enfurecem as nações, e os povos conspiram em vão?

Atos 4:31 Depois de orarem, tremeu o lugar em que estavam reunidos; todos ficaram cheios do Espírito Santo e anunciavam corajosamente a palavra de Deus.

Atos 5:3 Então perguntou Pedro: "Ananias, como você permitiu que Satanás enchesse o seu coração, a ponto de você mentir ao Espírito Santo e guardar para si uma parte do dinheiro que recebeu pela propriedade?"

Atos 5:9 Pedro lhe disse: "Por que vocês entraram em acordo para tentar o Espírito do Senhor? Veja! Estão à porta os pés dos que sepultaram seu marido, e eles a levarão também".

Atos 5:32 "Nós somos testemunhas destas coisas, bem como o Espírito Santo, que Deus concedeu aos que lhe obedecem."

Atos 6:3 Irmãos, escolham entre vocês sete homens de bom testemunho, cheios do Espírito e de sabedoria. Passaremos a eles essa tarefa [...].

Atos 6:5 Tal proposta agradou a todos. Então escolheram Estêvão, homem cheio de fé e do Espírito Santo, além de Filipe, Prócoro, Nicanor, Timom, Pármenas e Nicolau, um convertido ao judaísmo, proveniente de Antioquia.

Atos 6:10 mas não podiam resistir à sabedoria e ao Espírito com que ele falava.

Atos 7:51 "Povo rebelde, obstinado de coração e de ouvidos! Vocês são iguais aos seus antepassados: sempre resistem ao Espírito Santo!

Atos 7:55 Mas Estêvão, cheio do Espírito Santo, levantou os olhos para o céu e viu a glória de Deus, e Jesus de pé, à direita de Deus, [...].

Atos 8:15 Estes, ao chegarem, oraram para que eles recebessem o Espírito Santo,

Atos 8:16 pois o Espírito ainda não havia descido sobre nenhum deles; tinham apenas sido batizados em nome do Senhor Jesus.

Atos 8:17 Então Pedro e João lhes impuseram as mãos, e eles receberam o Espírito Santo.

Atos 8:18 Vendo Simão que o Espírito era dado com a imposição das mãos dos apóstolos, ofereceu-lhes dinheiro [...].

Atos 8:19 e disse: "Dêem-me também este poder, para que a pessoa sobre quem eu impuser as mãos receba o Espírito Santo".

Atos 8:29 E o Espírito disse a Filipe: "Aproxime-se dessa carruagem e acompanhe-a".

Atos 8:39 Quando saíram da água, o Espírito do Senhor arrebatou Filipe repentinamente. O eunuco não o viu mais e, cheio de alegria, seguiu o seu caminho.

Atos 9:17 Então Ananias foi, entrou na casa, impôs as mãos sobre Saulo e disse: "Irmão Saulo, o Senhor Jesus, que lhe apareceu no caminho por onde você vinha, enviou-me para que você volte a ver e seja cheio do Espírito Santo".

Atos 9:31 A igreja passava por um período de paz em toda a Judeia, Galileia e Samaria. Ela se edificava e, encorajada pelo Espírito Santo, crescia em número, vivendo no temor do Senhor.

Atos 10:19 Enquanto Pedro ainda estava pensando na visão, o Espírito lhe disse: "Simão, três homens estão procurando por você.

Atos 10:38 como Deus ungiu a Jesus de Nazaré com o Espírito Santo e poder, e como ele andou por toda parte fazendo o bem e curando todos os oprimidos pelo diabo, porque Deus estava com ele.

Atos 10:44 Enquanto Pedro ainda estava falando estas palavras, o Espírito Santo desceu sobre todos os que ouviam a mensagem.

Atos 10:45 Os judeus convertidos que vieram com Pedro ficaram admirados de que o dom do Espírito Santo fosse derramado até sobre os gentios, [...].

Atos 10:47 "Pode alguém negar a água, impedindo que estes sejam batizados? Eles receberam o Espírito Santo como nós!"

Atos 11:12 O Espírito me disse que não hesitasse em ir com eles. Estes seis irmãos também foram comigo, e entramos na casa de um certo homem.

Atos 11:15 "Quando comecei a falar, o Espírito Santo desceu sobre eles como sobre nós no princípio."

Atos 11:16 Então me lembrei do que o Senhor tinha dito: "João batizou com água, mas vocês serão batizados com o Espírito Santo".

Atos 11:24 Ele era um homem bom, cheio do Espírito Santo e de fé; e muitas pessoas foram acrescentadas ao Senhor.

Atos 11:28 Um deles, Ágabo, levantou-se e pelo Espírito predisse que uma grande fome sobreviria a todo o mundo romano, o que aconteceu durante o reinado de Cláudio.

Atos 13:2 Enquanto adoravam ao Senhor e jejuavam, disse o Espírito Santo: "Separem-me Barnabé e Saulo para a obra a que os tenho chamado".

Atos 13:4 Enviados pelo Espírito Santo, desceram a Selêucia e dali navegaram para Chipre.

Atos 13:9 Então Saulo, também chamado Paulo, cheio do Espírito Santo, olhou firmemente para Elimas e disse: [...].

Atos 13:52 Os discípulos continuavam cheios de alegria e do Espírito Santo.

Atos 15:8 Deus, que conhece os corações, demonstrou que os aceitou, dando-lhes o Espírito Santo, como antes nos tinha concedido.

Atos 15:28 Pareceu bem ao Espírito Santo e a nós não impor a vocês nada além das seguintes exigências necessárias: [...].

Atos 16:6 Paulo e seus companheiros viajaram pela região da Frígia e da Galácia, tendo sido impedidos pelo Espírito Santo de pregar a palavra na província da Ásia.

Atos 16:7 Quando chegaram à fronteira da Mísia, tentaram entrar na Bitínia, mas o Espírito de Jesus os impediu.

REFERÊNCIAS AO ESPÍRITO EM ATOS DOS APÓSTOLOS

Atos 19:2 e lhes perguntou: "Vocês receberam o Espírito Santo quando creram?" Eles responderam: "Não, nem sequer ouvimos que existe o Espírito Santo".

Atos 19:6 Quando Paulo lhes impôs as mãos, veio sobre eles o Espírito Santo, e começaram a falar em línguas e a profetizar.

Atos 20:22 "Agora, compelido pelo Espírito, estou indo para Jerusalém, sem saber o que me acontecerá ali,

Atos 20:23 senão que, em todas as cidades, o Espírito Santo me avisa que prisões e sofrimentos me esperam.

Atos 20:28 Cuidem de vocês mesmos e de todo o rebanho sobre o qual o Espírito Santo os colocou como bispos, para pastorearem a igreja de Deus, que ele comprou com o seu próprio sangue.

Atos 21:4 Encontrando os discípulos dali, ficamos com eles sete dias. Eles, pelo Espírito, recomendavam a Paulo que não fosse a Jerusalém.

Atos 21:11 Vindo ao nosso encontro, tomou o cinto de Paulo e, amarrando as suas próprias mãos e pés, disse: "Assim diz o Espírito Santo: 'Desta maneira os judeus amarrarão o dono deste cinto em Jerusalém e o entregarão aos gentios'".

Atos 28:25 Discordaram entre si mesmos e começaram a ir embora, depois de Paulo ter feito esta declaração final: "Bem que o Espírito Santo falou aos seus antepassados, por meio do profeta Isaías: [...].

APÊNDICE **D**

REFERÊNCIAS AO ESPÍRITO SANTO NOS ESCRITOS DE PAULO

Romanos 1:4 e que mediante o Espírito de santidade foi declarado Filho de Deus com poder, pela sua ressurreição dentre os mortos: Jesus Cristo, nosso Senhor.

Romanos 2:29 Não! Judeu é quem o é interiormente, e circuncisão é a operada no coração, pelo Espírito, e não pela lei escrita. Para estes o louvor não provém dos homens, mas de Deus.

Romanos 5:5 E a esperança não nos decepciona, porque Deus derramou seu amor em nossos corações, por meio do Espírito Santo que ele nos concedeu.

Romanos 7:6 Mas agora, morrendo para aquilo que antes nos prendia, fomos libertados da lei, para que sirvamos conforme o novo modo do Espírito, e não segundo a velha forma da lei escrita.

Romanos 8:2 porque por meio de Cristo Jesus a lei do Espírito de vida me libertou da lei do pecado e da morte.

Romanos 8:4 a fim de que as justas exigências da lei fossem plenamente satisfeitas em nós, que não vivemos segundo a carne, mas segundo o Espírito.

Romanos 8:5 Quem vive segundo a carne tem a mente voltada para o que a carne deseja; mas quem, de acordo com o Espírito, tem a mente voltada para o que o Espírito deseja.

Romanos 8:6 A mentalidade da carne é morte, mas a mentalidade do Espírito é vida e paz;

Romanos 8:9 Entretanto, vocês não estão sob o domínio da carne, mas do Espírito, se de fato o Espírito de Deus habita em vocês. E, se alguém não tem o Espírito de Cristo, não pertence a Cristo.

Romanos 8:11 E, se o Espírito daquele que ressuscitou Jesus dentre os mortos habita em vocês, aquele que ressuscitou a Cristo dentre os mortos também dará vida a seus corpos mortais, por meio do seu Espírito, que habita em vocês.

Romanos 8:13 Pois se vocês viverem de acordo com a carne, morrerão; mas, se pelo Espírito fizerem morrer os atos do corpo, viverão,

Romanos 8:14 porque todos os que são guiados pelo Espírito de Deus são filhos de Deus.

Romanos 8:15 Pois vocês não receberam um espírito que os escravize para novamente temer, mas receberam o Espírito que os adota como filhos, por meio do qual clamamos: "Aba, Pai".

Romanos 8:16 O próprio Espírito testemunha ao nosso espírito que somos filhos de Deus.

Romanos 8:23 E não só isso, mas nós mesmos, que temos os primeiros frutos do Espírito, gememos interiormente, esperando ansiosamente nossa adoção como filhos, a redenção do nosso corpo.

Romanos 8:26 Da mesma forma o Espírito nos ajuda em nossa fraqueza, pois não sabemos como orar, mas o próprio Espírito intercede por nós com gemidos inexprimíveis.

Romanos 8:27 E aquele que sonda os corações conhece a intenção do Espírito, porque o Espírito intercede pelos santos de acordo com a vontade de Deus.

Romanos 9:1 Digo a verdade em Cristo, não minto; minha consciência o confirma no Espírito Santo: [...].

Romanos 14:17 Pois o Reino de Deus não é comida nem bebida, mas justiça, paz e alegria no Espírito Santo;

Romanos 15:13 Que o Deus da esperança os encha de toda alegria e paz, por sua confiança nele, para que vocês transbordem de esperança, pelo poder do Espírito Santo.

Romanos 15:16 de ser um ministro de Cristo Jesus para os gentios, com o dever sacerdotal de proclamar o evangelho de Deus, para que os gentios se tornem uma oferta aceitável a Deus, santificados pelo Espírito Santo.

Romanos 15:19 pelo poder de sinais e maravilhas e por meio do poder do Espírito de Deus. Assim, desde Jerusalém e arredores, até o Ilírico, proclamei plenamente o evangelho de Cristo.

Romanos 15:30 Recomendo-lhes, irmãos, por nosso Senhor Jesus Cristo e pelo amor do Espírito, que se unam a mim em minha luta, orando a Deus em meu favor.

1Coríntios 2:4 Minha mensagem e minha pregação não consistiram de palavras persuasivas de sabedoria, mas consistiram de demonstração do poder do Espírito, [...].

1Coríntios 2:10 mas Deus o revelou a nós por meio do Espírito. O Espírito sonda todas as coisas, até mesmo as coisas mais profundas de Deus.

1Coríntios 2:11 Pois, quem dentre os homens conhece as coisas do homem, a não ser o espírito do homem que nele está? Da mesma forma, ninguém conhece as coisas de Deus, a não ser o Espírito de Deus.

1Coríntios 2:12 Nós, porém, não recebemos o espírito do mundo, mas o Espírito procedente de Deus, para que entendamos as coisas que Deus nos tem dado gratuitamente.

1Coríntios 2:13 Delas também falamos, não com palavras ensinadas pela sabedoria humana, mas com palavras ensinadas pelo Espírito, interpretando verdades espirituais para os que são espirituais.

1Coríntios 2:14 Quem não tem o Espírito não aceita as coisas que vêm do Espírito de Deus, pois lhe são loucura; e não é capaz de entendê-las, porque elas são discernidas espiritualmente.

1Coríntios 3:16 Vocês não sabem que são santuário de Deus e que o Espírito de Deus habita em vocês?

1Coríntios 6:11 Assim foram alguns de vocês. Mas vocês foram lavados, foram santificados, foram justificados no nome do Senhor Jesus Cristo e no Espírito de nosso Deus.

1Coríntios 6:19 Acaso não sabem que o corpo de vocês é santuário do Espírito Santo que habita em vocês, que lhes foi dado por Deus, e que vocês não são de si mesmos?

1Coríntios 7:40 Em meu parecer, ela será mais feliz se permanecer como está; e penso que também tenho o Espírito de Deus.

1Coríntios 12:3 Por isso, eu lhes afirmo que ninguém que fala pelo Espírito de Deus diz: "Jesus seja amaldiçoado"; e ninguém pode dizer: "Jesus é Senhor", a não ser pelo Espírito Santo.

1Coríntios 12:4 Há diferentes tipos de dons, mas o Espírito é o mesmo.

1Coríntios 12:7 A cada um, porém, é dada a manifestação do Espírito, visando ao bem comum.

1Coríntios 12:8 Pelo Espírito, a um é dada a palavra de sabedoria; a outro, a palavra de conhecimento, pelo mesmo Espírito;

1Coríntios 12:9 a outro, fé, pelo mesmo Espírito; a outro, dons de cura, pelo único Espírito;

1Coríntios 12:11 Todas essas coisas, porém, são realizadas pelo mesmo e único Espírito, e ele as distribui individualmente, a cada um, conforme quer.

1Coríntios 12:13 Pois em um só corpo todos nós fomos batizados em um único Espírito: quer judeus, quer gregos, quer escravos, quer livres. E a todos nós foi dado beber de um único Espírito.

2Coríntios 1:22 nos selou como sua propriedade e pôs o seu Espírito em nosso coração como garantia do que está por vir.

2Coríntios 3:3 Vocês demonstram que são uma carta de Cristo, resultado do nosso ministério, escrita não com tinta, mas com o Espírito do Deus vivo, não em tábuas de pedra, mas em tábuas de corações humanos.

2Coríntios 3:6 Ele nos capacitou para sermos ministros de uma nova aliança, não da letra, mas do Espírito; pois a letra mata, mas o Espírito vivifica.

2Coríntios 3:8 Não será o ministério do Espírito ainda muito mais glorioso?

2Coríntios 3:17 Ora, o Senhor é o Espírito e, onde está o Espírito do Senhor, ali há liberdade.

2Coríntios 3:18 E todos nós, que com a face descoberta contemplamos a glória do Senhor, segundo a sua imagem estamos sendo transformados com glória cada vez maior, a qual vem do Senhor, que é o Espírito.

2Coríntios 5:5 Foi Deus que nos preparou para esse propósito, dando-nos o Espírito como garantia do que está por vir.

2Coríntios 6:6 em pureza, conhecimento, paciência e bondade; no Espírito Santo e no amor sincero;

2Coríntios 11:4 Pois, se alguém lhes vem pregando um Jesus que não é aquele que pregamos, ou se vocês acolhem um espírito diferente do que acolheram ou um evangelho diferente do que aceitaram, vocês o suportam facilmente.

2Coríntios 13:14 A graça do Senhor Jesus Cristo, o amor de Deus e a comunhão do Espírito Santo sejam com todos vocês.

Gálatas 3:2 Gostaria de saber apenas uma coisa: foi pela prática da lei que vocês receberam o Espírito, ou pela fé naquilo que ouviram?

Gálatas 3:3 Será que vocês são tão insensatos que, tendo começado pelo Espírito, querem agora se aperfeiçoar pelo esforço próprio?

Gálatas 3:5 Aquele que lhes dá o seu Espírito e opera milagres entre vocês, realiza essas coisas pela prática da lei ou pela fé com a qual receberam a palavra?

Gálatas 3:14 Isso para que em Cristo Jesus a bênção de Abraão chegasse também aos gentios, para que recebêssemos a promessa do Espírito mediante a fé.

Gálatas 4:6 E, porque vocês são filhos, Deus enviou o Espírito de seu Filho ao coração de vocês, o qual clama: "Aba, Pai".

Gálatas 4:29 Naquele tempo, o filho nascido de modo natural perseguia o filho nascido segundo o Espírito. O mesmo acontece agora.

Gálatas 5:5 Pois é mediante o Espírito que nós aguardamos pela fé a justiça que é a nossa esperança.

Gálatas 5:16 Por isso digo: vivam pelo Espírito, e de modo nenhum satisfarão os desejos da carne.

Gálatas 5:17 Pois a carne deseja o que é contrário ao Espírito; e o Espírito, o que é contrário à carne. Eles estão em conflito um com o outro, de modo que vocês não fazem o que desejam.

Gálatas 5:18 Mas, se vocês são guiados pelo Espírito, não estão debaixo da lei.

Gálatas 5:22 Mas o fruto do Espírito é amor, alegria, paz, paciência, amabilidade, bondade, fidelidade [...].

Gálatas 5:25 Se vivemos pelo Espírito, andemos também pelo Espírito.

Gálatas 6:8 Quem semeia para a sua carne, da carne colherá destruição; mas quem semeia para o Espírito, do Espírito colherá a vida eterna.

Efésios 1:13 Nele, quando vocês ouviram e creram na palavra da verdade, o evangelho que os salvou, vocês foram selados com o Espírito Santo da promessa, [...].

Efésios 1:17 Peço que o Deus de nosso Senhor Jesus Cristo, o glorioso Pai, lhes dê espírito de sabedoria e de revelação, no pleno conhecimento dele.

Efésios 2:18 pois por meio dele tanto nós como vocês temos acesso ao Pai, por um só Espírito.

Efésios 2:22 Nele vocês também estão sendo juntamente edificados, para se tornarem morada de Deus por seu Espírito.

Efésios 3:5 Esse mistério não foi dado a conhecer aos homens doutras gerações, mas agora foi revelado pelo Espírito aos santos apóstolos e profetas de Deus, [...].

Efésios 3:16 Oro para que, com as suas gloriosas riquezas, ele os fortaleça no íntimo do seu ser com poder, por meio do seu Espírito, [...].

Efésios 4:3 Façam todo o esforço para conservar a unidade do Espírito pelo vínculo da paz.

Efésios 4:4 Há um só corpo e um só Espírito, assim como a esperança para a qual vocês foram chamados é uma só;

Efésios 4:30 Não entristeçam o Espírito Santo de Deus, com o qual vocês foram selados para o dia da redenção.

Efésios 5:18 Não se embriaguem com vinho, que leva à libertinagem, mas deixem-se encher pelo Espírito, [...].

Efésios 6:17 Usem o capacete da salvação e a espada do Espírito, que é a palavra de Deus.

Efésios 6:18 Orem no Espírito em todas as ocasiões, com toda oração e súplica; tendo isso em mente, estejam atentos e perseverem na oração por todos os santos.

Filipenses 1:19 pois sei que o que me aconteceu resultará em minha libertação, graças às orações de vocês e ao auxílio do Espírito de Jesus Cristo.

Filipenses 2:1 Se por estarmos em Cristo, nós temos alguma motivação, alguma exortação de amor, alguma comunhão no Espírito, alguma profunda afeição e compaixão, [...].

Filipenses 3:3 Pois nós é que somos a circuncisão, nós que adoramos pelo Espírito de Deus, que nos gloriamos em Cristo Jesus e não temos confiança alguma na carne, [...].

Colossenses 1:8 que também nos falou do amor que vocês têm no Espírito.

1Tessalonicenses 1:5 porque o nosso evangelho não chegou a vocês somente em palavra, mas também em poder, no Espírito Santo e em plena convicção. Vocês sabem como procedemos entre vocês, em seu favor.

1Tessalonicenses 1:6 De fato, vocês se tornaram nossos imitadores e do Senhor; apesar de muito sofrimento, receberam a palavra com alegria que vem do Espírito Santo.

1 Tessalonicenses 4:8 Portanto, aquele que rejeita estas coisas não está rejeitando o homem, mas a Deus, que lhes dá o seu Espírito Santo.
1 Tessalonicenses 5:19 Não apaguem o Espírito.
2 Tessalonicenses 2:13 Mas nós, devemos sempre dar graças a Deus por vocês, irmãos amados pelo Senhor, porque desde o princípio Deus os escolheu para serem salvos mediante a obra santificadora do Espírito e a fé na verdade.
1 Timóteo 3:16 Não há dúvida de que é grande o mistério da piedade: Deus foi manifestado em corpo, justificado no Espírito, visto pelos anjos, pregado entre as nações, crido no mundo, recebido na glória.
1 Timóteo 4:1 O Espírito diz claramente que nos últimos tempos alguns abandonarão a fé e seguirão espíritos enganadores e doutrinas de demônios.
2 Timóteo 1:14 Quanto ao bom depósito, guarde-o por meio do Espírito Santo que habita em nós.
Tito 3:5 não por causa de atos de justiça por nós praticados, mas devido à sua misericórdia, ele nos salvou pelo lavar regenerador e renovador do Espírito Santo.

APÊNDICE E

REFERÊNCIAS AO ESPÍRITO SANTO NO EVANGELHO DE JOÃO

João 1:32 Então João deu o seguinte testemunho: "Eu vi o Espírito descer do céu como pomba e permanecer sobre ele".

João 1:33 Eu não o teria reconhecido, se aquele que me enviou para batizar com água não me tivesse dito: "Aquele sobre quem você vir o Espírito descer e permanecer, esse é o que batiza com o Espírito Santo".

João 3:5 Respondeu Jesus: "Digo-lhe a verdade: Ninguém pode entrar no Reino de Deus, se não nascer da água e do Espírito".

João 3:6 O que nasce da carne é carne, mas o que nasce do Espírito é espírito.

João 3:8 "O vento sopra onde quer. Você o escuta, mas não pode dizer de onde vem nem para onde vai. Assim acontece com todos os nascidos do Espírito".

João 3:34 Pois aquele que Deus enviou fala as palavras de Deus, porque ele dá o Espírito sem limitações.

REFERÊNCIAS AO ESPÍRITO SANTO NO EVANGELHO DE JOÃO

João 4:23 No entanto, está chegando a hora, e de fato já chegou, em que os verdadeiros adoradores adorarão o Pai em espírito e em verdade. São estes os adoradores que o Pai procura.

João 4:24 "Deus é espírito, e é necessário que os seus adoradores o adorem em espírito e em verdade."

João 6:63 O Espírito dá vida; a carne não produz nada que se aproveite. As palavras que eu lhes disse são espírito e vida.

João 7:39 Ele estava se referindo ao Espírito, que mais tarde receberiam os que nele cressem. Até então o Espírito ainda não tinha sido dado, pois Jesus ainda não fora glorificado.

João 14:16 E eu pedirei ao Pai, e ele lhes dará outro Conselheiro para estar com vocês para sempre, [...].

João 14:17 o Espírito da verdade. O mundo não pode recebê-lo, porque não o vê nem o conhece. Mas vocês o conhecem, pois ele vive com vocês e estará em vocês.

João 14:26 Mas o Conselheiro, o Espírito Santo, que o Pai enviará em meu nome, lhes ensinará todas as coisas e lhes fará lembrar tudo o que eu lhes disse.

João 15:26 "Quando vier o Conselheiro, que eu enviarei a vocês da parte do Pai, o Espírito da verdade que provém do Pai, ele testemunhará a meu respeito."

João 16:7 Mas eu lhes afirmo que é para o bem de vocês que eu vou. Se eu não for, o Conselheiro não virá para vocês; mas se eu for, eu o enviarei.

João 16:8 Quando ele vier, convencerá o mundo do pecado, da justiça e do juízo.

João 16:9 Do pecado, porque os homens não crêem em mim;

João 16:10 da justiça, porque vou para o Pai, e vocês não me verão mais;

João 16:11 e do juízo, porque o príncipe deste mundo já está condenado.

João 16:13 Mas quando o Espírito da verdade vier, ele os guiará a toda a verdade. Não falará de si mesmo; falará apenas o que ouvir, e lhes anunciará o que está por vir.

João 16:14 Ele me glorificará, porque receberá do que é meu e o tornará conhecido a vocês.

João 16:15 Tudo o que pertence ao Pai é meu. Por isso eu disse que o Espírito receberá do que é meu e o tornará conhecido a vocês.

João 20:22 E com isso, soprou sobre eles e disse: "Recebam o Espírito Santo".

BIBLIOGRAFIA

Comentários ao Evangelho de João

Beasley-Murray, George R. *John*. Word Biblical Commentary, Vol. 36. Waco: Word, 1987.

Brown, Raymond E. *The Gospel According to John XIII-XXI*. The Anchor Bible, Vol. 29a. New York: Doubleday, 1970.

Burge, Gary M. *The Anointed Community: the Holy Spirit in the Johannine Tradition*. Grand Rapids: William B. Eerdmans, 1987.

Carson, D. A. *The Gospel According to John*. The Pillar New Testament Commentary. Grand Rapids: William B. Eerdmans, 1991.

_____. *The Farewell Discourse and Final Prayer of Jesus: An Exposition of John 14-17*. Grand Rapids: Baker, 1980.

Köstenberger, Andreas J. *John*. Baker Exegetical Commentary on the New Testament. Grand Rapids: Baker Academic, 2004.

Morris, Leon. *The Gospel According to John*. The New International Commentary on the New Testament. Grand Rapids: William B. Eerdmans, 1971.

Ridderbos, Herman N. *The Gospel According to John: A Theological Commentary*. Traduzido por John Vriend. Grand Rapids: William B. Eerdmans, 1997.

Segovia, Fernando F. *The Farewell of the Word: The Johannine Call to Abide*. Minneapolis: Fortress, 1991.

Smith, D. Moody. *The Theology of the Gospel of John*. New Testament Theology Series. Cambridge: Cambridge University Press, 1995.

Williamson Jr., Lamar. *Preaching the Gospel of John: Proclaiming the Living Word*. Louisville: Westminster John Knox, 2004.

Obras sobre o Espírito Santo

Boatman, Russell. *What the Bible Says about the Holy Spirit*. Joplin, MO: College Press, 1989.

Bruner, Fredrick Dale. *A Theology of the Holy Spirit*. Grand Rapids: William B. Eerdmans, 1970.

Fee, Gordon. *God's Empowering Presence: The Holy Spirit in the Letters of Paul*. Peabody, MA: Hendrickson, 1994.

_____. *Paul, the Spirit, and the People of God*. Peabody, MA: Hendrickson, 1996.

Floyd, Harvey. *Is the Holy Spirit for Me? A Search for the Meaning of the Spirit in Today's Church*. Nashville: 20th Century Christian, 1981.

Foster, Richard. *Streams of Living Water*. New York: HarperOne, 2001.

Johnson, Ashley S. *The Holy Spirit and the Human Mind*. Knoxville, TN, 1903.

Keener, Craig. *Gift and Giver: The Holy Spirit for Today*. Grand Rapids: Baker, 2001.

Nouwen, Henri. *Life of the Beloved*. New York: Crossroads, 2002.

Pinnock, Clark H. *Flame of Love: A Theology of the Holy Spirit*. Downers Grove, IL: InterVarsity, 1996.

Richardson, Robert. *A Scriptural View of the Office of the Holy Spirit*. 1872.

Obras sobre a Trindade

Allen, C. Leonard. *Participating in God's Life: Two Crossroads for Churches of Christ*. Abilene, TX: Leafwood, 2002.

Cunningham, David. *These Three Are One: The Practice of Trinitarian Theology*. Oxford: Blackwell, 1998.

Grenz, Stanley J. *The Social God and the Relational Self: A Trinitarian Theology of the Imago Dei*. Louisville: Westminster John Knox Press, 2001.

Gunton, Colin. *Father, Son, and Holy Spirit*. London: T & T Clark, 2003.

_____. *The Promise of the Trinity*. Edinburgh: T & T Clark, 1991.

Moltmann, Jürgen. *The Trinity and the Kingdom*. Traduzido por Margaret Kohl. Minneapolis: Fortress Press, 1993.

Seamands, Stephen. *Ministry in the Image of God: The Trinitarian Shape of Christian Service*. Downers Grove, IL: InterVarsity Press, 2005.

Sites da Web (em inglês)

Sobre o Espírito Santo em geral:
www.carm.org/christianity/christian-doctrine/holy-spirit

Dons espirituais (avaliação):
http://archive.elca.org/evangelizingchurch/assessments/spiritgifts.html.
www.kodachrome.org/spiritgift/.
www.churchgrowth.org/cgi-cg/gifts.cgi

Dons espirituais (informações):
http://preceptaustin.org/spiritual_gifts_chart.htm.
www.intothyword.org/pages.asp?pageid=53503.

NOTAS FINAIS

Capítulo 1

1 Ver também João 13:36; 14:12, 30; 16:5, 16, 20, 22.
2 Ver também João 14:1, 21, 23; 15:4; 16:7, 16, 20.

Capítulo 3

1 Mil e quinhentos anos depois, o apóstolo Paulo associa essa "glória" ao ministério do Espírito (2Coríntios 3:7-18). Fazendo um jogo entre as palavras "face" e "glória", Paulo fala sobre como o Espírito muda o rosto do cristão: Deus coloca sua glória (possivelmente pelo Espírito) sobre a face de Cristo (4:6); o Espírito coloca a glória de Deus na face dos cristãos (3:18); e (possivelmente) o Espírito coloca a glória de Deus na face de Moisés (3:7), apesar de os israelitas não conseguirem suportá-la.

Capítulo 4

1 Perdoem a hipérbole. O Espírito não era *realmente* irresistível. Existem várias situações em Atos em que as pessoas mentem, tentam, ignoram, negam, discutem e fecham seu coração ao Espírito Santo (Atos 5:3, 9; 7:51; 8:18-19; 10:14; 28:25ss).

Capítulo 5

1 O Espírito que habita em nós é a base, por exemplo, do ensino de Paulo sobre sermos "marcados" pelo Espírito, que é a marca de Deus na nossa vida ("Quando vocês ouviram e creram na palavra da verdade, o evangelho que os salvou, vocês foram selados com o Espírito Santo da promessa,[...]

até a redenção daqueles que pertencem a Deus" — Efésios 1:13-14; ver também 2Coríntios 1:21-22 e Gálatas 4:6). O Espírito que habita em nós é a razão principal pela qual Paulo pode fazer um apelo para que suas igrejas vivam com certeza, esperança, confiança e ousadia — tendo o Espírito que habita "em" nós como uma fonte constante de certeza sobre quem somos e sobre de quem somos, um "testemunho" constante de nossa posição diante de Deus; ("O próprio Espírito testemunha ao nosso espírito que somos filhos de Deus. Se somos filhos, então somos herdeiros; herdeiros de Deus e coerdeiros com Cristo" — Romanos 8:15-17; ver também 2Coríntios 1:22; 5:5). Paulo pode falar até mesmo do Espírito "vivendo" na igreja. Ele diz aos efésios (2:22): "Vocês também estão sendo juntamente edificados, para se tornarem morada de Deus por seu Espírito". Ele expressa a mesma ideia aos coríntios: "Vocês não sabem que são santuário de Deus e que o Espírito de Deus habita em vocês?" (1Coríntios 3:16).

Capítulo 6

1 João 2:1-11; 4:46-54; 5:1-9; 6:5-13, 19-21; 9:1-7; 11:1-44. Mesmo os sete sinais tradicionais não esgotam o componente milagroso em João. Jesus lê o coração e a vida das pessoas com as quais ele se encontra neste Evangelho: Natanael (1:48); Nicodemos (3:3); a mulher samaritana (4:16); e as multidões (6:43). Ele também, de forma misteriosa, evita ser apedrejado até a morte e escapa à prisão — mesmo com as autoridades fazendo o máximo para prendê-lo. (Ver 5:18; 7:30-32, 45-46; 8:20, 59; 10:31-33, 39.)

2 Todas essas declarações se referem ao mesmo punhado de incidentes: blasfêmia contra o Espírito; o Espírito concedendo as palavras quando os discípulos são presos; Davi falando pela inspiração do Espírito etc.

3 Algumas traduções não colocam letra maiúscula na palavra "espírito" nessa passagem, levando infelizmente alguns leitores a pensar que Jesus está contrastando a adoração em algum *lugar* determinado com uma adoração mais interior, ou mais personalizada). Entretanto, a ideia de Jesus aqui não reside na *sinceridade* da adoração ou na sua *intensidade*; em vez disso, Ele está apresentando a essa mulher a ideia de que a verdadeira

adoração somente pode acontecer quando o Espírito Santo leva à adoração e a capacita, revelando um Deus digno de adoração e toda a verdade do seu propósito no mundo. Brown comenta quanto a isso: "Sua declaração não tem nada a ver com adorar a Deus nos recônditos internos do espírito do homem; porque o Espírito é o Espírito de Deus, não o espírito do homem, conforme esclarece o versículo 24" (Raymond Brown *The Gospel According to John I-XII* (New York: Doubleday and Company, Inc. 1966), p. 180.

4 William Shakespeare; *Romeu e Julieta*.
5 Contemporary English Version; Worldwide English Version.
6 New Living Translation; New Revised Standard Version; Today's New International Version.
7 King James Version; American Standard Version; Wycliffe New Testament.
8 New International Version; Holman's Christian Standard Version.
9 New American Standard Bible, English Standard Version; New King James Version; New Century Version.
10 The Message; New International Readers Version.
11 Amplified Bible.
12 Amplified Bible.
13 "Nos capítulos 14 a 16 de João, não se menciona nenhuma função do Espírito como advogado dos discípulos ou defensor diante de Deus". Herman Ridderbos, *The Gospel According to John: A Theological Commentary* (Grand Rapids: William B. Eerdmans, 1997), p. 500. "A função verdadeira do Espírito-Paracleto, conforme está descrito nos capítulos 14 a 16, não é tanto de representar os discípulos diante do tribunal divino [...] quanto de representar Jesus para seus discípulos que ficaram na terra". D. Moody Smith, *The Theology of the Gospel of John* (Cambridge: Cambridge University Press, 1995), p. 140. *Existe* a declaração sobre o Paracleto trabalhando para "convencer o mundo do pecado" — João 16:8. O veredito de "condenado", no entanto, é exigido dentro da própria consciência do mundo em vez de ser em algum tribunal, e a tarefa comum de um Paracleto — mesmo no contexto jurídico — é de defesa em vez de acusação. As conotações jurídicas certamente surgem em outros textos, mas elas não devem alternar nosso entendimento da palavra nesta passagem.

14 "O consenso define que nos capítulos 14 a 16 a palavra *parakletos* não possui o sentido do uso grego e helenístico de advogado, conselheiro jurídico profissional, defensor ou representante diante de um tribunal". Ridderbos, *John*, p. 500.
15 D. A. Carson, *O comentário de João* (São Paulo: Shedd Publicações, 2007).
16 "Para o uso específico e o significado do nome "Paracleto" nos capítulos 14 a 16 de João, nós nos baseamos no próprio texto e não podemos basear nossas próprias conclusões em representações e símbolos em outras fontes". Ridderbos, *John*, p. 503.
17 Ridderbos, *John*, p. 503.
18 Andreas Köstenberger, *John* (Grand Rapids: Baker Academic, 2004), p. 446.

Capítulo 8

1 Herman Ridderbos, *The Gospel According to John: A Theological Commentary* (Grand Rapids: William B. Eerdmans, 1997), p. 503.
2 "A consequência do versículo 16 é que Jesus cumpriu a função de um Paracleto durante o seu ministério terreno, e depois da sua partida ele pedirá ao Pai para enviar outro Paracleto para exercer um ministério semelhante para os seus discípulos". George Beasley-Murray *John* (Waco: Word Books, Publisher, 1987), p. 256. "Mesmo assim, 'outro Paracleto', no contexto da partida de Jesus indica que os discípulos já possuem um, aquele que está partindo". D. A. Carson, *The Gospel According to John* (Grand Rapids: William B. Eerdmans, 1991), p. 500. "Portanto, João claramente apresenta o Espírito-Paracleto como o sucessor de Jesus que dá andamento a sua obra reveladora, sustentando os discípulos depois da ruptura representada pela morte de Jesus". D. Moody Smith, *The Theology of the Gospel of John* (Cambridge: Cambridge University Press, 1995), p. 143.
3 Jesus se refere ao Espírito como o "Espírito da verdade" três vezes nesse Discurso de Despedida.
4 "A identificação de Jesus com o Espírito, o 'outro Paracletos', é tão grande que ele chega a dizer que ele mesmo voltará para seus seguidores na pessoa do Espírito." Andreas Köstenberger, *John* (Grand Rapids: Baker Academic, 2004), p. 434. "João apresenta o Paracleto como o Espírito

NOTAS FINAIS

Santo com um papel especial, que é a presença pessoal de Jesus no cristão enquanto Jesus está com o Pai [...]. Praticamente tudo que é dito sobre o Paracleto foi dito em outras partes do Evangelho sobre Jesus [...]. Sendo assim, aquele que Jesus chama de 'outro Paracleto' equivale a outro Jesus... o Paracleto consiste na presença de Jesus enquanto Jesus está ausente. As promessas de Jesus de habitar em seus discípulos se cumprem no Paracleto [...]. [O Paracleto é] a presença continuada depois da ressurreição com seus discípulos [...]." Raymond Brown, *The Gospel According to John XIII-XX*, (New York: Doubleday, 1970), p. 1139-1141. "Na pessoa do Paracleto, Jesus está presente no íntimo de cada cristão e em meio a todos eles." Lamar Williamson, Jr., *Preaching the Gospel of John: Proclaiming the Living Word* (Louisville: Westminster John Knox Press, 2004), p. 189. "A função real do Espírito-Paracleto, conforme é definida nos capítulos 14 a 16 não é tanto a de representar os discípulos diante do tribunal divino (como em João 2:1) quanto a de representar Jesus para seus discípulos que ficaram na terra. O Espírito-Paracleto resolve a questão de como Jesus continuará com seus discípulos ou com sua igreja durante sua ausência física." Smith, *Theology of John*, p. 140.

5 "É óbvio que Jesus está falando sobre uma presença mais contínua do que era possível no período breve das aparições depois da ressurreição — não somente as palavras "não os deixarei órfãos", mas todo o tom de seus comentários indica permanência." Raymond Brown, John, p. 645-646. "Embora as expressões 'dentro de pouco tempo' em 14:19 e 'naquele dia' em 14:20 à primeira vista possam parecer que se referem às aparições de Jesus depois da ressurreição, a promessa de Jesus em 14:18 de não deixar órfãos os seus discípulos dificilmente teria seu cumprimento mediante essas aparições, que tinham uma natureza temporária. Essas expressões provavelmente se referiam à substituição da sua presença com o Espírito." *Kostenberg*, John, p. 434.

6 "Esse entendimento do retorno de Jesus transforma o sentido da expressão 'naquele dia' no Quarto Evangelho. [...] [João está] se referindo ao tempo quando os cristãos viverão pela força da presença de Jesus como o Paracleto." Williamson, Jr., *Preaching John*, p. 189.

7 Jesus "vive", mas a prova maior disso não é o túmulo deixado vazio, mas sim Ele ter entrado na vida dos discípulos por meio do ministério do Espírito.

Além disso, os discípulos "vivem", não somente porque Jesus ressuscitou dentre os mortos, mas porque Ele lhes concede o acesso ao Espírito — a sua presença na forma do Espírito Santo.

8 "Não seria exato representar o Quarto Evangelho como a junção da ressurreição de Jesus, a vinda do Espírito, e a volta de Jesus em um acontecimento, porque o evangelista pode obviamente diferenciar esses acontecimentos. Mas a realidade teológica fundamental para a qual eles apontam é a mesma: Jesus presente continuamente com os discípulos mesmo depois de a morte encerrar seu relacionamento fisicamente mediado com eles". Smith, *Theology of John*, p. 141. "Pode-se ver que, em 14:15-17, é o Paracleto/Advogado/ Espírito que virá para ficar com os discípulos para sempre. Em 14:18-21, é Jesus que virá para viver com os discípulos para sempre. Em 14:18-21, é Jesus quem virá para viver nos discípulos e se revelar para eles. Em 14:23-24, é o Pai quem virá com Jesus para fazer habitação dentro dos discípulos. Todas essas moradas são realizadas por meio do e pelo Paracleto, que é presença de Jesus enquanto Jesus está ausente [...]" Williamson, Jr., *Preaching John*, p. 190.

9 Com justiça, temos de admitir que Jesus não está falando aqui com precisão matemática. Sua linguagem é enigmática, misteriosa. Ele dá a entender em vez de especificar, intriga em vez de definir. Ainda assim, é claramente o Paracleto que Ele apresenta a seus discípulos... e a si mesmo na forma do Paracleto.

Capítulo 9

1 "A necessidade disso entre os discípulos era grande, como fica claro por meio das perguntas que fizeram a Jesus durante essa despedida, que provam a dificuldade que eles tinham para entender". Herman Ridderbos, *The Gospel According to John: A Theological Commentary* (Grand Rapids: Eerdmans, 1997), p. 510.

2 Na Oração Sacerdotal que vem logo depois do Discurso de Despedida (João 17), o assunto continua sendo a missão. Jesus fala de sua própria missão (17:1-4) e se refere várias vezes à transferência dessa missão aos Doze: "Eu lhes transmiti as palavras que me deste, e eles as aceitaram" (17:8); "Dei-lhes a tua palavra, e o mundo os odiou" (17:14); "Assim como

me enviaste ao mundo, eu os enviei ao mundo" (Atos 17:18); "que crerão em mim, *por meio da mensagem deles*" (17:20) , "para que o mundo saiba" (17:23).

3   Você também percebe provas dessa transferência de função na Grande Comissão de Mateus: "Portanto, vão e façam discípulos de todas as nações" (Mateus 28:19). Isso é perceptível na versão de Marcos: "Vão pelo mundo todo e preguem o evangelho a todas as pessoas" (Marcos 16:15). Existem ecos disso nas palavras de Lucas: "seria pregado o arrependimento para perdão de pecados a todas as nações" (Lucas 24:47 — momento em que Jesus se apressa a acrescentar: "Vocês são testemunhas destas coisas"). Além disso, com certeza, existe mais uma recordação da comissão registrada em Atos: "vocês serão minhas testemunhas em Jerusalém, em toda a Judeia e Samaria, e até os confins da terra" (Atos 1:8).

4   "No NT, a experiência do Espírito nunca é isolada. Ela leva a comunidade cristã ao mundo. Portanto, uma premissa importante da pneumatologia do NT é a missão ou o testemunho. [...] A comunidade não se limitava a desfrutar de uma reflexão tranquila ou a satisfação do entusiasmo espiritual; sua vida estava relacionada bem de perto com a história. Sua palavra de testemunho se fez carne e se envolveu no mundo em redor de um modo ativo." Gary Burge, *The Anointed Community: The Holy Spirit in the Johannine Tradition* (Grand Rapids: Eerdmans, 1987), p. 198-199.

5   "A obra que o Espírito é enviado a fazer como o outro Paracleto continua sendo a obra de Jesus; a obra está sendo continuada pelo Espírito, mas Jesus, em seu modo de existência e em sua posição celestial, é e continua sendo o grande patrocinador dessa obra." Ridderbos, *John*, p. 510.

6   "No Evangelho de João, os discípulos demonstram que não conseguiram entender Jesus por todo o seu ministério. Uma das principais tarefas do Espírito, depois de Jesus ser glorificado, é de relembrar os discípulos do ensino de Jesus e, desse modo, ensinar o que ele significava." D. A. Carson, *The Gospel According to John* (Grand Rapids: Eerdmans, 1991), p. 505. "[O Espírito] não somente os capacita para se lembrar dessas coisas, mas para perceber sua importância, portanto ele ensina aos discípulos para compreenderem a revelação de Deus trazida por Jesus em sua riqueza e em sua profundidade. De modo adequado, duas observações são estabelecidas com relação a essa declaração sobre o Paracleto: a primeira é

que é claro que o Espírito não traz nenhuma revelação nova; sua tarefa é apontar para o que Jesus trouxe e capacitar os discípulos a entendê-la; em segundo lugar[...] a sua função como representante de Jesus e a sua tarefa de fazer lembrar e interpretar a revelação trazida por Jesus esclarecem bastante a natureza pessoal do Espírito." George Beasley-Murray *John* (Waco: Word, 1987), p. 261.

"Portanto, a declaração sobre 'ensinar todas as coisas' é explicada por 'fará vocês lembrarem de tudo o que disse para vocês', o que obviamente não se relaciona somente com a capacidade dos discípulos para lembrar, mas também com o processo de aprender o que está oculto, como um tesouro não descoberto, em suas lembranças e tradições a respeito de Jesus." Ridderbos, *John*, p. 510-511.

7 "De forma contrária ao que às vezes é declarado como 'todas as coisas' ensinadas pelo Espírito, Jesus não está sugerindo que o Espírito tem algo a dizer que seja novo ou distinto de seus próprios ensinos, ou que dessas coisas façam parte revelações ocultas e mistérios secretos 'que nunca poderiam ser imaginadas com base no ensino de Jesus durante o seu ministério'". D. Moody Smith, *The Theology of the Gospel of John* (Cambridge: Cambridge University Press, 1995), p. 141. O ensino do Espírito não é outro senão o de Jesus. Em vez disso, trata-se de uma extensão do ensino de Jesus sobre o novo mundo da ressurreição e das novas condições do futuro.

8 Na verdade, se você pensar sobre isso, um ministério gentio baseado somente nos ensinos e no exemplo de Jesus teria sido difícil justificar. Jesus acabou comissionando os apóstolos a "ir pelo mundo" (Marcos 16:15) e "fazer discípulos de todas as nações" (Mateus 28:19). Nós ouvimos essas instruções pela perspectiva da grande explosão missionária registrada em Atos e entendemos que — de fato — Jesus queria que os gentios fizessem parte dela. Os apóstolos, no entanto, estavam acostumados a ouvir essas instruções pela perspectiva do próprio exemplo e pelo próprio ensino de Jesus. Além disso, durante o seu tempo de vida, a regra era de pregar somente aos hebreus. "Jesus enviou estes doze com as seguintes instruções: 'Não se dirijam aos gentios, nem entrem em cidade alguma dos samaritanos. Antes, dirijam-se às ovelhas perdidas de Israel' (Mateus 10:5-6)." Isso foi o que Jesus ordenou aos Doze quando os enviou para pregar pela

primeira vez. Ele disse a uma mulher gentia que rogava por misericórdia para sua filha: "Eu fui enviado apenas às ovelhas perdidas de Israel" (Mateus 15:24). Com certeza, Jesus sentia compaixão pelas pessoas em sofrimento. Ele curou gentios e até ensinou uma mulher samaritana, mas o impulso do ministério de Jesus era a favor do povo de Israel, não de estrangeiros. Não é difícil imaginar a igreja primitiva, que só dispunha de suas lembranças de Jesus e que não possuía a orientação ativa do Espírito Santo, decidindo que, embora eles tenham sido enviados para ir por todo mundo e pregar o evangelho, o seu público se restringia aos judeus.

9   Uma paráfrase de um verso do poema "Se", de Rudyard Kipling.

Capítulo 10

1   "A passagem do Paracleto em 15:26-27 não aponta somente para as passagens que virão, mas também se relacionam com o que acabou de ser dito por Jesus, porque a vinda do Paracleto dá uma explicação profunda sobre a razão pela qual o mundo trata os discípulos de Jesus do mesmo modo que o tratou. O Paracleto representa a presença de Jesus entre os homens [...] e, ao odiar os discípulos que são a morada do Paracleto, o mundo está atacando a presença contínua de Jesus na terra." Raymond Brown, *The Gospel According to John XIII-XXI* (New York: Doubleday, 1970), p. 698-699.

2   "A tarefa do Espírito é 'dar testemunho' a respeito de Jesus. [...] Portanto, seu testemunho aqui não é visto como o de um advogado falando em defesa dos *discípulos*[...] nem de um advogado de acusação, dando provas *contra* o mundo... O testemunho do Espírito, combinado com o dos discípulos, deve revelar a verdade da revelação de Jesus em suas palavras e obras, e da morte e da ressurreição." George Beasley-Murray, *John* (Waco: Word, 1987), p. 276-277.

3   "O testemunho [dos discípulos] é vinculado ao testemunho do Espírito Santo. Eles dão testemunho do mesmo Cristo e da mesma salvação. Ao mesmo tempo, trata-se do testemunho *deles mesmos*. Não dá para eles simplesmente descansarem e deixar toda a responsabilidade para o Espírito Santo. Eles possuem uma função especial de levar o testemunho pelo fato de eles estarem com Jesus desde o princípio. Existe uma responsabilidade

sobre todos os cristãos de dar seu testemunho a respeito dos fatos da graça salvadora. Não há como escapar disso!" Leon Morris, *The Gospel According to John* (Grand Rapids: Eerdmans, 1971), p. 684.

4 Apesar de o Espírito ter a capacidade de dar testemunho para o mundo sem precisar dos cristãos, não combinaria nem um pouco com esses capítulos pensar que os cristãos sejam vistos como pessoas que dão testemunho sem a ajuda do Espírito Santo. Se cogitamos o auxílio do Espírito nas forte perseguições[...] ou no contexto do testemunho fiel e firme [...], o testemunho da comunidade deve ser fortalecido pelo próprio Paracleto." D. A. Carson, *The Gospel According to John* (Grand Rapids: Eerdmans, 1991), p. 530.

5 "Quando, depois de todas as coisas negativas que disse, Jesus passa a prometer a vinda do Paracleto como aquele que dará testemunho dele, isso naturalmente tem a intenção de assegurar aos discípulos de que em meio à grande oposição que eles encontram no mundo eles não estarão sozinhos. O testemunho do Paracleto sobre Jesus é a assistência que o Espírito dará aos discípulos na grande controvérsia entre a igreja e o mundo [...]." Herman Ridderbos, *The Gospel According to John: A Theological Commentary* (Grand Rapids: Eerdmans, 1997), p. 526.

6 Com certeza, a "carreira" dos vários apóstolos é especulativa e se baseia em uma mistura incerta de tradição, lenda e floreios posteriores. O que é importante para os nossos propósitos não é a precisão dos detalhes, mas a certeza do compromisso apostólico de testemunhar a respeito do Jesus que morreu e ressuscitou, um compromisso que os levou a arriscar tudo e a dar (no final) tudo de si para serem fiéis à sua missão.

Capítulo 11

1 Robert Louis Stevenson, *O cirurgião celestial.*

2 "O pensamento não é que Jesus e o Espírito não possam, por razões metafísicas não articuladas, ministrar simultaneamente para o povo de Deus, nem qualquer outra noção estranha. Em vez disso, o pensamento é escatológico. As várias promessas bíblicas de que o Espírito caracterizará a era do Reino de Deus [...] trazem expectativas. Esse reino salvador de Deus, no entanto, não pode ser totalmente inaugurado antes que Jesus morra, ressuscite dentre os mortos e seja exaltado à direita do Pai, retornando

para a glória que desfrutava com o Pai antes da fundação do mundo." D. A. Carson, *The Gospel According to John* (Grand Rapids: Eerdmans, 1991), p. 533-534.

3 Por exemplo, os discípulos que permaneceram no pé do monte enquanto Jesus se transfigurou nele tinham de esperar que Jesus viesse ao encontro deles antes de saber o que fazer a respeito do jovem endemoninhado (Mateus 17:1-21).

4 Mateus 15:15-20 (Comparar com Lucas 24:45, onde o Jesus ressuscitado tem o poder de "abrir as mentes deles").

5 Tenho uma dívida de gratidão a D. A. Carson por sua obra convincente e bem fundamentada sobre essa passagem. Permanecer em reflexões sobre o que Jesus quis dizer com "porque os homens não creem em mim" ou "porque o príncipe deste mundo já foi julgado" simplesmente foge ao escopo deste livro. A opinião especializada sobre como esses comentários podem estar ligados com "o pecado, a justiça e o juízo" se divide e, geralmente, confunde mais do que explica.

6 "Do mesmo modo que Jesus causou uma divisão no mundo (15:20), mostrando que o que o mundo faz é mal [...], o Paracleto dá andamento a essa obra." Carson, *John*, p. 537. "Ao se constituir na força motivadora por trás dessa [obra de convicção], o Paracleto está simplesmente continuando a obra de Jesus que pessoalmente apresentou provas contra o mundo de que o que ele faz é mal". Raymond Brown, *The Gospel According to John XIII-XXI* (New York: Doubleday, 1970), p. 712.

7 "De modo semelhante com outros usos do Novo Testamento, [convencer] significa 'convencer [o mundo]' no sentido pessoal, isto é, sem defender nenhuma causa objetiva de culpa do mundo diante de Deus no Grande Juízo Final, mas envergonhando o mundo e convencendo-o do seu próprio pecado, chamando-o desse modo ao arrependimento." Carson, *John*, p. 536.

Capítulo 12

1 "Essa quinta e última passagem do Paracleto (v. 12-15) consiste em um clímax adequado para a série, já que se concentra na conclusão da revelação de Jesus Cristo." D. A. Carson, *The Gospel According to John* (Grand Rapids: William B. Eerdmans, 1991), p. 539.

2 "É mais provável que o v. 12 indique que somente depois da ressurreição de Jesus haveria um entendimento completo do que aconteceu e foi dito durante o ministério, que consiste em um tema conhecido de João.[...] Não é provável que no pensamento joanino houvesse qualquer conceito de revelação posterior ao ministério de Jesus, porque Jesus é a revelação do Pai, a Palavra de Deus." Raymond Brown, *The Gospel According to John XIII-XXI* (New York: Doubleday & Company, Inc., 1970), p. 714. "A orientação do Paracleto em toda a verdade envolve mais do que um entendimento intelectual mais profundo sobre o que Jesus disse — exige um modo de vida em conformidade com o ensino de Jesus[...]." Brown, *John*, 715. "Em todo caso, o destaque está no termo 'toda': a verdade foi revelada por Jesus aos discípulos, mas a compreensão dela tinha sido limitada; a tarefa do Paracleto seria orientá-los para que pudessem entender a altura e a profundidade da revelação que eles ainda não tinham percebido." George Beasley-Murray, *John* (Waco: Word, 1987), p. 283.

3 Há uma oração feita ao final daquela noite que encerra o ministério de Jesus. Ela é conhecida como a oração sacerdotal (João 17). Nessa oração, Jesus dá a seu Pai um relatório final sobre sua missão na terra e faz alguns pedidos finais. A oração começa: "Esta é a vida eterna: que te conheçam" (17:3) — ainda outra referência à primazia de sua obra reveladora. Então, Jesus confirma para seu Pai que ele fez dessa questão uma prioridade em seu ministério: "Eu te glorifiquei na terra, completando a obra que me deste para fazer. [...] Eu revelei teu nome àqueles que do mundo me deste" (17:4, 6).

Ao terminar a oração, Jesus, no entanto, sugere que tem mais em mente que suas próprias realizações: "Eu os fiz conhecer o teu nome, *e continuarei a fazê-lo*" (17:26 — destaque nosso). Como Ele pode falar sobre "continuar" a obra essencial de revelar seu Pai quando está partindo do mundo para ir para casa? Jesus está apontando para além de si e do seu ministério terreno, Ele aponta para o Espírito Santo, o Paracleto, que está vindo para continuar sua obra reveladora.

4 "Apesar de suas palavras de consolação e da sua promessa de "voltar" de modo a que eles possam vê-lo novamente, Jesus não consegue explicar para eles o sentido completo desses acontecimentos; isso seria mais do que eles poderiam absorver. [...] Somente a surpresa avassaladora de vê-lo

novamente depois da ressurreição explicaria o enigma — parcialmente à luz das Escrituras (cf. 20:9) e, acima de tudo, pela assistência do Espírito Santo." Herman Ridderbos, *The Gospel According to John: A Theological Commentary* (Grand Rapids: Eerdmans, 1997), p. 535.

5 "Devemos entender que Jesus é o ponto central da revelação, a revelação culminante de Deus, a autoexpressão final de Deus, a "Palavra" de Deus (1:1, 14). [...] Isso não indica que Ele mesmo providencia todos os detalhes que os seus seguidores precisarão; significa que essas informações 'adicionais' que o Espírito Santo apresentará depois de ter sido enviado por Cristo Jesus, por causa da morte e da exaltação de Jesus, nada mais são que o completo da revelação que está principalmente presente no próprio Jesus." Carson, John, p. 539.

6 Paulo chega à mesma ideia quando ora pelas igrejas que fundou: "Peço que o Deus de nosso Senhor Jesus Cristo, o glorioso Pai, lhes dê espírito de sabedoria e de revelação, no pleno conhecimento dele" (Efésios 1:17). "Oro para que, com as suas gloriosas riquezas, ele os fortaleça no íntimo do seu ser com poder, por meio do seu Espírito, para que Cristo habite no coração de vocês mediante a fé" (Efésios 3:16). "Não deixamos de orar por vocês e de pedir que sejam cheios do pleno conhecimento da vontade de Deus, com toda a sabedoria e entendimento espiritual" (Colossenses 1:9). O "conhecimento de Deus" está vinculado de forma coerente nos escritos de Paulo com a obra reveladora do Espírito.

Capítulo 14

1 "A avaliação de Jesus do que é 'bom' para os discípulos, que de fato é para o nosso bem, deve moderar desejos do seguinte tipo: 'Ah, se eu pudesse ter estado na Galileia quando Jesus passou por lá!'. Esse mesmo Jesus insiste que é melhor estar vivo agora, depois da vinda do Espírito." D. A. Carson, *The Gospel According to John* (Grand Rapids: Eerdmans, 1991), p. 534.

Capítulo 15

1 Por falar nisso, isso é o que boa parte dessa carta faz — aponta para ideias que são essenciais para a fé cristã: Jesus veio em carne; temos de viver na obediência, temos de amar uns aos outros.

2 Volto a dizer que a moralidade pessoal está na mente de João nessa carta: ele fala sobre o que significa andar nas trevas, confessar o pecado, obedecer aos mandamentos e viver como Jesus.

Capítulo 16
1 Juízes 13—16.
2 1Samuel 9—15 (em especial 10:6).
3 Mateus 10:1; João 6:70.

Sua opinião é importante para nós.

Por gentileza, envie-nos seus comentários pelo e-mail:

editorial@hagnos.com.br

Visite nosso site:

www.hagnos.com.br